VOYAGE INTERDIT

Titre original : Voyage Interdit

Ce livre est une fiction. Toute référence à des évènements historiques, des personnages ou des lieux réels serait utilisée de façon fictive. Les autres noms, personnages, lieux et évènements sont issus de l'imagination de l'auteure, et toute ressemblance avec des personnages vivants ou ayant existé serait totalement fortuite.

Collection dirigée par Franck Spengler
Ouvrage dirigé par Sylvie Gand

Photo de couverture : ©Paper Boat Creative / GettyImages
Couverture : Ariane Galateau

Pour la présente édition,
©2018, Hugo Poche, Département de Hugo Publishing
34-36 rue La Pérouse
75116 PARIS
www.hugoetcie.fr

ISBN : 9782755637779
Dépôt légal : juin 2018
Imprimé en Espagne

TARA JONES

VOYAGE INTERDIT

Hugo
Poche

NEW ROMANCE®

Sebastian

L'entraîneur demande un Time Out. Changement de stratégie ! C'est chaud, là, putain... Faut qu'on le gagne, ce match...

OK ! Je passe la ligne bleue. Je DOIS marquer ce point. Il le faut. YES ! J'ai réussi un Hat Trick. C'est dément ! Ils hurlent tous comme des malades...

Hey, mais qu'est-ce qui m'est arrivé ? Je suis où, là ? Dans la cage ? C'est le noir total, impossible de me souvenir. Je sais que j'ai passé la ligne bleue... Ah oui ! J'ai marqué le point de la victoire !

Ah, ah ! J'adore quand mon équipe gagne ! Les Bruins sont vraiment les meilleurs. ON est les meilleurs !

Mais pourquoi je ne me souviens de rien... ? Mes parents sont là, ça va, alors... Mon petit bouchon aussi est avec moi. Je les entends parler doucement...

Je tiens encore ma crosse de hockey dans la main, je me demande bien pourquoi !? Ohoooo... ce mal de tête ! J'ai l'impression qu'elle va exploser...

Je suis réveillé. Je suis bien réveillé, non ?

Je délire ou quoi ?! Pourquoi je ne ressens rien, à part cet horrible mal de crâne ?

Il faut que je dorme... Juste un peu, après ça ira mieux.

On a sûrement bu comme des malades avec les potes.

J'ai froid. Il fait si noir ! Je dois rêver... Enfin, tout cela ressemble plutôt à un putain de cauchemar !

Je crie, je hurle. Mais rien... absolument rien ! J'ai presque envie de pleurer... Non ! Le coach a pas besoin d'une mauviette dans l'équipe !

Mais qu'est-ce qui se passe, bordel ?! Je sais bien que je suis vivant. Je les vois, je les entends.

Alors... pourquoi personne ne me répond ?

CHAPITRE 1

Il y a certains moments dans la vie où la décision que l'on s'apprête à prendre sera lourde de conséquences. Et la seconde suivante, il est déjà trop tard. Je ne le sais que trop bien. Il y a cent vingt-cinq jours, j'ai pris la mauvaise décision…

Ce matin, un peu perdue, j'observe la foule des lycéens qui s'interpellent çà et là en m'ignorant superbement. Ici, personne ne me connaît. Personne pour me juger, personne pour m'insulter… Je ne suis entourée que d'étrangers. Je suis invisible. Et c'est tout ce que je souhaite. J'ai les mains moites, la gorge sèche. Mon estomac se tord à la vue de la monumentale porte noire, bardée de ferronneries, qui se dresse devant moi. L'entrée que je n'ai nulle envie de franchir.

– Bienvenue chez la famille Addams ! me lance gaiement une petite brune, chaudement emmitouflée dans une doudoune duveteuse, en désignant mon nouveau bahut d'un geste théâtral. Je t'assure qu'il y a au moins UNE bonne raison de franchir ce seuil.

Je laisse passer quelques secondes puis je lui demande dans un souffle :

– Laquelle ?

– Les radiateurs. Si tu restes là, tu vas geler sur place, répond-elle en laissant échapper un rire cristallin avant de disparaître.

J'inspire un grand coup, et sans plus d'hésitation, je passe la porte. Sur ma droite, j'avise un panneau indiquant la bibliothèque. Je prends donc à gauche et longe une galerie, décorée de tableaux et de trophées sportifs, qui me semble interminable. Enfin, je localise le bureau de la scolarité, où j'attends qu'une petite bonne femme me confie mon emploi du temps et un plan sibyllin du bâtiment. N'ayant écouté aucune de ses explications monotones, je déambule un long moment dans le dédale des couloirs avant de trouver ma salle, au sixième étage.

– Bonjour, murmuré-je en présentant ma carte d'étudiante. Je suis Stella Forest.

– Et vous avez dix minutes de retard ! aboie un homme court sur pattes et aux sourcils broussailleux.

Il me remet sans ménagement une liste de livres et de fournitures, écorche mon patronyme, et en s'accompagnant d'un geste impatient – comme on chasse une mouche –, il me prie sèchement de m'installer.

Bienvenue à l'Excel Academy de Boston !

Mon radar interne détecte la meilleure place, et je m'y dirige d'un pas que j'espère assuré, quand on me stoppe net.

– Pose tes fesses ailleurs ! Ici, c'est la place de Sebastian.

À coup sûr, la bimbo platine qui me détaille des pieds à la tête, un sourire dédaigneux au coin des lèvres, est la Miss Popularité du lycée. Je la remercie pour son accueil chaleureux et m'installe un peu plus loin. Je sors mes affaires sous le poids des regards curieux qui sont fixés sur moi depuis mon arrivée dans la salle. Je feins de les ignorer, mais je préférerais qu'ils s'intéressent à nouveau à leur cours…

La voix du prof de bio filtre à peine à travers le nuage cotonneux dans lequel j'évolue depuis des mois…

Je commets la même bévue en histoire, forcément !

– Pas là ! C'est la place de Sebastian…

– Désolée, je ne savais pas qu'il était nécessaire de réserver.

– C'est pas grave. Salut ! Moi, c'est Jenny. On s'est croisées ce matin devant le lycée. Je sais… Pas facile de me reconnaître sans mon déguisement de pingouin ! Tu peux t'installer avec moi… continue-t-elle en touchant mon bras pour me guider.

À mon contact, elle se crispe et m'observe intensément durant quelques secondes. Son visage prend une expression indéfinissable qui me met mal à l'aise. Difficile de garder un air serein et détaché sous un tel regard quand on a quelque chose à cacher…

Un ange passe…

Bon, c'est quoi cette histoire de « place de Sebastian » ?! Que personne ne puisse l'utiliser

– alors qu'elle est manifestement libre – m'intrigue. Pendant quelques secondes, je m'interroge sur les raisons de son absence. J'envisage un problème de santé puis un renvoi de quelques jours… Ce garçon doit être le fils d'une huile de Boston, sûrement une sale brute… ou je suis peut-être tout simplement victime d'un bizutage débile.

À la fin du cours, je n'ai pas échangé le moindre mot avec ma voisine. Respectant la même ligne de conduite depuis des mois, je fais le maximum pour parler un minimum. À la cafétéria, je me dirige vers une table suffisamment isolée pour m'assurer la tranquillité que je recherche et grignote mon sandwich au poulet, la tête basse, indiquant clairement que je ne souhaite pas de compagnie.

La journée s'achève sans que je commette de nouvelle maladresse. Jenny, sans jamais se départir de son pétillant sourire malgré mon implacable mutisme, se charge avec persistance de me guider dans les méandres des couloirs menant aux classes que nous partageons.

Sitôt la fin du dernier cours, n'étant pas d'humeur à subir tout de suite un énième interrogatoire maternel, je me rends à la bibliothèque. Le tic-tac bruyant de la pendule résonne dans la salle que je balaie du regard. Quelques étudiants potassent dans la section multimédia. Assise parmi eux, la bimbo peroxydée de ce matin me jette un coup d'œil plein de dédain qui me laisse de marbre. Si elle pense que sa plastique m'impressionne…

Je m'installe discrètement à la table la plus reculée que je puisse trouver et ouvre un bouquin, plus pour tuer le temps qu'avec l'intention réelle d'étudier.

– Je peux… ? chuchote une voix masculine.

Une heure… je n'ai eu droit qu'à une petite heure de calme ! J'étouffe un soupir agacé avant de répondre, sans même jeter un coup d'œil à l'intrus.

– À moins que la place ne soit réservée pour un autre fantôme… ne te gêne pas !

– Nous avons des cours en commun, et je me demandais…

Je domine mon irritation et lève la tête. En effet, son visage ne m'est pas totalement inconnu, et si ma mémoire est bonne, il s'appelle… Mark. Il a l'air sympa, mais – pas de chance ! – je n'ai aucune envie de nouer des liens d'amitié ou même – à voir sa mine gourmande – plus si affinités. Je n'hésite pas à calmer ses ardeurs en désignant distraitement le livre ouvert devant moi.

– Désolée, mais il faut que je bosse !

– Si tu as besoin d'un coup de main, je suis là, rétorque-t-il sans sembler comprendre mon lourd sous-entendu, un sourire ultra-bright toujours scotché aux lèvres.

– Merci, je m'en souviendrai.

Je lui adresse un signe de tête et replonge mes yeux dans le livre… quelques instants à peine, avant que des voix étouffées ne bourdonnent à mes oreilles et ne troublent à nouveau le silence.

– Mark ?! Incroyable… Tu t'es perdu ?! s'étonne l'exécrable blondasse en s'installant sereinement à ma table en compagnie d'une jolie brunette plutôt réservée, sans même prendre la peine de se présenter.

C'est une manie ici, ou quoi ?

– Alexandra ! Tu fais *AUSSI* partie de la décoration de la bibliothèque ?! Salut Becca, toujours dans son ombre, hein… Personnellement, je ne connaissais pas encore cette aile du bâtiment, termine-t-il avec malice.

– Et tu as eu l'envie soudaine de faire une petite visite ! Bien sûr… rétorque la fameuse Alexandra, ignorant sciemment l'insulte à peine déguisée de son camarade.

– Mieux vaut tard que jamais ! Finalement, ce n'est pas aussi terrifiant qu'on le dit ! Je crois même que je pourrais vite devenir accro…

– Il n'y a pas de BD, ici, pouffe-t-elle avant de se lever et de s'éloigner dédaigneusement sans m'avoir adressé le moindre regard, laissant derrière elle son amie désemparée.

Pas de doute, cette garce va vraiment me plaire...

– Qui te dit que j'en cherche ?! tente de se justifier Mark en haussant le ton.

– Silence ! finit par crier une voix du fond de la salle.

Merci ! suis-je tentée de répliquer.

Moi qui pensais trouver ici un refuge de quiétude ! Je dois admettre que leur arrivée a sonné définitivement le glas de mes espérances… Les cinq coups de la pendule s'égrènent soudain au-dessus de nos têtes, dans un écho sinistre de cathédrale. Pressée de fuir leur présence, je ramasse mes affaires et bafouille un au revoir hâtif. Mark est le seul à y répondre.

Dans le bus qui me ramène à la maison, je pense le cœur serré qu'un de plus vient de passer. Cent vingt-cinq jours, aujourd'hui. Cent vingt-cinq jours et des milliers de kilomètres ! Mais j'aurais bien pu y mettre la distance de la Terre à la Lune que cela n'aurait rien changé.

Il y a cent vingt-cinq jours, j'ai pris la mauvaise décision et… Ever est morte. Ma meilleure amie est morte. À cause de moi.

Sebastian

Le soleil se couche et projette une douce lumière sur le mur blanc d'une chambre d'hôpital. Je regarde ce corps étendu sur le lit, copie conforme du mien. Mes parents et ma sœur l'entourent et lui parlent avec un tel espoir dans la voix…

Drôle de rêve.

Il faut que je sorte de là ! Je ne supporte plus ce bruit, ce bip, bip, bip. J'ai envie de dormir encore un peu… Bip, bip, bip…

Putain de réveil ! Allez, encore deux minutes et je me lève…

Je tiens sûrement une sacrée cuite ! Au réveil, Maman va me taper un scandale… Mais on l'a gagné ce match de fou, il fallait bien fêter ça !

Putain, j'en ai ma claque de ce rêve débile !

Mais tu ne vois donc pas que c'est pas un rêve, gros malin... ?! Pourquoi tu ne peux pas ressentir les caresses de ta mère, de ta sœur ou de ton père ?

Merde, c'est vrai, ça ?! Pourquoi je ne sens pas leurs larmes sur ma peau, alors que je les vois tomber de leurs yeux ?

Tout ce que je sais, au moins, c'est que je suis vivant ! Mais je suis aussi conscient, et ça, personne ne s'en rend compte !

CHAPITRE 2

Lorsque je descends du bus, le froid vif me picote le visage. Je m'engage dans une rue étroite, éclairée par deux rangées de lampadaires à gaz diffusant leur lumière dorée et vacillante sur les arbres dénudés. De petites plaques de neige morcellent les jardins stylisés, aux arbustes encore encombrés de décorations de Noël. Je peste contre les pavés glissants sous mes baskets, puis bifurque devant… ma maison. Une bâtisse de style victorien aux murs de brique rouge et au toit d'ardoise, en tout point identique à ses sinistres voisines sagement alignées de part et d'autre de la chaussée verglacée. Ses étroites fenêtres éclairées m'annoncent que, une fois encore, mes parents sont rentrés tôt pour passer la soirée avec moi. Les orteils gelés et les mains ankylosées, je sors prestement ma clé en regrettant pour la énième fois la chaleur de Miami. Je ne peux m'empêcher, dans une bouffée de franche mauvaise foi, de les maudire à nouveau pour le choix de cet État – le Massachusetts –, le choix de cette ville – Boston, *leur* ville d'origine – et surtout, celui de ce quartier – Beacon Hill : symbole du charme de l'Angleterre, *dixit ma mère*, et qui me donne depuis notre arrivée l'impression de vivre au XVIIIe siècle.

Ma mère… À peine ai-je franchi le seuil que la voilà qui m'assaille, pétillante de curiosité, et me bombarde de questions.

– Alors… ?! Tu as fait des connaissances ? Ils sont sympa, les gens de ta classe ? Tu n'es pas trop perdue dans leur programme ? Tu as déjeuné avec de nouveaux amis ?

– Hum… Bonsoir Mam…

Tout en accrochant ma doudoune au portemanteau, je la fusille du regard.

Plus tard, d'accord ?!

– Allez… raconte ! continue-t-elle, totalement indifférente à ma mauvaise humeur.

– OK ! Eh bien… j'ai souvent croisé un certain Sebastian, voilà ! maugréé-je, agacée, avant de la planter là et de m'enfuir lâchement dans ma chambre.

En passant le pas de la porte, je comprends qu'elle a très certainement passé son après-midi ici. J'éprouve un instant de culpabilité face à mon attitude désagréable… Elle a vidé la montagne de cartons, entassés le long des murs et que je n'avais pas encore pris la peine de ranger depuis notre installation, quelques jours plus tôt. Mes livres sont maintenant alignés en piles régulières sur la moquette, attendant que mon père finisse de monter mes étagères…

Oh… et ma barre est dorénavant fixée au mur…

Mam, j'ai tiré un trait définitif sur la danse, tu le sais !

Ma colère et ma peine reprennent le dessus, mais je me souviens que ma mère n'agit toujours que poussée par de bonnes intentions. Mon regard glisse ensuite vers le bureau qu'on vient tout juste de livrer, déposé sous la haute fenêtre en ogive donnant directement sur notre petit jardin.

Là, bien en évidence, mon Mac dernier modèle est installé et allumé… prêt à l'emploi. J'hésite un instant, tends la main vers la souris posée à ses côtés… et soudain, les souvenirs affluent en un raz de marée au goût saumâtre, me faisant monter les larmes aux yeux :

C'est toi qui devrais être morte ! Va brûler en enfer ! C'est ta faute…

À la mort d'Ever, ma page Facebook a été inondée de messages d'insultes… sans parler des menaces…

Je me laisse choir sur le lit aux draps impeccablement tirés – alors que je n'ai abandonné derrière moi ce matin qu'un amas froissé par une nuit agitée… une autre. Je me souviens du néant, quand nos amis m'ont gommée de leur vie avec une facilité déconcertante. Je me souviens aussi des rares qui ont voulu me soutenir… Eux, c'est moi qui les ai fuis. Impossible de les côtoyer sans penser à Ever. Même si personne ne la mentionnait, son absence était palpable. Leur attitude, dégoulinante d'une compassion que je ne méritais pas, ne faisait qu'augmenter le poids de ma culpabilité. Leurs gestes, leurs paroles d'affection et de bienveillance me donnaient la sensation de suffoquer, d'étouffer. Je me sentais coupable de vivre, de respirer, de parler, de rire – ou au moins d'essayer – alors qu'Ever n'était plus en mesure de le faire.

J'active mon application iTunes sur le Mac, via la télécommande posée sur ma table de nuit. Le casque sur la tête, le son poussé au maximum, je laisse la musique m'envahir et m'y abandonne en espérant trouver l'oubli.

Si mon âme a perdu l'envie de vivre, mon corps, lui, me trahit en éprouvant toujours le besoin de se nourrir... Et ma mère ne le sait que trop bien ! Aussi, quand l'odeur alléchante d'un poulet rôti vient chatouiller mes narines, je me lève et descends à la cuisine.

– Tu as dû passer des heures à ranger ma chambre, Mam... dis-je en m'attablant. Merci.

– Entre le shopping, le déménagement et ton nouveau lycée, j'ai pensé que mon aide serait la bienvenue, ma chérie.

– Il ne manque plus que les étagères, maugréé-je à l'intention de mon paternel qui me lance en retour un regard noir.

On ne s'improvise pas bricoleur, et le moins que l'on puisse dire est que mon avocat de père n'est pas né avec un tournevis dans les mains. Sa passion pour le montage de meubles rivalise avec son engouement pour le shopping...

À notre arrivée, nous avons passé le samedi entier dans le centre commercial proche de la maison, l'arpentant en tous sens afin de compléter nos garde-robes respectives, pas vraiment adaptées au climat rude de Boston. Mon père est entré dans plus de boutiques en une journée qu'il ne l'a sans doute fait de toute sa vie. J'ai toujours su – tout comme Mam – que son assistante gérait avec efficacité, et un goût infaillible – merci à elle –, le très importun département « cadeaux et anniversaires ». Il n'avait jusqu'ici jamais pris le temps – ni imaginé faire l'effort – de chercher le présent qui aurait pu nous plaire… et je dois avouer que cela ne m'a jamais dérangée. Il compensait son indifférence et son absence par une largesse financière qui me convenait parfaitement.

D'aussi loin que je me souvienne, son boulot est toujours passé avant sa famille, avant moi. A-t-il jamais eu la moindre idée de ce qui m'intéresse, de ce que j'aime ? J'en doute…

Enfin… jusqu'à ces derniers mois…

– Bon alors, et ce Sebastian ? demande-t-il entre deux bouchées de salade, détournant savamment la conversation vers un sujet moins épineux…

Avocat, avez-vous dit ? pensé-je en soupirant intérieurement.

Je me force à leur raconter l'anecdote de la place réservée, évitant ainsi de passer en revue la liste ennuyeuse de mes diverses activités, et cela les fait sourire. Puis chacun de nous tente de deviner qui peut bien se cacher derrière cet énigmatique prénom.

– Vu l'empressement de certains à protéger le territoire de ce garçon, c'est forcément le fils d'un richissime malfrat de Boston, terrorisant – en digne successeur –, l'ensemble des lycéens, lance mon père en bon magistrat désabusé.

– Moi, je pencherais plutôt pour un hockeyeur, rétorque ma mère en lui souriant, ses merveilleux yeux de jade pétillants de tendresse – *N'oublions pas que mon cher papa a pratiqué ce sport, à une époque lointaine.* – J'ai toujours eu un faible pour les sportifs.

Ils continuent ainsi à émettre des hypothèses de plus en plus farfelues, petit jeu qui finit par améliorer provisoirement mon humeur sombre. Je débarrasse la table et, une fois le lave-vaisselle chargé, rejoins mes parents au salon. Une flambée odorante crépite dans l'âtre, ses reflets colorent la pièce d'une lumière chaude et tamisée. Bien que fixé au mur depuis hier, le large écran plasma n'est pas allumé. Mon père n'est pas non plus rivé à son ordinateur ou en train de pianoter sur son iPhone. Un silence agréable flotte dans cette pièce accueillante. Paisible soirée familiale… qui me donne envie de fuir.

Quelques mois plus tôt, nous vivions sous le même toit, mais dans des mondes parallèles, ayant entre nous très peu d'interactions. Depuis la mort d'Ever, mes parents essaient désespérément de franchir cette frontière invisible qu'ils ont pourtant eux-mêmes contribué à ériger. Cependant, elle existe depuis si longtemps que je me demande s'il n'est pas déjà trop tard. Et puis… ai-je seulement l'envie de changer ce mode de fonctionnement ?

– Viens t'asseoir, dit doucement mon père en me faisant une place sur le canapé.

– Non, Papa, pas ce soir… Je suis crevée. Je monte me coucher.

Faux. Radicalement faux.

J'ai juste besoin de solitude… juste hâte de rejoindre les ténèbres, celles qui soulagent ma douleur et m'emportent ailleurs depuis des semaines.

Cette nuit encore, je ferai un voyage astral. Unique moyen à ma disposition pour tenir encore un peu plus longtemps… pour ne pas sombrer totalement.

Sebastian

Mes parents m'embrassent encore une fois avant de quitter la chambre. Je me faufile rapidement à leur suite, leur emboîte le pas jusque dans l'ascenseur, puis grimpe avec eux dans la voiture. Je m'installe sur le siège arrière en cuir, n'en appréciant ni le confort ni la chaleur. J'ai perdu toute sensation de contact physique.

Je donnerais n'importe quoi pour ressentir autre chose que ce froid terrible et ce lancinant mal de tête.

N'importe quoi... Tout !

La nuit est tombée. Le silence aussi. J'ai envie de leur parler, de leur crier, de leur hurler... que je suis là, avec eux !

Mes yeux survolent Boston, ma ville, celle où je suis né, où j'ai grandi... et où je vais peut-être mourir.

Ce rêve devient vraiment flippant. Il est temps que je me réveille...

Décidément, mon pauvre Seb, t'es déprimant ! C'était quoi, déjà, la phrase du prof de littérature ? Il n'est pire aveugle... Ouvre les yeux, bordel !

T'es coincé ici, c'est pas un putain de rêve

CHAPITRE 3

Une apaisante pénombre m'entoure, et au-delà de ma fenêtre, la lumière irisée d'une froide pleine lune s'amuse à dessiner d'étranges motifs sur les murs.

Malgré mon boxer en soie et un petit haut léger, je transpire sous le poids de cette absence, brûlante et récurrente, qui me dévore jour et nuit. Tout en repoussant la couette pour trouver un peu de fraîcheur, j'écoute le silence. J'inspire et expire avec lenteur, comme je l'ai appris en cours de yoga, pendant mon séjour à la clinique.

C'est là-bas que j'ai vécu ma première expérience de voyage astral…

L'infirmière me tend mes pilules du bonheur et un verre. D'une main, je les attrape et les fourre dans ma bouche, puis je les avale d'une traite avec une longue gorgée d'eau. Devant son petit haussement de sourcils, j'ouvre bien grand la bouche.

– Voilààà, je marmonne avec un regard irrité. J'ai tout gobé comme un moineau... contente ?

– Vous devriez être habituée, maintenant, lâche-t-elle tranquillement avant de tourner le dos et de se diriger vers la porte. Bonne nuit, Stella.

Je préfère ne pas répondre. J'étouffe un juron en entendant la porte qui se referme, puis le petit bruit sec de la clé dans la serrure. Enfermée ! Comme chaque nuit depuis mon arrivée dans cette clinique, il y a de cela deux semaines. J'entendrai ce même bruit demain matin – à six heures tapantes ! Ici, pas question de faire la grasse matinée – pour avaler ma nouvelle fournée de petites pilules. D'un coup de pied rageur, j'envoie valser ma couverture. Comme chaque nuit, je sais que je vais tourner et retourner dans ce foutu lit avant de tomber comme une masse dans l'oubli. En attendant de sombrer, et pour meubler cette attente insupportable, je ne peux que ronger mon frein. Pas de télévision dans la pièce. Pas de portable, de tablette ou de console de jeu non plus. J'ai droit à un coup de téléphone par semaine à ma famille. De toute façon, je n'ai aucune envie de leur parler. La première semaine, mes parents n'ont même pas eu l'autorisation de venir me rendre visite. Ordre de la psychiatre chargée de mon dossier… Mam a dû péter un plomb ! Quant à mon père… avec son boulot, je suppose que ça l'a bien arrangé. Tout comme moi, finalement. Je ne ressens le besoin de voir personne. Si je le pouvais, je resterais dans cette chambre à l'écart de tous. Malheureusement, mes journées sont réglées avec une précision militaire, entre les séances de thérapie de groupe, individuelle, les ateliers artistiques, d'écriture, de chant, de yoga... Comme si les médocs qu'ils me donnent n'étaient pas suffisants pour m'abrutir. Pourtant, ils ne le sont pas encore assez pour m'envoyer direct au pays de l'oubli quand vient la nuit. Sauf le soir de mon arrivée, où j'ai eu droit à un cocktail de bienvenue radical ! À peine celui-ci avalé, j'étais déjà partie. J'ai supplié et tempêté pour avoir le même les nuits suivantes. Résultat ? Des séances supplémentaires avec la psy. La bonne blague !

– Si seulement je pouvais écouter de la musique, murmuré-je aux murs blancs. Mais même ça, je n'en ai pas la permission...

Et si je mettais en pratique mes cours de yoga ? songé-je alors en me disant que tout vaut mieux que cette attente intolérable.

Je pousse mon oreiller et m'allonge sur le dos, bras le long du corps et les paumes vers le ciel, puis je ferme les yeux. Je me concentre sur ma respiration. Inspirer. Expirer. J'essaie de me détendre au maximum. De libérer mon esprit de toutes pensées intrusives... je prends de longues et profondes respirations en dégonflant bien le ventre à l'expiration. Je crispe chaque partie de mon corps, membre par membre, et les relâche une par une... mes pieds... mes cuisses... mon ventre...

... je commence à avoir chaud. Très chaud. Une chaleur intense m'envahit tout entière. Puis je m'enfonce dans le lit – comme si j'avais pris plusieurs kilos en quelques secondes – alors qu'une

vibration se propage dans mon cou et se poursuit dans tout mon corps. Et brusquement, un vertige me saisit. Heureusement, il ne dure que quelques secondes à peine. J'ai l'impression de tomber... tomber... tomber... j'entends des bruits sourds autour de moi...

– Merde ! C'est quoi ce truc !

Je dois être en train de rêver...

– Oui, c'est obligé. Ça ne peut être qu'un rêve, me murmuré-je à moi-même en observant... en observant... mon double... moi... sur le lit. C'est évident que c'est un rêve, ajouté-je alors d'une voix plus forte dans l'espoir de me réveiller. Tu es en train de rêver... tu rêves, ma belle...

Pourtant, j'ai la nette sensation d'être parfaitement éveillée. Je scrute sous toutes les coutures celle qui, allongée et immobile sur ce lit, me ressemble comme une jumelle. Elle respire tout doucement. Les yeux fermés. Un léger sourire éclaire son visage. Elle semble... apaisée. Et étrangement, je ressens aussi une incroyable paix intérieure. Debout à côté du lit, je continue de l'observer pendant de longues minutes. Incapable de bouger. Jusqu'à ce qu'un bruit dans le couloir détourne mon attention et, en moins d'une seconde, je me retrouve à l'extérieur de ma cellule.

– Oooooh merde ! lâché-je, stupéfaite et tétanisée. J'étais dans ma chambre et... Oh la vache ! J'y suis plus...

Le souffle court, je jette un regard abasourdi autour de moi. Je suis seule. Normal. Vu que tous les « résidents » – c'est comme ça qu'on appelle les malades, ici –, sont enfermés à double tour. Le personnel de nuit doit se trouver dans la salle de repos, au fond du corridor. D'ailleurs, j'entends très clairement le son de la télévision. Eux y ont droit ! J'aimerais bien voir ce qu'ils fabriq...

À peine ai-je le temps de formuler ma pensée que je me retrouve propulsée dans la salle de garde sans même en avoir conscience.

– C'est vraiment un truc de malade ! lancé-je d'une voix totalement excitée et/ou paniquée – car à ce stade-là, je ne fais plus la différence. On dirait vraiment que j'y suis...

Je cligne des yeux plusieurs fois. Surprise que Lucinda et Rob, les infirmiers, n'aient pas encore remarqué ma présence. Sans compter que si je suis vraiment là, à moins d'être complètement sourds, ils ont dû m'entendre, non ?! Pourtant, ils continuent à boire leur café comme si rien ne venait perturber leur routine. Alors, je tente un petit test.

– Hey ! Gros naze ! crié-je en agitant les bras sous le nez de Rob.

Aucune réaction de sa part. Pas plus que de celle de Lucinda, qui garde les yeux scotchés sur sa série à deux balles, et que j'interpelle alors :

– Quand je pense que, toi aussi, tu me croies en train de dormir dans mon lit...

Et vlan ! Je n'ai pas fini ma phrase que je me retrouve dans ma chambre, sur mon lit, à côté de mon double...

J'ai tout d'abord pensé que les médicaments étaient la cause de ce phénomène étrange... ou qu'on pouvait définitivement me ranger dans la catégorie des foldingues. Mais après l'arrêt de tout traitement – et aujourd'hui encore –, j'ai conservé cette étonnante faculté. Mon esprit a acquis depuis l'accident – à cause de lui ? – l'extraordinaire capacité de se dissocier de mon corps physique et peut ainsi vivre une expérience autonome en explorant, libre comme l'air, l'espace environnant... tout en restant invisible et inaudible au commun des mortels.

Les premiers temps, je me suis à peine aventurée à l'extérieur de ma chambre, dans les couloirs ; et puis, quelques nuits plus tard, j'ai trouvé le courage de retourner sur les lieux de l'accident ; ensuite chez moi, et enfin chez Ever, mais je n'ai jamais pu y rester longtemps par crainte de croiser sa famille.

Depuis cette nuit-là, m'échapper de mon enveloppe charnelle est le seul soulagement que je m'autorise : celui qui permet à mon corps de trouver le sommeil et à mon âme torturée de s'enfoncer dans l'oubli.

Ma respiration s'apaise, de plus en plus profonde. L'usuel bourdonnement fait vibrer mes tympans. J'inspire, puis j'expire à nouveau longuement. Les secondes, les minutes s'écoulent et, au rythme de ma respiration, je me lénifie. Une dernière inspiration... et je m'enfonce dans le néant.

Enfin détendue, je m'élève au-dessus du lit. Une légère sensation de vertige me submerge, puis je vois mon double – cette jumelle, désormais libérée de toute souffrance – allongé au milieu de mon grand lit, endormi et serein. Désormais rôdée à un tel exercice, je me détourne immédiatement. Comme d'habitude, la lumière m'aspire et je me laisse emporter.

Sans le moindre effort, j'emprunte la fine passerelle ouverte pour moi entre le réel et cet univers si proche où tout est possible. Une vibration mélodieuse me parcourt, j'en ressens chaque note au plus profond de mon âme dans un pur moment de plaisir. À peine en éveil, mais pas tout à fait endormie, je me laisse flotter quelques instants.

Puis, en un éclair, je suis à Miami, dans notre ancienne demeure, où j'erre de pièce vide en pièce vide. Mes parents ont finalement refusé de vendre, pensant qu'un jour… lorsque j'irai mieux, je souhaiterai revenir vivre ici. Les vastes baies vitrées donnant sur l'océan et son incessant murmure, les sols de marbre immaculé d'un salon qui autrefois résonnait de nos rires d'enfants, ma chambre au balcon de verre et d'acier, surplombant l'immense plage immaculée où nous aimions courir pieds nus sous la lune d'argent, des heures durant, alors que mes parents nous pensaient endormies… Tout ici vibre encore du chant d'innombrables souvenirs, ces heures d'un bonheur si simple… réduites à néant en une infime fraction de seconde… par le mauvais choix. Par MON mauvais choix…

Je pense à Ever, et en un éclair, je me retrouve dans sa chambre. Le plancher, les murs – le long desquels deux cimaises courent toujours, sans interruption, accueillant ses tirages, exclusivement en noir et blanc – et même le plafond… ici règne sa couleur favorite : le blanc. La couleur des anges… Son lit à baldaquin en métal brossé et aux draps de satin semble toujours l'attendre.

Enfin, au sol, notre chef-d'œuvre : les multiples et multicolores traces de nos mains. À l'âge de sept ans, nous avions apposé pour la première fois nos petites menottes couvertes de peinture – bleue pour elle, rouge pour moi – sur le plancher immaculé. Et chaque année, tel un rituel, nous renouvelions nos empreintes, de plus en plus grandes. C'est la seule touche de couleur qu'elle ait jamais autorisée dans la pièce…

Oui, tout est à la même place. Figé… Comme avant…

Depuis l'accident, je n'ai revu aucun des membres de sa famille. Son enterrement a eu lieu pendant mon coma, et puis…

L'hôpital – pour soigner mon corps et ses multiples fractures. Ensuite la clinique psychiatrique – pour guérir mon esprit, car j'avais perdu l'usage de la parole. À ma sortie, le juge m'a donné quelques heures de travaux d'intérêt général, qui consistaient à me rendre dans différents lycées de la région pour y faire le récit de mon histoire.

La première fois, devant une foule muette d'étudiants rassemblés dans un amphithéâtre, d'une voix à peine audible, j'ai raconté les soirées – presque chaque week-end – et l'alcool qui allait de pair avec la fête ; et puis, la fameuse nuit – semblable à toutes les autres, mais qui pourtant allait tout changer –, l'accident de voiture... l'horreur, cette envie terrible de revenir en arrière et de tout recommencer... le supplice de ne jamais pouvoir le faire... plus jamais !

Je m'étais sentie si mal qu'à peine en bas de l'estrade, devant le parterre d'étudiants qui ne me quittaient pas des yeux, j'avais vomi mes tripes sur les chaussures du doyen.

À la fin de ma confession – ce jour-là et chaque jour de cette odieuse « tournée de rédemption » – ne restaient que ces regards braqués sur moi. J'y lisais tant de choses : la peine, le mépris, la colère, la pitié. Et parfois, le pardon... enfin, je crois. Mais si peu, si rarement... que je n'ai jamais trouvé le courage d'affronter les parents de mon amie. Leur absolution m'aurait certes rendu la vie, mais combien de chances y avait-il qu'ils me pardonnent ce maudit choix... et le fait d'être en vie alors que leur fille ne l'était pas ?

Vivre sous le poids de ces regards devint rapidement intolérable pour moi, et probablement aussi pour mes parents. Alors, lorsque la proposition d'un prestigieux cabinet d'avocats de Boston s'est présentée à mon père, je ne sais lequel de nous trois a été le plus soulagé : lui, ma mère... ou moi.

Je réintègre mon corps au petit matin, et les pensées morbides assaillent à nouveau mon âme torturée. Depuis la fin de mon coma, on me répète sans cesse que j'ai eu de la chance de m'en sortir vivante.

Quand comprendront-ils que j'aurais préféré ne pas en avoir ?

Sebastian

– Alors, comment va-t-il, aujourd'hui ? Il y a du nouveau ?

Ma mère prend la fuite et court se réfugier dans sa chambre. Ça commence à devenir une habitude, une sale habitude... J'entends ses sanglots à travers la porte, comme chaque nuit... une fois que mon père s'est finalement endormi en la serrant dans ses bras. Combien de temps pourra-t-elle supporter de me voir dans cet état ?

– Il va bien, répond mon père d'une voix lasse, en entraînant Kelly dans le salon. Il est stable et, comme le disent les médecins, il est jeune et en excellente santé...

– Oui, mais quand est-ce qu'il revient ? Quand, Papa ?!

Ma sœur cadette le fixe avec intensité en triturant ses doigts, le visage aussi blanc que celui des vampires qui remplissent les pages de ses lectures de prédilection. Il hésite et finit par lâcher dans un murmure :

– On ne sait pas. Personne ne peut prévoir cela... mais il va s'en sortir ! Sebastian est un battant !

– Merci, Papa, dis-je en posant ma main sur son épaule. Ça me fait plaisir que tu penses ça. Mais ça va pour moi, tu sais ! Le problème, c'est que personne ne s'en rend compte. PERSONNE !

Je hurle ce dernier mot, mais comme d'habitude, il n'y a que le néant pour me répondre. Est-ce que c'est ça, être un fantôme ? Un esprit ? Ne plus communiquer, ne plus toucher, ne rien ressentir, voir ou entendre ? Être seul au milieu des autres, de sa famille, de ses amis ?

Parce que si c'est ça ma vie, maintenant... Je ne trouve même pas de mot pour décrire l'état dans lequel cette idée me met.

Je ne peux pas rester ainsi ! C'est impossible un truc pareil... ! Et puis, ça ne peut pas m'arriver à moi ! Pas maintenant, j'ai encore trop de choses à faire, à découvrir, à goûter...

Je vais me réveiller, c'est certain, c'est obligé ! Mais dans combien de temps... et dans quel état ?

CHAPITRE 4

À mon arrivée au lycée, le regard inquisiteur de certains élèves se pose sur moi. Je manie désormais avec brio l'art de la non-communication et m'éloigne rapidement, au risque de passer pour la nouvelle asociale du lycée… ce qui me laisse totalement indifférente.

La journée s'écoule, identique à la précédente : monotone et silencieuse. Une classe, un cours, un prof, des notes… et l'intercours qui me mène dans une autre salle, pour un autre cours donné par un autre prof tout aussi passionnant… Rien ne m'atteint, personne ne peut plus traverser ce nuage de coton dans lequel chaque nouveau matin me plonge…

À qui donc avouer ma double vie : la journée, au bahut – aussi discrète et absente qu'un fantôme –, et la nuit, à l'écart de toute réalité – voyageant hors de mon corps ?

Soudain, au travers de cet épais brouillard protecteur, le prénom de Sebastian attire mon attention, s'échappant de la discussion animée d'un petit groupe d'étudiants qui marchent devant moi. Reconnaissant parmi eux Mark, Jenny et Rebecca, je ne peux m'empêcher d'accélérer le pas et de tendre l'oreille. Depuis mon arrivée à l'Excel Academy, deux jours plus tôt, le fameux Sebastian n'a toujours pas daigné nous faire grâce de sa présence… L'honneur et le privilège de pouvoir accéder à sa place me sont donc encore refusés régulièrement. Tout cela m'intrigue…

– Bon, OK, mais comment va-t-on s'y prendre ? s'inquiète Marc.

– Eh bien, comme pour un anniversaire normal ! répond Jenny en haussant les épaules. Un gâteau, des bougies, des cadeaux… Tu en penses quoi, toi, Becca ?

– C'est vraiment une chouette idée, mais on risque de nous refuser l'accès, non ? lui fait remarquer timidement la jolie brune *– ainsi, elle aussi fait partie de la petite bande ?* – Il vaudrait peut-être mieux que ce soit sa famille qui fasse la demande pour commencer et…

– Non, je m'en occupe ! la coupe Jenny avec assurance. Par contre, pas la peine de prévenir tout le monde, hein… !? Évite-nous la présence de Miss Blondasse, si tu vois ce que je veux dire… termine-t-elle dans un petit rire.

– Avouez, quand même… C'est plutôt étrange de fêter son anniversaire de cette façon, non ? intervient Brian, beau blond aux yeux perçants qui complète le quatuor. Mais bon… avec un peu de chance, d'ici là…

J'aurais aimé en apprendre davantage, or j'ai maintenant cours de mandarin et aucun de ces quatre-là n'a choisi cette option… Je regagne ma salle de classe, perplexe. Ils ont l'air de bien se connaître, je ne les ai encore jamais vus se séparer durant les pauses de la journée – mis à part Rebecca, qui colle plus souvent la bimbo que le trio de ce matin –, et le fameux Sebastian occupe une grande partie de leurs conversations. Mon indiscrétion vient de m'apprendre que c'est bientôt son anniversaire. Mais pourquoi Jenny a-t-elle eu besoin de préciser, *comme pour un anniversaire normal* ?! Étrange… tout autant que son absence interminable. Il a dû se choper un sacré virus. À moins qu'il n'ait été victime d'un accident. Pensée déplaisante qui déclenche aussitôt un frisson morbide. Je ne sais toujours rien de ce mystérieux garçon… pourtant, il a réussi à piquer ma curiosité et accapare désormais presque toutes mes pensées.

– N'oubliez pas vos traductions pour la semaine prochaine, claironne la prof de sa voix suraiguë quand la sonnerie retentit.

La journée se termine, une de plus.

Cent vingt-six jours… me dis-je en attendant mon bus. *Pourquoi donc cette journée serait-elle différente des autres ?*

Je n'ai plus le courage de retourner chez Ever. Dans cet autre présent, immatériel, ma souffrance s'évapore et m'accorde une ombre de paix… tant que je reste loin de la maison de mon amie. Alors, je me contenterai désormais de me rendre dans notre ancienne maison ou de visiter celles de parfaits inconnus. Même si la douleur et la honte m'assaillent au réveil, j'accepte encore d'offrir ces instants de répit à mon esprit, usé par la peine et la culpabilité. Seuls mes VA m'apportent quelques heures d'une certaine sérénité. Je me sens alors libre d'être vraiment moi-même et d'arrêter d'être ce que les autres – mes parents, ma psy, les profs… – ont envie que je sois ou de me voir faire. J'ai la sensation indescriptible de ne plus être coupable, et peut-être, d'obtenir enfin le pardon… ou tout au moins d'y avoir droit…

L'avantage du voyage astral, c'est qu'il me suffit de penser à un lieu précis – ou à une personne qui lui est associée – pour m'y retrouver en quelques secondes. Le cerveau bien trop parasité par Sebastian depuis ces deux derniers jours, je décide de faire un saut chez lui, cette nuit. Pour nous offrir une petite rencontre à ma façon…

Sitôt le dîner terminé, je file dans ma chambre en laissant mes parents confortablement installés dans le salon, totalement désemparés. Je sais que, ce soir encore, je vais être leur principal sujet de conversation… Comment leur faire comprendre que ces interminables soirées de *parfaite petite famille heureuse* ne m'aident pas, ne m'aideront jamais… ?! Comment le pourraient-elles, alors qu'elles me rappellent invariablement qu'Ever et sa famille n'en partageront plus jamais… ? À cause de moi.

Après une douche rapide et un brossage de dents expédié en moins de trois minutes, j'enfile à la va-vite les premiers vêtements trouvés dans le tiroir de ma commode et me glisse frileusement sous ma couette. Cette fois-ci, il me faut plusieurs minutes pour me détendre et rejoindre enfin la salle de littérature de l'Excel Academy – salle que j'ai choisie aujourd'hui comme repère spatial, et qui est totalement déserte, ainsi que je l'avais prévu. Je lévite un moment au-dessus de la fameuse place réservée – *LA place interdite.* Assise en position du lotus, j'appelle mentalement Sebastian, comme un mantra. Mon esprit se raccroche aux échos qui résonnent dans la pièce vide.

Peu à peu, une épaisse brume argentée envahit mon champ visuel et m'enveloppe de sa chaleur rassurante, m'entraînant dans son sillage. Une odeur de fleurs fraîchement coupées et de myrtilles m'inonde les narines, et je quitte le lycée le sourire aux lèvres, survolant la ville. Je tente d'apercevoir quelque chose, mais le brouillard parfumé forme un écran presque solide autour de moi qui me masque le paysage. Je ferme les yeux et le laisse me propulser vers l'inconnu, vers Sebastian… à toute vitesse.

J'atterris un peu brusquement sur mes pieds. Encore frémissante, j'ouvre les paupières et découvre un salon faiblement éclairé par des jeux de lumière diffus, dont les grandes baies vitrées offrent un superbe panorama sur une ville illuminée…

Boston, Miami, Paris ? Merde !

Sebastian

C'est un putain de cauchemar ! Mes journées se ressemblent toutes. Chaque matin, j'accompagne ma sœur au collège, puis mes parents sur leur lieu de travail… Je les observe, je leur parle, je les vois essayer de vivre – ou plutôt de survivre.

Tout cela n'a aucun sens, je ne peux pas être dans cet état juste à cause d'une cuite monumentale… Qu'est-ce que j'ai fait après ce but magistral… Qu'est-ce que j'ai fait, bordel !?

Les heures passent, et sur leurs visages apparaissent ces traces qui s'apparentent à la peur de voir tout espoir s'envoler. Elle s'incruste, et par étapes successives, laisse une empreinte qui trahit leurs inquiétudes.

Ma mère a des rides récentes, et elle a perdu du poids. Mon père a pris dix ans en quelques jours à peine. Il marche, ou plutôt se traîne, comme s'il portait le monde entier sur ses épaules.

Quant à Kelly, mon petit bouchon, elle ne rit plus, ne sourit même plus, et l'angoisse m'étouffe à l'idée qu'elle finisse par disparaître, elle aussi, tant elle semble fragile.

Les heures s'écoulent et la peur les ronge, les dévore tout comme moi. Le temps s'égrène et me piège dans ce néant, au cœur de ce vertige.

J'ai conscience que si je ne me réveille pas bientôt, je quitterai la partie, définitivement.

Les apprentis sorciers s'acharnent autour de moi, les examens s'enchaînent, et tout ça pour quoi ? Ils n'offrent qu'une illusion de réalité à ma famille, à mes amis... à moi !

CHAPITRE 5

Je comprends soudain qu'il est un peu tard pour m'interroger sur la distance que je suis capable de parcourir en si peu de temps et reprends contact avec la réalité. Je suis stupéfaite de retrouver ici le même parfum que lors de mon transfert – une douce odeur fruitée et fleurie.

Le lieu me plaît immédiatement…

Pas uniquement pour les tableaux abstraits accrochés aux murs. Ni pour les sculptures futuristes, ou l'immense table basse en bois très sombre sur laquelle trône un vase débordant de daphnés délicats – la fameuse senteur de fleurs coupées… Mais plus pour les dizaines de clichés éparpillés sur l'épaisse moquette mouchetée, laissant apparaître les frimousses réjouies de deux enfants qui grandissent… et pour cette atmosphère chargée… d'amour, de tendresse ? Et d'électricité…

Bon, il faut bien reconnaître aussi qu'entre une sinistre bâtisse de style victorien et ce clair appartement design, il n'y a pas photo. Et cette odeur de myrtilles…

Je m'apprête à partir à la recherche de ce parfum qui me met l'eau à la bouche, quand je suis soudain beaucoup moins enthousiasmée par le molosse qui se dresse devant l'immense canapé meublant le salon, et s'élance pour m'accueillir… Une femelle boxer énorme, à la robe fauve. Elle s'arrête brusquement au milieu de la pièce et cligne des yeux, les braquant sur moi – ou du moins dans ma direction. Je me fige instantanément et l'observe. Quand elle s'approche à nouveau, je me demande si, dans mon état, une morsure serait douloureuse – réellement douloureuse…

– Oh mais oui ! Tu es un brave toutou… murmuré-je, soulagée de la voir s'allonger finalement à mes pieds.

Rassurée, j'examine les lieux plus en détail et sursaute en découvrant non loin de moi un couple à peu près de l'âge de mes parents, qui suit les infos de la chaîne NBC, et une ado filiforme, assise à côté d'eux, sur un énorme pouf.

Je me camoufle prestement derrière un paravent asiatique. Je sais bien que personne ne peut me voir – je ne suis qu'un fantôme, totalement invisible bien qu'un peu trop curieux –, mais certains réflexes sont tenaces… Me répétant silencieusement ces paroles, je finis par sortir de mon refuge en me traitant d'idiote. Je déambule autour d'eux – ou, plus précisément, je flotte quelques centimètres au-dessus du sol – tout en gardant un œil vigilant sur la chienne qui trotte à mes côtés en remuant joyeusement la queue.

Si les humains ne me perçoivent pas, il semblerait donc que les animaux, eux, le puissent. Toutefois, ce boxer ne manifeste aucun signe d'agressivité envers moi. Étrangement, elle a même l'air de m'apprécier.

Je reporte mon attention sur les autres occupants du salon. Blottis l'un contre l'autre dans le sofa bien trop grand pour eux, l'homme et la femme forment un couple harmonieux, qui aurait pu être le symbole de la jet-set bostonienne, sans les traces d'une souffrance indicible qui marquent de façon unanime leurs visages fatigués. Elle a de merveilleux yeux d'un bleu presque translucide, rougis d'avoir versé trop de larmes. Après quelques instants à fixer le vide devant elle, elle les baisse sur ses mains soigneusement manucurées, qu'elle tord sans même les voir. Lui, caresse tendrement ses longs cheveux bruns et suit d'un regard absent les présentateurs à l'écran, indifférent aux horreurs du monde qu'ils énoncent sans émotion.

La jeune adolescente assise à leurs côtés se lève soudain de son siège. Elle porte sur le visage les mêmes marques que ses parents. Enfermée dans sa propre souffrance, elle les embrasse avec tendresse mais sans un mot et se dirige en soupirant vers le couloir qui s'ouvre à notre droite.

– Cheyenne, souffle-t-elle d'une voix brisée en tournant vers le boxer le même regard d'eau pâle que la femme figée sur le sofa. Viens, ma belle, on va dormir…

Je décide de la suivre, incapable de supporter plus longtemps l'atmosphère terrible de cette pièce pourtant sublime. Le voyeurisme n'est guère dans mes habitudes, et le spectacle d'une telle douleur n'est pas sans me projeter vers des images trop souvent imaginées… celles de la famille d'Ever, après l'accident…

Je préfère donc partir derrière l'adolescente, qui s'engage d'un pas traînant dans un immense couloir, sans même prendre la peine d'en allumer les lumières. Le prénom qui m'obsède depuis deux jours monte de lui-même jusqu'à mes lèvres, et je chantonne malgré moi :

– Sebastian, Sebastian…

La chienne lève la tête au son de ma voix. Après un léger coup de langue sur la main de sa jeune maîtresse, elle fait demi-tour et revient se poster près de moi.

Qui n'a jamais rêvé d'être une petite souris, et d'observer ou d'entendre tout, en totale impunité ? Les rares fois où j'ai fait irruption chez des inconnus, je suis restée trop peu de temps pour mesurer les nombreuses possibilités que m'offre mon don. Chassant quelques instants la lourde chape que la vision de ce couple a fait peser sur mes épaules, je prends subitement conscience des opportunités fantastiques que tout cela représente… Waouh !

Mais il est temps de me concentrer sur l'objet de ma venue… Je hausse un peu le ton et poursuis ma quête en fredonnant.

– Sebastian, Sebastian…

Sebastian

Il est peut-être déjà trop tard, en fait. Je suis peut-être déjà perdu pour eux... pour ce monde. Ce n'est peut-être qu'une question de minutes, d'heures, de jours avant que je ne disparaisse complètement.

Peut-être même ne me reste-t-il que quelques secondes...

Mais cela ne sera-t-il pas mieux que tout ce vide qui m'entoure, que toute cette douleur et cette attente qui rongent ma famille comme un mal incurable ?

Il faut que ça s'arrête... pour eux, pour moi... J'ai besoin qu'on m'aide à changer tout ça !

– Sebastian…

C'est quoi encore, cette histoire ? Qui m'appelle ?

– Sebastian, Sebastian…

Cette voix ne me dit rien... C'est sans doute encore une copine de Kelly, mais pourquoi est-elle en train de chantonner mon prénom ? Cette fille n'a aucune compassion ou quoi ?!

Personne ne l'a avertie ? Faut vraiment qu'elle soit stupide pour agir ainsi avec ma famille juste à côté !

Mon petit bouchon a vraiment de drôles de copines... Il faudra que je lui en touche deux mots. Enfin... dès que je pourrai.

En attendant, trouvons cette idiote... et Cheyenne ! Elle saura la faire taire, si je le lui demande !

CHAPITRE 6

Je jette rapidement un œil dans la pièce suivante : la cuisine, et le lieu d'origine de la délicieuse odeur fruitée… Waouh… Pas de doute, cette famille a du goût, et l'aisance financière nécessaire pour l'appliquer à son environnement !

Sol en bambou laqué, d'immenses plans de travail en ardoise – sur lesquels refroidissent des muffins… à la myrtille, voilà ! – bordés d'étincelantes crédences d'acier inoxydable… La pièce reflète l'ambiance sobre et élégante déjà évoquée par le salon et le large corridor dans lequel je me trouve. Une gigantesque plaque de cuisson en vitrocéramique trône en son centre, entourée sur trois côtés d'un bar – en ardoise lui aussi – et surmontée d'une rutilante hotte aspirante rappelant vaguement la forme d'un vaisseau spatial – genre *Star Wars* !

Quelques hauts tabourets en bambou et aux pieds de métal s'alignent devant moi, entourant sobrement ce monument design. Les murs environnants ne sont que gigantesques placards et tiroirs – alternance de bois et d'anthracite – masquant probablement le dernier cri de la technologie culinaire…

Un mouvement devant moi, plus loin dans le couloir, attire soudain mon regard…

Sebastian

Oh non, dis donc ! C'est pas une copine de Petit Bouchon ! Ou alors, les adolescentes ont sacrément évolué en quelques jours.

La fille que je vois est... Waouh !

Je me souviens rarement des copines de ma sœur – des gamines hystériques pour la plupart –, mais elle... ELLE ! Si elle était déjà venue ici, je ne l'aurais pas oubliée. C'est certain ! Et puis, elle doit avoir mon âge, ou pas loin...

Elle porte un short et un haut qui ne cachent pas grand-chose de ses superbes formes. J'adore ! Une athlète, à n'en pas douter... une nageuse... ? ou une danseuse, peut-être ? On dirait qu'elle rentre de vacances. La couleur dorée de son corps musclé fait ressortir la blancheur de sa tenue.

Mais qu'est-ce qu'elle fabrique à moitié nue dans mon couloir, à psalmodier mon prénom ? Je suis forcément en train de rêver, là... Impossible qu'une telle créature se balade comme ça à la maison...

Cheyenne, ma confidente de toujours, la seule qui perçoit ma présence, frétille de la queue et jappe dans sa direction. Distraitement, je la caresse... Moi, je ne sens rien, pourtant je sais qu'elle apprécie. Apparemment, notre invitée surprise ne semble pas la déranger... Elle la connaît ?

Je scrute ma visiteuse inattendue, qui de son côté ne se prive pas pour visiter les environs sans la moindre honte et sous tous les angles. De près, je ne la trouve plus seulement craquante, mais carrément terrible ! J'aperçois la pointe de ses petits seins sous le tissu ajouré de son haut translucide. Je dois vraiment prendre sur moi pour ne pas tendre la main et tester leur fermeté du bout de mes doigts...

Non, mais regarde-moi ça, Cheyenne... Je rêve ! Elle serait pas en train de me mater, là !?

– Tranquille, Miss Cancún ! Faut pas te g... Faut... pas... t... ?

Attends... ATTENDS... Elle ME mate ?!? ELLE ME VOIT ?!

***

J'avance dans le couloir et parcours encore un mètre ou deux pour distinguer plus nettement la silhouette diffuse qui avance dans ma direction. Quelques mètres encore, et Cheyenne m'abandonne pour se précipiter vers le garçon qui n'est plus qu'à quelques pas de moi.

Si je suis bien là où je souhaite être – chez Sebastian –, alors c'est ma mère qui avait raison : vu son physique d'athlète, c'est certainement un sportif ! Je profite de mon état d'invisibilité pour reluquer à loisir le magnifique spécimen masculin que j'ai sous les yeux. Pourquoi donc me gêner, hein ?! Et plus j'approche… plus il se révèle vraiment… torride !

Le boxer remue frénétiquement la queue et se met à japper. Je l'ignore totalement…

Oui, ce mec est à tomber. Je continue de le détailler sous toutes les coutures en pensant qu'Ever l'aurait certainement trouvé à son goût elle aussi. Et comme elle l'aurait certainement souligné en riant : *Y a pas de mal à se faire du bien !*

Et là… d'un coup, la voix la plus sexy de la planète me pulvérise les tympans et me cloue sur place !

QUOI !?

Non, non, non… il est impossible qu'il s'adresse à moi ! Il faut que je me calme ! J'ai dû halluciner… et pourtant, cette voix rauque et sexy…

Enfin sexy… jusqu'à ce qu'il tourne à l'hystérique, le beau gosse…

Mais ça ne change rien… Personne ! ABSOLUMENT PERSONNE ne m'a jamais remarquée ou même entendue lors de mes VA. J'ai déliré quelques instants, c'est ça ?!

Pourtant, il s'arrête face à moi comme s'il me voyait parfaitement. Heureusement, il a l'air de s'être calmé…

– C'est toi qui m'as appelé ? insiste-t-il en me dévisageant avec stupeur. Tu arrives à me voir et à m'entendre ? Vraiment ?

Ma gorge se dessèche subitement. Mon cœur résonne comme des milliers de tambours de guerre, prêt à exploser…

– Oh, c'est… c'est pas possible ! balbutié-je, complètement affolée, tournant la tête de tous côtés en espérant le voir disparaître à nouveau.

Mais non, il est toujours là et… il est en train de se rincer l'œil, ma parole !

Un peu comme toi, il y a quelques secondes, ma vieille... résonne dans mon esprit la voix moqueuse d'Ever.

Tout en cherchant frénétiquement comment je vais bien pouvoir justifier mon intrusion chez lui, je recule prudemment.

Moulé dans son jean et son tee-shirt, il est vraiment craquant. Je ne peux détacher mon regard de ses yeux… alors que je devrais simplement faire demi-tour et m'enfuir au plus vite.

Sebastian

D'accord, elle est peut-être terriblement sexy... – non, c'est un fait établi, ELLE L'EST –, mais elle m'a l'air un poil à l'ouest aussi…

Qu'est-ce qu'elle fout chez moi, à cette heure-ci et dans cette tenue ? Et comment est-elle arrivée jusqu'ici ? Et pourquoi est-ce qu'elle me voit ?!

La manière dont elle s'est introduite dans mon appartement me laisse vraiment perplexe.

Comment a-t-elle pu passer le service de sécurité et le demi-millier – au moins – d'alarmes et de serrures que Maman a fait placer ici depuis le dernier cambriolage... ? Oui, je sais... celui qui a eu lieu trois immeubles après le nôtre...

Bref... je suis face à un génie de l'intrusion en jupons, là ?

Je balaye aussitôt ce petit détail perturbateur. Une chose est sûre, c'est qu'elle n'a pas l'habitude de se faire coincer... À moins qu'elle n'ait pas l'habitude d'être... VUE ?

Tu délires, Seb... Ouais, tu délires complet...

Putain, t'as vu un peu ses... yeux de malade !

Je n'arrive pas à quitter son regard, sombre, constellé d'étoiles... Elle non plus ne me lâche plus... et recule tout doucement ?

AH NON ! Si elle croit qu'elle va prendre la poudre d'escampette, elle se plante lourdement ! Parce que là, j'ai enfin la certitude que quelqu'un peut me voir... ELLE !

Et il va falloir qu'elle m'explique comment et pourquoi !

OK, elle ne fait pas partie de la petite bande de ma sœur. Mais on s'en fout, en fait ! Elle peut me voir. Et ça, c'est une sacrée bonne nouvelle. La première depuis un long moment, pour être honnête.

Et comme jusqu'à preuve du contraire elle est la seule – l'unique – dans ce cas, je dois absolument la retenir. Il n'est pas question qu'elle se défile !

***

– Tu peux me voir ? répète-t-il, complètement ahuri, en avançant toujours vers moi.

– Heu… tu déconnes là… ?! Je ne suis pas aveugle ! Bien sûr que je te vois… Tu es en plein milieu d'un couloir, difficile de te louper ! Mais que toi, tu me vois… Alors ÇA, c'est vraiment pas net !

J'y crois pas... Stella, tu parles à une hallucination, ma grande...

CHAPITRE 7

– Je pensais que ça n'arriverait jamais ! crie-t-il en gesticulant comme un malade, complètement surexcité.

– Hey… Hey ! HEY ! Je t'entends aussi très bien ! Je ne suis pas sourde… Tu vas rameuter toute ta famille, là, arrête ! Ils vont te prendre pour un taré à parler tout seul dans un couloir vide !

D'un seul coup, sans prévenir, il réalise une formidable enjambée pour m'attraper – ou plutôt me sauter dessus… Pour l'éviter, je me baisse précipitamment…

Ah ben tiens... En voilà une nouveauté !

– C'est quoi ce truc ?! hurle-t-il en reculant immédiatement, les yeux exorbités, blanc comme un linge.

Sebastian

Les apprentis sorciers ont forcé sur la dose d'anxiolytiques ou quoi ?! Ou alors ils tentent un traitement expérimental ?

Ses jambes et ses pieds ont disparu dans le sol ! On dirait qu'elle a transpercé le plancher ! Seul le haut de son corps est encore coincé dans mon appart. C'est quoi, ce truc de malade

Ouais... Comme si c'était possible...

Finalement, ce ne serait pas une bonne idée que mes parents ou ma sœur se pointent maintenant et découvrent cette nana... ou plutôt moitié de nana ! Dans leur état, je ne donne pas cher de leur santé mentale... En fait, je commence même à sérieusement douter de la mienne !

***

Je me redresse, tout aussi surprise que lui... et ouf ! Je retrouve le bas de mon corps, intact. Tout en le surveillant étroitement, je bats en retraite.

Il ne sourit plus et me scrute avec une vive attention, un peu trop chargée de méfiance à mon goût. Son air ne me dit rien qui vaille... je poursuis mon repli stratégique avec précaution.

Retrouvant ses esprits, il se rapproche à nouveau... de plus en plus vite ! Là, pour le coup, il semble vraiment furieux ! Adieu, le charmant dragueur...

Et brusquement, il se jette sur moi. Encore ! Je saute par pur réflexe et me retrouve aussitôt collée au plafond, en lévitation.

Merde... On est forcément dans une caméra cachée, là ! Dites-moi que je rêve !

– Mais t'es malade. Pourquoi tu me sautes dessus tout le temps ?!

– Bordel, c'est quoi tout ça ?! demande-t-il, la tête complètement renversée pour regarder dans ma direction.

Sebastian

Non mais, putain de blouses blanches ! Ils m'injectent quoi comme drogue, au juste ?!

Je tends le bras pour essayer d'attraper ma belle hallucination, tout en sachant pertinemment que je n'y arriverai pas, mais c'est plus fort que moi. Un réflexe à la con ! Je veux la toucher... C'est juste vital. Après tout, je l'entends, je la vois... et elle, c'est pareil. Il est tout à fait possible que je puisse la sentir... réellement.

Allez, quoi... je n'ai pas eu le moindre contact physique depuis des jours. Je suis dépossédé du plaisir de sentir le soleil ou la douceur d'une peau délicate. J'ai la sensation d'être désincarné.

Alors si l'occasion m'est offerte de la toucher, je ne vais pas la manquer !

Et je saute comme un damné macaque. Finalement, je m'arrête... c'est pas cool...

Putain, quel abruti ! Sebastian, tu ne vois pas qu'elle flippe, là ?!

Comme dirait mon coach : Il est temps de changer la stratégie du jeu pour passer la ligne bleue !

Fort de cette nouvelle tactique, je reste immobile, les bras le long du corps. Avec un peu de chance, elle finira par descendre d'elle-même...

Je patiente plusieurs minutes en lui souriant, histoire de la mettre à l'aise. Je me tais et j'attends – attitude louable, vu que ça n'a jamais été mon fort.

On dirait bien que mes efforts portent leurs fruits, quand même... Elle retrouve une respiration moins saccadée, plus calme.

Tout en me passant les doigts dans les cheveux – c'est fou comme certaines habitudes sont tenaces –, je lui tends simplement la main et lui propose de me rejoindre.

***

Allez, calme-toi, Stella...

Ici, je suis à bonne distance, inaccessible. Je prends une grande bouffée d'air et essaie de me contrôler. Je n'en mène pas large, mais il faut que je reprenne mes esprits.

En examinant la situation plus calmement, je constate que, si je ne bouge pas, il ne peut pas m'atteindre. *Parfait !* Maintenant que je peux réfléchir – plus ou moins calmement –, j'ai envie de m'injurier… Si je n'avais pas été si surprise, j'aurais certainement eu le réflexe de penser à ma chambre pour m'y retrouver aussitôt en sécurité.

Mais bon, c'est fait ! Et là, je ne risque rien pour le moment, alors je vais tenter d'agir intelligemment, cette fois-ci… J'inspire et j'expire doucement par le nez et sens les battements de mon cœur se calmer. Y a pas à dire, le yoga… ça aide en cas de panique générale !

Bon, il est enfin immobile, tranquille… Il se passe une main dans les cheveux, il est donc encore nerveux… et plonge ses yeux dans les miens.

Ah, ce regard… !

– Tu veux bien descendre, s'il te plaît ? demande-t-il avec une voix de velours.

Je ne suis pas certaine que ce soit une bonne idée. Vu la façon dont il m'a chargée à peine quelques secondes auparavant, et malgré l'air inoffensif qu'il affiche maintenant, je suis sceptique. Je décide d'ignorer son invitation.

Main égale piège, reste vigilante, Stella !

– Descendre ? Pourquoi ? Je ne suis pas mal, ici…

– Eh bien, disons que je serais plus à l'aise pour discuter avec toi si je n'avais pas à me tordre le cou, déjà…

– Je ne te fais pas confiance.

– C'est la meilleure ! TOI – totale inconnue, collée au plafond de mon couloir –, tu entres chez moi par je ne sais quel moyen (sûrement pas très légal), et c'est toi qui n'as pas confiance ?!

– C'est vrai qu'à première vue… tout ça peut paraître un peu étrange… mais ça l'est tout autant pour moi, je t'assure !

– Ahaaaaa… Alors OK ! Me voilà donc rassuré… On peut dire qu'au moins tu as le sens de la mesure, me lance-t-il avant d'exploser de rire.

Il recule encore un peu en levant les mains au-dessus de sa tête en signe de reddition, puis me fait signe de le rejoindre en m'adressant à nouveau un sourire…

THE sourire…

Sebastian

D'accord… à première vue, c'est loin d'être gagné ! Mais on n'est pas attaquant dans l'équipe des Bruins pour se défiler à la première pénalité.

Allez, j'insiste…

Percer la défense de l'adversaire, ça me connaît ! Je fais valoir tous mes arguments – ils sont nombreux –, et surtout, je lui sors le grand jeu : mon sourire de killer…

Ça marche à chaque fois ! Enfin… presque.

Waouh… Celui qu'elle me balance en retour est juste époustouflant. Je ne sais pas lequel de nous deux a l'avantage, du coup !

Le coach dirait : un point partout ! Palet au centre !

Je lui balance un petit clin d'œil reconnaissant quand elle se décide enfin, après maintes réflexions, à regagner le sol.

Je m'avance avec précaution pour ne pas l'effaroucher.

Ouais, Seb ! Comme si t'allais effaroucher une hallucination… Mon Dieu, t'en tiens vraiment une sévère !

J'ai tellement envie – besoin – de la toucher que je crispe les poings à m'en faire mal – enfin, si je pouvais encore sentir quelque chose...

Doucement... Tout doux, mon garçon... me chuchote la voix du coach.

***

Au moindre mouvement trop brusque de sa part, c'est décidé, je me dématérialise. Mais en attendant, je redescends lentement au sol en souriant avec hésitation. Son clin d'œil complice m'indique qu'il m'en est reconnaissant.

– Alors c'est bien toi, Sebastian ?

– Oui, Sebastian Logan. Et toi… ? Stella… c'est ça ? J'ai bien entendu ?

Il approche de quelques pas. Trop près à mon goût. Je recule…

– Logan… comme l'aéroport ? dis-je, regrettant aussitôt ma remarque débile.

– Exact, répond-il dans un rire en me couvrant d'un regard approbateur. J'aime beaucoup ta tenue…

Agacée par sa remarque et son air de beau gosse irrésistible, je jette instinctivement un coup d'œil sur mon reflet, renvoyé par l'un des immenses miroirs du couloir et…

Zut ! J'avais quelque peu oublié ce maigre détail… Je suis partie en short et minuscule haut de coton ajouré… Une vague d'embarras me saisit.

Toutefois, je n'ai pas le loisir de me morfondre davantage…

… avant que je ne puisse faire le moindre mouvement, et profitant de mon instant d'inattention, il se jette à nouveau en avant et agrippe solidement ma main…

Une chose incompréhensible – plus incompréhensible encore que ce qu'on est déjà en train de vivre ! C'est dire… – se produit : une gerbe d'étincelles jaillit au point de contact de nos deux mains. Une légère décharge la lui fait retirer prestement, mais pas assez pour empêcher un violent tressaillement de remonter le long de mon bras.

Il s'estompe rapidement, laissant à sa place un sentiment de vide et de… Ébranlée par cette réaction, je recule en trébuchant. Sebastian s'éloigne lui aussi, curieux et choqué à la fois.

– Mais c'est quoi, ce bordel ?!

Lentement, il tend une fois de plus sa main pour toucher la mienne, et la gerbe scintillante explose encore en une myriade multicolore de points lumineux. La même sensation irréelle s'empare de moi, et je sens une panique sans borne me gagner.

En levant les yeux, je vois qu'il n'est pas du tout dans le même état d'esprit que moi. Ses yeux reflètent quelque chose qui ne me dit rien qui vaille…

Muette de stupeur, j'ai tout de même la présence d'esprit de penser de toutes mes forces à la maison… et disparais instantanément sous son regard effaré. J'entends sa voix lointaine qui me crie de revenir.

Il peut toujours rêver…

CHAPITRE 8

Tremblante, j'atterris dans mon lit et réintègre mon corps. Je viens de faire un very… very bad trip.

Mes voyages astraux me poussent depuis le début à me poser de sérieuses questions quant à mon état mental. Alors si maintenant je me mets à communiquer avec ce qui ne peut être, tout bien réfléchi et selon toute logique, qu'une hallucination – *torride, soit, mais hallucination quand même* – de mon esprit détraqué… Eh bien, il est clair que j'ai un très, très gros problème !

Depuis mon arrivée au lycée, je m'efforce de rester à distance de mes camarades de classe, malgré les tentatives – pas toujours très fines – de certains pour lier connaissance. Je ne communique avec personne, sauf cas de nécessité absolue, comme quand un professeur ou un étudiant téméraire m'adresse la parole. Je fuis le contact humain à tout prix.

Alors, sans doute, mon excès de solitude perturbe-t-il maintenant mes facultés mentales.

Mon cerveau souffre peut-être – sûrement – d'une défaillance liée à mon isolement volontaire.

Je m'allonge sur le dos et me plonge dans la contemplation du plafond. Les yeux dans le vague, je prends de profondes inspirations, détends mes orteils l'un après l'autre et me remémore tous les numéros de téléphone que je connais par cœur…

Mais aucun de ces vieux trucs – pourtant plutôt efficaces en général – ne fonctionne. Le visage et la voix de Sebastian refusent de s'estomper.

Oui, oui, OUI ! Il est craquant !

Quelque chose me gêne et m'empêche de trouver le sommeil… Le Sebastian que je viens de rencontrer ne présente aucune anomalie physique – pas à première vue, en tout cas. Pourtant, sa stupéfaction que je puisse le voir, et surtout l'entendre – mes tympans meurtris s'en souviennent encore –, me laisse perplexe.

Qu'y a-t-il donc de si étonnant à cela ? Pourquoi serais-je la seule à pouvoir le voir ? Et surtout, pourquoi LUI peut-il me voir… ? Jusqu'ici, j'ai toujours pensé que je restais dans la même dimension, devenant simplement invisible aux autres. Apparemment, ce n'est pas tout à fait le cas…

Mais alors, si cet *univers* commence à se peupler… Sebastian serait-il, tout comme moi, capable de faire le grand bond du voyage astral ? Ça expliquerait effectivement sa présence dans ma dimension… et le fait qu'on puisse se voir, s'entendre et se toucher…

Ça laisse quand même encore beaucoup de questions en suspens… Par exemple : Où est-il le reste du temps ? Où est son corps ? Pourquoi sa famille et ses amis sont-ils si tristes et inquiets à son sujet ? Pourquoi n'est-il pas en cours avec nous ? Aurait-il, lui, vraiment fait un bad trip… et serait-il incapable de revenir de son voyage astral ?

Ohoooo ! Peut-être ne sait-il même pas encore qu'il a quitté son corps… ?! Mais oui ! Et cela seul pourrait facilement expliquer son étonnement et son hystérie… Les questions ne cessent de défiler dans ma tête, jusqu'à ce que le sommeil m'emporte enfin.

***

Je quitte à regret la douce chaleur de mon lit. Par la fenêtre, j'aperçois le spectacle de la neige virevoltante qui s'accumule sur les trottoirs. Un épais rideau cotonneux masque le monde au-delà de notre allée. Tout est feutré, doux… Le soleil éclatant d'hier est remplacé par une douce lueur bleutée. Un silence apaisant règne sur la ville et s'étend sur mon âme, ce matin.

Je ne suis plus seule.

Tu te fais des films, Stella… Allez ! Secoue-toi, ma vieille !

En deux temps trois mouvements, je suis prête : une douche, puis ma tenue habituelle depuis des mois : jean, sweat et baskets. Sans un regard pour mon reflet dans le miroir, j'attache mes cheveux en queue-de-cheval et dévale les escaliers.

Une bonne odeur de toasts grillés, de bacon et de chocolat chaud parfume la cuisine. Tout en me servant un verre de jus d'orange, je jette un coup d'œil au journal du matin qui traîne sur la table, encore grand ouvert. Mon père doit déjà être en route pour le boulot.

Je grignote une tartine en vitesse, puis je sors de la maison sans avoir croisé ma mère, mais en ayant trébuché une fois de plus sur les Moon Boots qu'elle s'acharne à vouloir me faire porter depuis notre arrivée, et qu'elle avait – somme toute *involontairement* – déposés devant la porte d'entrée.

Je remonte la rue en songeant à mon délire hallucinatoire de la nuit précédente. Ces quelques minutes de marche jusqu'à l'arrêt de bus suffisent à me convaincre de la nécessité de rompre ma solitude. Le moment est venu pour moi de faire plus ample connaissance avec mes congénères. Mon choix d'approche tactique se porte tout naturellement sur Jenny. J'ai pu apprécier à maintes reprises sa gentillesse et sa délicatesse, et bien entendu, le fait qu'elle soit proche de Sebastian n'entre nullement en ligne de compte…

… ou si peu ?!

Aujourd'hui encore, je constate combien la notion du temps est extrêmement aléatoire et versatile. Jusqu'à présent, chaque journée me paraissait d'une longueur affligeante, alors que ce matin, les heures de cours défilent sans que j'y prenne garde. Le manteau de brouillard qui m'enveloppait depuis mon arrivée s'effiloche. Les voix qui m'entourent résonnent plus clairement à mes oreilles, beaucoup plus limpides.

Illusion ou réalité ?

À la cafétéria, au lieu de m'isoler comme à mon habitude pour la pause déjeuner et forte de mes nouvelles résolutions – et des sourires « d'appel » lancés vers Jenny durant toute la matinée –, je m'approche de la table où celle-ci est installée avec sa bande. Je fais abstraction de la surprise qui envahit le visage de ses amis et demande gaiement s'ils accepteraient de me faire une petite place.

– Bien sûr ! répond-elle, souriante. J'avais peur que tu ne te décides jamais…

– J'ai dû vous paraître un peu fuyante, c'est ça ?

– Un peu… ? Quasiment invisible, tu veux dire ?! On pensait d'ailleurs te surnommer Fantômette, me coupe avec gentillesse Brian – *je crois* –, grand gaillard blond, dont j'ai déjà remarqué, et apprécié, l'attitude calme et réservée en cours.

– Tu te souviens sûrement de moi ! Enfin, j'espère… intervient Mark avec un clin d'œil aguicheur. Je suis le rat de bibliothèque.

– Comment t'oublier !? répliqué-je sans pouvoir contenir un petit rire. J'espère que vous ne m'en voudrez pas trop d'avoir été si distante. Mes débuts ici ont été un peu difficiles, le changement entre Boston et Miami est vraiment radical.

– Oh ! Tu viens de Miami ?! J'étais en vacances à Fort Lauderdale pour Thanksgiving ! s'écrie Jenny, tout excitée. J'adore la Floride ! Surtout ses plages…

– Mademoiselle aime rôtir au soleil comme une dinde, dit Mark avec malice, tout en lançant un affectueux baiser à Jenny. Elle nous est revenue juste à point, croustillante ! Et toi, Stella, comment as-tu passé les fêtes ?

Mon cerveau a depuis longtemps oublié le concept même du mot « vérité » et, bien qu'un peu gênée, je réponds du tac au tac :

– En famille, comme tout le monde… rien de bien original.

Une fugace pointe d'amertume me transperce. C'est en novembre, justement, que ma sortie de la clinique psychiatrique a été autorisée… mais je refuse de laisser mon esprit vagabonder sur cette voie, tous les souvenirs de cette période sont profondément enfouis dans ma mémoire, avec pour unique consigne d'y rester à jamais.

– Puisque tu viens juste d'arriver, je suis tout disposé à te faire découvrir Boston, continue Mark sans percevoir mon trouble, avant de rajouter, l'air de rien : À moins que ça ne pose un problème à ton copain ?

– C'est très gentil à toi, merci ! Je vais y réfléchir.

Je l'observe en catimini, restant volontairement vague sur la présence d'un éventuel petit ami dans ma vie. Mark est plutôt beau garçon, avec un caractère enjoué qui fait pétiller ses fascinants yeux noisette pailletés d'or. Sa stature élancée – aux muscles parfaitement dessinés sous sa chemise ajustée –, son maintien ferme et ses gestes retenus envoient des signaux à la danseuse que je suis. Ou plutôt que j'étais. Ce gars-là, aussi blagueur soit-il, ne fait pas du hockey comme ses copains… Serait-il lui aussi passionné par le même sport que moi ? C'est plutôt rare.

En tout cas, il est indéniablement sympa… et puis surtout, il est vrai, lui, palpable…

Et voilà ! Un sourire ravageur et des yeux couleur océan s'imposent immédiatement à moi, et un visage – *SON* visage – se substitue à celui de Mark. Pourquoi Sebastian parasite-t-il ainsi mes pensées ? Ce n'était qu'une hallucination !

Une hallucination, dont la voix séduisante résonne pourtant encore en moi…

CHAPITRE 9

Au cours de la conversation, Jenny s'aperçoit que nous habitons dans le même quartier et propose aussitôt qu'on s'attende en fin d'après-midi pour prendre le bus ensemble. Tandis que la sonnerie retentit et que nous nous dirigeons vers nos classes respectives dans un joyeux brouhaha, je note avec surprise que ce moment avec eux a été… agréable. Premier pas vers une certaine forme d'insouciance, depuis bien trop longtemps bannie de mon univers.

Dès la fin de mon cours de mandarin, je rejoins ma nouvelle amie dans l'allée qui borde le lycée, sans passer par la case bibliothèque.

– Ça fait un bail que je ne m'étais plus habillée avec autant de couches de vêtements, dis-je en enfonçant profondément mon bonnet sur mes oreilles gelées.

– Tu vas t'y faire ! Mais tu arrives à la plus mauvaise période, reconnaît Jenny en extirpant de la poche de son jean boy-friend son portable qui sonne. Aujourd'hui, il fait quand même un solide – 25 degrés. Désolée, faut vraiment que je réponde… C'est très important, s'excuse-t-elle après avoir consulté le numéro de l'appelant.

– Vas-y, bien sûr ! Je suis persuadée que le mercure est toujours dans le rouge à Miami, ronchonné-je, regrettant soudain la chaleur accablante de la Floride.

Pendant qu'elle papote au téléphone, je cherche une entrée en matière crédible pour aborder le sujet délicat de Sebastian. L'envie irrépressible d'en apprendre davantage sur lui ne m'a pas quittée de la journée. Mais comment y parvenir sans attirer sa suspicion ?

Je suis tirée de mes réflexions par ses cris de surprise :

– Tu es certain ? Oh, mais c'est super Oui, j'y vais tout de suite… Salut.

Au moment même où Jenny raccroche, apparemment ravie de sa conversation, Alexandra – ma chère et caractérielle bimbo – arrive à notre hauteur, cheveux au vent, chaussée de bottes montantes aux talons vertigineux et portant une simple veste de cuir noire cintrée à la taille… Je me demande quel est son truc pour ne pas geler sur place.

La méchanceté et la bêtise tiendraient-elles chaud, de nos jours ? ne puis-je m'empêcher de penser en ricanant intérieurement.

Le regard dédaigneux qu'elle me lance au passage me fait regretter ma bonne éducation et me donne envie de lui faire bouffer mon écharpe.

– J'ai appris que tu organisais une petite fête pour Seb, lance-t-elle de but en blanc en se tournant vers Jenny. Si tu veux de l'aide, surtout n'hésite pas.

– Je vois que les nouvelles vont vite ! Mais je m'en sors très bi…

– Avec les relations de mon père, je pourrais certainement t'éviter bien des tracas, l'interrompt la pimbêche. Et puis… tu sais combien Sebastian compte pour moi !

– Tu n'es pas la seule pour qui il compte, rétorque Jenny en haussant les sourcils. Si j'ai besoin d'un coup de main, je te ferai signe. Mais tu sais que nous ne pouvons dépasser un certain nombre de personnes… et malheureusement, je n'ai plus de place à te proposer… Becca aurait dû te prévenir ! Une autre fois, peut-être, lance-t-elle, mielleuse, avant de se détourner.

Verte de rage, Alexandra s'apprête à répliquer violemment quand un impérieux coup de klaxon retentit derrière nous. Un SRX-2010 rutilant stoppe brusquement devant l'arrêt de bus.

Elle jette un regard distrait à son conducteur, puis son visage s'éclaire lorsqu'elle le reconnaît. Comme à l'accoutumée depuis notre première rencontre, elle m'ignore totalement mais salue Jenny d'un sourire acide et d'un : « On en reparlera ! » Puis elle grimpe en vitesse dans le luxueux 4 × 4 qui démarre sur les chapeaux de roues… soulevant au passage une énorme gerbe de neige sale. Quelques centimètres de plus, et Jenny et moi terminions la journée transformées en misérables rats dégoulinants.

– Ne fais pas attention à ses grands airs ! Alexandra déteste la concurrence…

– Son mépris n'a d'égal que l'indifférence qu'elle m'inspire, répliqué-je, tout sourire.

– Tant mieux ! s'esclaffe ma nouvelle amie, avant de reprendre, légèrement ennuyée. Je suis désolée, Stella, je sais qu'on devait rentrer ensemble ce soir… mais je dois filer à l'autre bout de la ville.

– Rien de grave ?

– Non, au contraire ! J'ai appris une bonne nouvelle. Il y a eu… un signe chez Sebastian. Tu dois porter bonheur ! Mais du coup, il faut vraiment que je te laisse ! Promis, on rentre ensemble demain ! termine-t-elle en s'éloignant au petit trot.

– Sebastian ? Un signe… ?

– À demain, Stella !

Et la voilà partie, agitant la main au-dessus de sa tête en signe d'au revoir. La liste de mes questions concernant ce garçon énigmatique ne cesse de s'allonger. Et l'occasion d'apporter un semblant de réponse à certaines d'entre elles vient de me filer entre les doigts !

J'ai pourtant désespérément besoin de toutes ces réponses. Le temps d'une brève rencontre, l'insupportable douleur avec laquelle je vis depuis des mois s'est dissipée. Avec lui, durant quelques minutes, j'ai pu tout oublier – la mort, la souffrance, la culpabilité… Il a réussi l'exploit d'éveiller mon intérêt.

Mais il semble désormais évident que je ne pourrai obtenir d'éclaircissements qu'auprès de lui. Alors, poussée par le besoin incontrôlable de ressentir à nouveau la paix qu'il m'inspire, je prends la décision d'y retourner… et ce malgré l'inquiétude ressentie la veille et le risque d'accentuer mon possible déséquilibre mental.

De toute manière, pour être tout à fait honnête, même si Sebastian n'est qu'une illusion de mon esprit – diablement sexy, l'illusion –, j'ai très envie de le revoir.

Fébrile à l'idée de le rejoindre, je tente d'esquiver la corvée du repas familial. Auparavant, c'était chose facile ! Mon père dînait fréquemment au restaurant avec des clients, et ma mère, avec des amies dont les maris étaient absents eux aussi. Je me préparais alors un plateau-repas et dînais seule dans ma chambre, la musique à fond et les yeux rivés sur mon ordi, à surfer sur le Net. Certains soirs – très fréquemment, en fait –, Ever restait dormir chez moi et rendait mes soirées moins solitaires.

Et tout cela me convenait ! Mais à présent, la situation est bien différente… Totalement différente !

Mon père a aménagé ses horaires de travail en fonction de mon emploi du temps et rentre plus tôt le soir. Dîner tous ensemble est devenu une priorité pour mes parents, prétendument afin de nous permettre de partager un moment convivial durant lequel nous pourrons recréer des liens familiaux harmonieux. Ce jour-là, le discours de la psy avait totalement fait mouche sur la culpabilité parentale !

Après avoir essuyé une fin de non-recevoir de la part de ma mère, et donc participé au pitoyable simulacre de moment convivial bla-bla-bla… je sers l'excuse classique de la fatigue et tente de regagner ma chambre une fois la dernière assiette débarrassée, mais ne coupe pas à l'intervention incrédule de mon père…

– Déjà ?! Encore ?!

Je retourne sur mes pas dans un soupir et m'écroule sur le sofa qu'il me désigne avec calme en songeant qu'il prend son rôle beaucoup trop au sérieux. Et franchement, je commence à trouver tout cela pesant !

– Allons, ma chérie… c'est tellement agréable de passer un moment tous les trois ensemble, commence ma mère en préparant un thé qu'elle lui tend ensuite.

– Tu ne nous racontes jamais rien de tes journées, me reproche-t-il. Alors, dis-moi… Comment trouves-tu Boston ?

– Glaciale.

– Et ton lycée ?

Je jette un coup œil désespéré sur la pendule en me demandant combien de temps va durer l'interrogatoire, cette fois-ci.

– Ça va.

– C'est un peu bref comme réponse, rétorque-t-il en tapotant nerveusement sa cuisse, un sourcil levé.

Ce geste a toujours été un signe très clair d'irritation chez mon paternel. Pour éviter la crise que je sens poindre et qui me condamnera en plus à de longues minutes de morale, je consens à faire un effort de conversation… à ma manière.

– La version longue, alors ? La nuit dernière, j'ai rencontré un étudiant du lycée par… comment dire ? Un dédoublement ? Une sorte de voyage ? Mais hors de mon corps… bien que je n'aie pas bougé de mon lit. Je me suis rendue chez lui en… me téléportant ! Voilà, c'est ça ! Et là, tu ne vas pas vouloir me croire, mais quand il a tenté de me prendre la main, il y a eu ce grésillement, comme une interférence sur la ligne ! Du coup, j'ai rappliqué illico à la maison. Mais ma curiosité… Enfin, tu sais comment je suis, n'est-ce pas !? Alors aujourd'hui, j'ai essayé de me faire plein d'amis au lycée pour en savoir un peu plus sur ce type… et là, je suis un peu pressée d'aller me coucher… pour aller le retrouver, en fait !

– Ce n'est pas drôle, lance ma mère, agacée à son tour, tandis que mon père reste bouche bée, tentant d'intégrer le véritable sens de ma tirade.

Elle remplit sa propre tasse, y ajoute du sucre, du lait, et me fixe avec inquiétude. Une petite ride marque son front. Je me lève précipitamment et dépose un baiser sur sa joue. Puis j'adresse un sourire éclatant à mon père.

– Allez, je plaisante ! C'est que mon moral est au beau fixe, non ? It's a joke ! Rassurez-vous… Je ne me drogue pas, je ne bois plus. Tout va bien ! Je suis juste une adolescente avec des envies d'adolescente… et prendre une tisane avec mes parents le soir n'en fait pas trop partie, voilà tout ! Cela devrait suffire à vous rassurer, non ? J'ai les réactions classiques et l'humour débile d'une adolescente NORMALE, n'est-ce pas ce que nous souhaitions tous ?

– Effectivement, je n'apprécie pas ton humour, marmonne-t-il en me lançant un regard dubitatif.

Ma psychiatre aurait été enchantée. Comme elle aimait à le répéter pendant les séances de thérapie familiale : « Tout ira bien si vous n'oubliez pas de parler, de communiquer ! » Quelle bonne blague !

Pourtant, c'est la vérité : pas de drogue, plus d'alcool. Alors oui, je vais bien !

Pour le reste, j'y travaille…

Sebastian

Qu'est-ce qui m'arrive exactement, hein... ?! À moi, à mon corps, à mon esprit ? Dire que je suis dans une rage folle est un doux euphémisme ! Je suis déchaîné. Hors de moi !

Et soudain, j'éclate de rire – le bon vieux fou rire nerveux – devant l'absurde, mais paradoxalement effrayante, réalité qui me retient prisonnier.

Parce qu'à l'instant même, oui... je me trouve effectivement – et littéralement – hors de moi ! Je suis ici, chez moi, et pourtant mon corps est là-bas, à l'autre bout de la ville.

Sensation étrange et affolante…

Hey, mais j'y pense… et si c'était pareil pour elle ?!

Bon, c'est quoi tout ça, hein ? Un jeu ?! Un putain de jeu dont j'ignore les règles !? OK… alors ils sont où, les arbitres ? Parce que si c'est un jeu, il y a forcément un règlement !

Et j'aimerais bien le connaître votre PUTAIN de règlement, moi !

– Si tu respectes pas les règles, fiston, c'est une pénalité, dirait le coach, et n'oublie pas, t'as le droit d'entrer en contact avec l'adversaire pour le déstabiliser, mais fais toujours gaffe au hors-jeu !

Alors c'est ça ? J'y suis allé trop fort avec Stella… Je suis hors-jeu ?

Oui, c'est sûrement ça… comme d'hab, j'y suis allé trop fort. Je suis vraiment trop con !

Bordel ! Je savais pourtant que la meilleure stratégie, c'était de ne surtout pas la toucher…

Elle va revenir. Elle va revenir. Elle va…

Il faut qu'elle revienne ! Je n'ose plus sortir de l'appart de peur de la louper…

Jamais je n'ai autant espéré… attendu la visite d'une fille, même pas quand j'ai réussi à dégotter ce fameux rendez-vous avec Lauren. LA bombe du lycée !

J'en connais certains qui se bidonneraient de me voir dans cet état. L'avantage de cette situation désespérante, c'est que justement personne ne me voit… à part toi, Stella.

CHAPITRE 10

Je quitte la pièce et monte les escaliers en sautillant, sans laisser le temps à mes parents de réfléchir à mes propos. Ils ont dorénavant toute la soirée pour en discuter en tête à tête.

Je claque en vitesse la porte de ma chambre derrière moi, et en quelques minutes à peine, me voilà en condition. Je vais devenir experte en voyage astral express.

En moins de temps qu'il n'en faut pour le dire, je me téléporte dans le salon de Sebastian. Dès mon arrivée, je fais résonner ma voix dans l'appartement, tant l'impatience de le revoir me dévore, mais cela ne m'inquiète pas le moins du monde.

À part lui, qui pourrait m'entendre, de toute façon ?

Sebastian

Cette voix... YES C'est sa voix ! Elle est revenue ! Non, mais que c'est bon de l'entendre à nouveau. J'ai le cœur qui va exploser.

Faut que je me calme ! Un, deux, trois... Resssssspire, Seb, respire !

Oui, voilà... surtout, me calmer ! J'ai pas envie qu'elle disparaisse comme hier soir. Cette fois, je vais la jouer cool et me tenir à carreau... Surtout ne pas la toucher.

INTERDICTION DE LA TOUCHER !

Dans le salon ! Elle est dans le salon ! Allez, Seb, bouge-toi !

Oh merde... qu'est-ce qu'elle est canon ! Comment tu veux que je ne la touche pas. C'est un appel au crime, une nana pareille...

OK, je préférais clairement la tenue d'hier qui en montrait bien plus, mais même en jean et baskets, elle me fait grave craquer !

***

Il arrive si vite – dérapant dans le couloir dans un horrible couinement de caoutchouc – qu'un sentiment étrange, et très agréable, me transperce à l'idée qu'il m'attendait sûrement.

Enfin, c'est une possibilité parmi tant d'autres...

– Salut ! s'exclame-t-il, hors d'haleine mais visiblement soulagé. J'avais *tellement* peur que tu ne reviennes pas ! Tu sais, je ne comprends toujours pas comment tu peux me voir... T'es la seule, bordel ! La seule personne qui me parle depuis des jours !

– C'est quoi, ce délire ?! Tu sais faire des VA, toi aussi ? Comment peux-tu me voir ? Et où est ton corps, d'abord ?! m'écrié-je en même temps que lui, sans même l'écouter ni répondre à son salut – *Au diable, ma belle éducation !*

– Okaaaay… ! Ce serait sympa de prendre le temps de répondre, chacun à notre tour, aux questions que l'on se pose, non ? intervient-il avec un autre de ses sourires à tomber.

– Tu as raison, dis-je en souriant moi aussi. Qui commence ?

– Eh bien, si nous poursuivions déjà les présentations ? Il me semble t'avoir entendu grogner un très joli prénom lors de ta dernière visite, mais tu n'as pas confirmé… Stella… ?

– Stella, c'est bien ça, oui ! Tu le hurlais à travers tout l'appartement quand je suis repartie. Et si tu veux que tout se passe bien entre nous, souviens-toi d'une chose primordiale… *JE NE GROGNE PAS !*

À partir de cette seconde, le temps file…

Qui de nous deux est le plus surpris… ou le plus fou ? Lui, quand je lui explique ma façon plutôt inattendue de voyager la nuit ? Ou moi, quand il me raconte qu'il est plongé dans le coma depuis deux semaines ? Tout cela me semble irréel. Comme si j'avais brusquement été plongée dans un film fantastique… Mais peu nous importe, en fait ! Folie ou pas, je ne suis plus seule, maintenant. L'insupportable isolement et la tristesse qui ne me quittait pas depuis des mois semblent prendre de la distance… alors, pas question de s'éterniser sur nos passés respectifs – le mien, surtout –, notre accord tacite est d'avancer, dès aujourd'hui !

– Viens, faut que je te montre… murmure-t-il soudain en saisissant ma main.

À nouveau, ces gerbes d'étincelles ! À nouveau, cette envie, ce besoin… qu'il ne me lâche plus jamais. Et cette fois-ci, il ne le fait pas… Peu à peu les éclats s'apaisent, et finalement, seule persiste la plénitude de ne plus me sentir submergée, noyée par ma solitude coutumière.

Dans un immense éclat de rire, il m'entraîne alors dans une cavalcade démentielle, hors de toute notion d'espace ou de temps. Main dans la main, nous traversons les murs en béton armé de son immeuble, puis les dévalons en hurlant, perpendiculaires au sol, comme si aucune des lois de la gravité ne pouvait nous atteindre. Lorsque nous arrivons au rez-de-chaussée, il m'entraîne dans un bond prodigieux, et nous voilà sur le parking privé de sa résidence de standing. Les rues défilent sans que je puisse me repérer. Il court, je cours à ses côtés… rien d'autre ne compte. Le vent glacial fouette mon visage mais sa paume chaude contre la mienne semble tout compenser. Je n'ai pas froid, je n'ai plus froid. Je suis vivante !

Et soudain, tout s'arrête… Désorientée, je regarde autour de moi.

Toutes les chambres d'hôpital se ressemblent. Celle-ci ne déroge pas à la règle. Petite, aux murs blancs festonnés d'un pâle vert d'eau, elle est plongée dans l'obscurité. Seule une veilleuse orangée baigne le lit d'un halo de clarté. Étendu sous sa lueur, un garçon dort. Un énorme bandage enserre sa tête, rehaussant encore sa pâleur inquiétante. Il est recouvert d'un drap blanc jusqu'à la taille, le torse relié par d'innombrables fils à la machine qui contrôle ses constantes. Ses bips réguliers résonnent dans la pièce, seuls signes vitaux de ce corps immobile qui n'est autre que Sebastian. La scène sinistre qui se déroule sous mes yeux me donne la chair de poule.

– Oooh, murmuré-je dans un souffle, en détournant mon regard de son double. Tu es un fantôme, en quelque sorte ? Le fantôme d'un être pourtant toujours vivant…

– Je ne sais pas. Je me pose cette question depuis des jours et je n'ai toujours pas de réponse. Ne pas me rappeler comment je me suis retrouvé dans cet état… ça me rend dingue, crois-moi !

– Et moi, j'aimerais comprendre pourquoi un truc aussi incroyable nous arrive !?

Sebastian est plongé dans le coma. Ni vivant ni mort. Moi, j'ai la capacité de voyager hors de mon corps, et pour une raison inconnue et inexplicable, nous pouvons nous voir et communiquer. Il y a forcément un sens, une cause à tout cela… ou quelqu'un…

Je n'ai pas de mot pour décrire la confusion qui m'habite. Pourtant, aussi étrange que soit la situation, je suis maintenant certaine d'une chose : je ne rêve pas – j'ai senti le souffle glacé du vent sur mon visage, la chaleur de sa main dans la mienne… –, même si le bon sens et la prudence me soufflent le contraire.

– Peut-être existe-t-il une sorte de lien entre nous ? *Je ne sais pas comment formuler ça... et puis finalement, ça sort tout seul.* J'ai aussi été comme toi, tu sais… – dans le coma, je veux dire ! Pas morte, mais plus tout à fait vivante, non plus – pendant quelques jours.

Sebastian plisse les yeux et me fixe intensément.

– Et par « comme moi », tu veux dire… entre deux mondes ?

– En quelque sorte, oui. Mais je ne me souviens de rien…

Mon regard se balade du lit où il est allongé – inerte et paisible – à *LUI*, bien vivant et debout devant moi. Si proche et si réel. Je remarque une petite fossette sur sa joue droite, que je n'avais pas vue jusque-là et qui se creuse dès qu'il me sourit. Ses yeux bleus me détaillent avec insistance… Leur couleur me fait penser au ciel ensoleillé de Miami Beach.

– Et après ? demande-t-il.

– Nous sommes venus nous installer à Boston.

La culpabilité et la honte m'empêchent encore de lui raconter les circonstances exactes qui ont provoqué mon coma, ainsi que mon séjour en clinique psychiatrique. Il semble comprendre et n'insiste pas. Il préfère poursuivre sur la piste de notre passé clinique identique.

– Cette situation est tellement… tellement déroutante, conclut-il précipitamment, en saisissant ma main comme pour s'assurer qu'il ne rêve pas.

La myriade d'étincelles semble le rassurer. À regret, il s'éloigne de moi et s'approche du lit où son double repose.

– Et malgré les apparences, j'affirme que je suis bien vivant, moi aussi ! ajoute-t-il avec un petit rire amer.

Son audace et son assurance me surprennent autant qu'elles me fascinent. Comment fait-il pour ne pas flipper ?

– C'est déprimant, ici, dis-je en désignant d'un regard circulaire la chambre oppressante que même les peluches, les fleurs et les photos ne parviennent à égayer. Cela dit… je n'ai pas non plus gardé un super souvenir de mon séjour à l'hôpital.

– Que dirais-tu d'une petite visite des coins sympa de Boston ?

– Tiens, c'est la deuxième fois aujourd'hui qu'on me le propose.

– Qui était le premier ?

– Mark a gentiment offert de me servir de guide.

– Quoi qu'il fasse, sa balade touristique ne pourra jamais égaler ce que je vais t'offrir maintenant, Stella ! lance-t-il avec une pointe de jalousie dans la voix.

– Frimeur ! défié-je en riant. *My God ! Les mecs et leur ego surdimensionné…*

D'un pas tranquille, il me guide jusqu'au parc, en bas de l'hôpital. Je lui raconte mon arrivée au lycée et l'anecdote de la place réservée. Il l'apprend avec émotion et m'avoue qu'il n'a pas encore trouvé le courage de retourner dans l'établissement. Ses amis lui manquent, il me parle d'eux, de sa famille, et de sa jeune sœur, dont il est très proche. Il se confie avec une sincérité totale, et j'aimerais tellement en faire autant… cependant, les mots enfouis en moi ne parviennent toujours pas à franchir la barrière de ma lâcheté.

J'ignore s'il a toujours été aussi loquace ou si c'est juste le fait d'avoir enfin trouvé un auditoire mais, libéré de la solitude dans laquelle il est plongé depuis des jours, il m'abreuve longuement de paroles et d'éclats de rire. Puis il se tait, et nous laissons un silence bienfaisant s'installer entre nous. De nos deux mains si proches s'échappent de petits filaments de lumières que je m'amuse à faire danser dans la pénombre.

– Viens ! dit-il soudain. Je veux être le premier à te faire découvrir Boston by night.

C'est reparti ! La méthode de voyage de Sebastian, bien que fort différente de la mienne, me plaît beaucoup. Il est rapide, le play-boy… très rapide ! Néanmoins, je cours à ses côtés, et non derrière lui, à travers le labyrinthe urbain.

Tout en fonçant à une vitesse vertigineuse au milieu de l'enchevêtrement de voitures et de passants, je discerne maintenant chaque détail des visages que je frôle. Le vent de la course ébouriffe mes cheveux et me paraît aussi tiède qu'il était glacial en début de soirée. Mes baskets touchent si rarement le bitume que j'ai plus l'impression de voler que de courir. Je ne ressens aucun essoufflement, ni la moindre fatigue musculaire.

Pour un peu, je nous prendrais pour un couple de super-héros. Et le plus génial, dans tout ça, c'est que personne ne nous voit.

Dingue !

Sebastian

Je souris en pensant à la signification du prénom Stella : étoile. Je viens de rencontrer une étoile... filante. Et c'est comme si, tout à coup, Petit Bouchon me murmurait à l'oreille :

– Fais un vœu, grand frère !

– OK ! Je veux la revoir et sortir de là.

– Ça fait deux, Seb. Tu triches !

– Je sais, Petit Bouchon, je sais... Mais tu connais un meilleur moyen pour obtenir les deux, toi ?

Comme dirait le coach : « Seul, on va plus vite. Ensemble, on va plus loin. »

Alors si j'accepte de ralentir, jusqu'où vais-je aller avec toi, Stella ?

CHAPITRE 11

Il s'arrête dans une petite rue faiblement éclairée. Je me rends compte que nous sommes maintenant dans mon quartier, à Beacon Hill, devant un pub réputé de la ville : le Cheers. Situé à quelques minutes à peine de la maison, il est le lieu de rencontre de toute la jeunesse branchée de Boston depuis qu'il a été le siège de la célèbre série télévisée portant son nom, au début des années quatre-vingt. Je n'y ai encore jamais mis les pieds.

Avec un clin d'œil entendu, il me conduit vers la façade de briques blanches, que nous traversons sans peine. L'intérieur ultra cosy sent le cuir vieilli et le bois ciré. C'est tout à fait l'opposé du genre d'endroits hype dans lesquels Ever et moi traînions ! Pourtant, je m'y sens immédiatement chez moi.

L'ambiance est typique d'un début de week-end : musique assourdissante et foule bruyante de jeunes étudiants. Je reconnais quelques visages croisés au lycée. Un sourire identique se dessine sur nos lèvres quand nous localisons Jenny, Rebecca, Mark et Brian, installés dans un coin de la salle, confortablement vautrés – *si si ! Dans le cas de Mark, le terme « vautré » est parfaitement adapté* – dans de vieux fauteuils clubs, dégustant Ginger Ale pour les filles et Lager pour les garçons. Sans échanger un mot, mais déjà unis dans une même complicité, nous nous immobilisons au-dessus de leur table. Si je suis parfaitement à l'aise en état de lévitation, Sebastian a encore un peu de mal à se stabiliser. Ses acrobaties pathétiques m'arrachent un éclat de rire, que je ravale aussitôt sous son regard vexé. Apparemment, *Monsieur* n'est guère habitué à se retrouver en situation d'échec ou de désavantage…

Quand enfin il parvient à trouver son équilibre, je m'approche pour lui offrir le support dont il a besoin, sans trop en avoir l'air… Allongés, les bras croisés soutenant nos mentons, nous espionnons nos camarades sans la moindre vergogne. Les garçons discutent avec passion des résultats sportifs de la semaine, et je ne peux contenir mon hilarité lorsque Sebastian se joint spontanément à la conversation, bien que personne ne puisse l'entendre.

– L'équipe de Boston va faire un malheur, cette saison, assène-t-il avec le plus grand sérieux, en s'échauffant tout seul. Les gars se trompent sur toute la ligne !

– Dommage que tu ne puisses donner un coup de main aux joueurs.

– Ce serait géant de faire une partie avec eux.

– Et tu pourrais forcer un peu la chance en cas de problème, me moqué-je gentiment.

Jenny déguste avec un plaisir non dissimulé un cheese-cake – sur lequel Brian ne cesse de loucher avec envie –, tout en expliquant comment elle a enfin pu obtenir un rendez-vous avec le médecin-chef du service où se trouve Sebastian. Bien que toujours partants pour la fête qu'elle prévoit d'organiser, Brian et Mark évoquent avec une profonde tristesse l'évolution encore très lente de l'état de santé de leur ami. Je saisis le bras de Sebastian afin de l'éloigner de cette conversation qu'il n'a vraiment pas besoin d'entendre… Malheureusement, avant que je n'aie le temps de l'extirper hors du pub, le brouhaha ambiant ne nous empêche pas de capter clairement la question que tous se posent, quant à la fin de son coma… ou de sa courte existence. QUAND ?! Jenny s'énerve, et Rebecca est au bord des larmes. Mon regard rencontre celui de Sebastian qui accepte enfin de me suivre, tête basse. Je songe à la douleur et à la colère qu'il doit ressentir.

Ses traits sont tendus depuis que nous avons quitté le pub. Nous marchons quelque temps en silence, côte à côte, dans les allées du parc voisin, quand soudain, il s'arrête et me sourit. Ses yeux ont l'incroyable couleur d'un ciel lavé après l'orage… *Craquant*, ne puis-je m'empêcher de penser, et en pareille circonstance, je m'en veux d'avoir cette réflexion… mais finalement, c'est lui qui me surprend en éclatant de rire.

– J'ai raté un épisode ? demandé-je, désarçonnée par son attitude.

– Si on m'avait dit que je surprendrais un jour mes amis, bla-blatant autour d'un verre au sujet de ma mort prochaine, alors que je suis moi-même un cadavre en sursis qui peut grimper aux murs comme une mouche, ou même les traverser si l'envie lui en prend… et tout ça durant une visite touristique de ma ville, en compagnie d'une fille plutôt étrange, mais extraordinaire et tellement mignonne… Comment t'expliquer au mieux qu'elle aurait été ma réaction ?! lâche-t-il d'un seul trait, avant de reprendre goulûment son souffle.

À mon tour, l'euphorie me gagne, et je me laisse envahir par l'agréable sensation de pouvoir me détacher de tout. Sebastian ne cesse de m'étonner ! J'aime cette force en lui, celle qui lui donne la capacité de rebondir en toutes circonstances, au lieu de broyer du noir.

– Oh, regarde ! C'est le premier endroit où mes parents m'ont traînée, m'exclamé-je soudain avec stupeur, en reconnaissant le Frog Pond.

Le jour de notre shopping en famille, mon père s'était précipité dans un magasin de sport et, à notre plus grand étonnement, avait fait l'acquisition de trois paires de patins à glace. Il avait bien entendu voulu les tester dès le lendemain et, malgré ma mauvaise humeur évidente, j'avais dû les suivre, ma mère et lui, sur le lac gelé.

J'en garde un souvenir physique des plus désagréable. Du coup, lorsque Sebastian me propose de faire un tour de piste, j'objecte vigoureusement.

L'échec cuisant de mon précédent et seul essai exclut toute nouvelle tentative.

– Ce qui est totalement exclu – si tu espères un jour faire partie des nôtres –, c'est que tu ne patines pas ! répond ce traître avec un visage rayonnant. C'est une tradition, ici ! Et puis dans mon état, toute contrariété pourrait être catastrophique, tu sais ! Vas-tu réellement courir le risque de me refuser ce petit plaisir, qui est peut-être le dernier… ?

– OK… ! dis-je avec un sourire. ÇA, c'est un coup bas… tu en es bien conscient, n'est-ce pas ?! Je veux bien essayer, mais je ne te promets rien. Hormis de me venger, le jour où tu seras devant moi en chair et en os, fais-moi confiance ! terminé-je entre mes dents.

– Tu recommences à grogner, Forest, lâche-t-il avant de s'élancer sur la glace.

– JE NE GRO… Attends un peu, tu vas me le payer !

Mon postérieur, et le souvenir douloureux qu'il garde de ma dernière expérience du patinage, me fait hésiter encore un peu, mais je finis par me lancer, les jambes flageolantes. Sebastian tournoie et virevolte avec grâce autour de moi en m'encourageant. Je présume que je dois avoir l'air complètement ridicule. Toutefois, je poursuis ma lente progression. Mes baskets sont plus stables que les lames acérées des patins, et je m'enhardis progressivement jusqu'à atteindre une vitesse respectable à ses côtés.

– Fonce ! crie-t-il en riant aux éclats. Je suis certain que tu ne risques rien.

Le souvenir de notre course folle dans Boston flotte dans mon esprit et me pousse à accélérer encore. Le paysage défile de plus en plus vite, et prenant confiance en moi, je lève enfin le nez de la glace. Sous le spot argenté de la pleine lune, nous nous lançons dans une course-poursuite endiablée, avec cette même vélocité qui défie toutes les lois de la physique. Grisée par mes nouvelles capacités, j'exerce une pression plus appuyée avec mon pied droit pour m'expédier dans les airs. Je me retrouve alors à près d'un mètre au-dessus du sol !

Époustouflée, je reprends contact en douceur avec la surface glacée. Dans le même élan, suivant mon instinct, je renouvelle ma poussée et me projette cette fois à environ quinze mètres de la surface gelée. La sensation est étrange, enivrante et vertigineuse.

– T'es douée ! hurle Sebastian en m'imitant aussitôt.

– T'es pas mal non plus, lui avoué-je avec une petite grimace arrogante, en m'arrêtant près de lui, pas le moins du monde essoufflée et plutôt fière de mon exploit.

Ravie de l'étonnement que je lis dans ses yeux, j'ajoute :

– Ah ah… Reconnais qu'elle t'en bouche un coin, *la grognon* ! On recommence ? À moins que tu ne sois épuisé et ne t'avoues vaincu par une débutante fraîchement débarquée des plages de Floride.

Sans un mot, il déguerpit. Il est beaucoup plus rapide que moi, doté d'une vitesse qui dépasse mon entendement, mais moi, je bondis plus haut. Beaucoup plus haut ! Mon rire résonne. Notre petite compétition m'éclate et ravive en moi la soif de toujours me surpasser que m'avait apportée la danse.

Je suis aux anges.

Soudain il me double, fait demi-tour et se fige devant moi. Déroutée par son brusque arrêt, je n'ai pas le temps de ralentir ma course et me prépare à le percuter de plein fouet… Mais au moment de l'impact, je ne ressens pas le choc de nos deux corps, qui se heurtent pourtant violemment. Une gerbe d'étincelles incandescentes jaillit, à l'instar de notre première rencontre, et nous englobe complètement.

La sensation est divine…

Son regard s'attache au mien, ses lèvres se fendent en un sourire enjôleur et sa fossette trop craquante se creuse. Il se penche vers moi… quand une voix résonne dans ma tête, d'abord lointaine, mais très vite plus forte… et de plus en plus proche. Levant les yeux, je me rends compte que la vive lumière du jour nous entoure. Nous n'avons pas vu le temps passer.

– Je dois partir, Sebastian. On m'appelle… *là-bas*, dis-je en le repoussant avec douceur, soucieuse de ce qui a bien pu provoquer une telle interruption.

– Tu reviens vite ? Cette nuit ?

– Je reviens dès que je peux ! Mais la nuit est finie, Sebastian, lancé-je hâtivement pour le rassurer avant de disparaître.

À cet instant précis, je sais que rien ni personne ne pourra m'empêcher de le revoir.

CHAPITRE 12

Ma mère, assise sur le lit à mes côtés, me secoue sans le moindre ménagement. Devant mon absence de réaction, ses cris frôlent l'hystérie. Je me glisse dans mon corps en moins d'une seconde. J'espère calmer ses hurlements avant qu'ils ne réveillent mon père.

– Je ne suis pas sourde, marmonné-je, furieuse d'avoir oublié de fermer ma porte à clé hier soir, tant j'avais hâte de retrouver Sebastian.

– Stella ! Cela fait plus de cinq minutes que j'essaie de te tirer de ton sommeil.

– Oui, ben tu sais bien que j'ai un sommeil de plomb… Je vous ai dit hier soir que j'étais fatiguée, tu te souviens ? Peut-être vas-tu me prendre au sérieux, maintenant, et me laisser me coucher de bonne heure, sans passer par la case Tea Party… Quelle heure est-il ?

– Dix heures. C'est le moment d'émerger, jeune fille.

– Déjà ?!

Je perds complètement la notion du temps pendant mes voyages astraux, et la nuit avec Sebastian m'a paru si courte. Trop courte. Devant l'air soucieux – voire totalement affolé – que ma mère affiche, je me promets d'agir avec plus de prudence avant de me lancer dans ma prochaine escapade.

– Tu as pris des calmants ou quelque chose ? hasarde-t-elle sur un ton suspicieux.

– Quoi ?! Mais c'est pas vrai… ! Non Tu veux peut-être fouiller ma chambre ?

– Non ! Non, bien sûr, je te fais confiance, mais tu étais si… absente.

– Sois sans crainte. Je ne toucherai plus jamais à une goutte d'alcool, et je n'ai pas besoin de médocs pour dormir. Tout va bien, j'ai juste besoin de sommeil. Je suis FA-TI-GUÉE, Mam… Sûrement le choc thermique, maugréé-je en repoussant les couvertures.

– D'accord. Mais si tu souhaites parler… tu sais que je suis là, n'est-ce pas ?

– Ouais… On va recommencer la discussion d'hier soir… ?

– À moins que tu ne préfères te confier à quelqu'un d'autre… Nous pouvons chercher un…

– C'est bon ! la coupé-je en me levant. Je n'ai plus besoin d'un psy. Je t'assure que tout va bien.

Je doute de l'avoir vraiment convaincue. Néanmoins, le souvenir de la clinique psychiatrique est encore trop désagréablement ancré dans ma mémoire pour que je lui fasse des confidences.

À ma sortie du coma, quand on m'a annoncé sans ménagement le décès d'Ever, j'ai cessé de parler.

Ma meilleure amie était morte, et moi, j'étais vivante. Qu'aurais-je pu dire ?

Je suis alors passée manu militari de mon lit d'hôpital à celui d'une chambre tout aussi anonyme, dans un asile de fous. Là-bas, j'ai fait mon premier voyage astral, seul point positif de ce séjour cauchemardesque. Ou était-ce simplement le début de ma folie ? Le traitement de ma psychiatre ayant été concluant, deux mois plus tard, je m'exprimais à nouveau. Mais j'avais été assez lucide pour ne jamais livrer à quiconque, pendant les séances de thérapie, mes nouvelles dispositions. Aujourd'hui encore, je suis certaine que philosopher à propos de mes VA n'aurait pas vraiment été le ticket idéal pour accélérer ma sortie de cet enfer. Après mon premier VA à la clinique, la tête remplie de questions sur ce qui venait de se produire, je m'étais précipitée dans la salle de repos où des ordinateurs étaient à notre disposition. Et pendant presque deux heures, j'avais fait des recherches sur Internet. *Conclusion ?* Le fait d'avoir frôlé la mort – ce que certains nomment EMI : expérience de mort imminente – avait probablement été l'élément déclencheur de mes nouvelles capacités… enfin, c'était l'explication la plus logique – et surtout la seule qui m'évitait de conclure que j'étais totalement cinglée – que j'avais pu trouver. Quant à savoir pourquoi j'étais capable d'en faire encore aujourd'hui ? Je n'avais toujours pas de réponse…

ou plutôt, je préférais ne pas en avoir. J'avais encore trop peur de cette réponse.

– Je vais me doucher, dis-je en repoussant tout cela à sa place, au fond de mon esprit.

– Je te prépare quelque chose ?

– Juste une orange pressée, accepté-je en l'embrassant. Merci, Mam.

Il est impensable que je te raconte la vérité... Pardonne-moi.

À nouveau, le bon sens m'ordonne le silence absolu. Ma mère ne me croirait pas, et d'ailleurs, comment lui en vouloir ? Qui donnerait le moindre crédit à une histoire aussi irrationnelle, alors que je doute moi-même de ce qui m'arrive ?

Pour la première fois depuis des mois, j'observe attentivement mon visage dans le miroir de la salle de bains. Mes cheveux d'un brun velouté, parsemés çà et là de mèches éclaircies par le soleil de Floride, tombent en lourdes boucles sur mes épaules encore bronzées. Mes yeux noisette ne semblent pas fiévreux, mais pétillent d'un nouvel éclat. Je me déshabille entièrement et m'examine sous toutes les coutures. Je pousse un soupir de soulagement – et fais une grimace à mon reflet – en constatant que mon corps n'arbore aucun stigmate étrange. Folle, peut-être... mais sans signe distinctif de démence.

***

Durant une merveilleuse semaine, mes nuits sont plus belles que mes jours, simplement grâce à Sebastian.

Peu à peu, mes journées aussi sont adoucies par la présence de Jenny et de sa chaleureuse petite bande qui se resserre autour de moi en un cocon bienfaisant, me permettant d'attendre paisiblement la tombée du jour…

Ma nouvelle amie prépare avec ardeur l'anniversaire prochain de Sebastian. Il ne lui a fallu que quelques jours pour convaincre la famille, et surtout le médecin-chef, du bien-fondé de son projet. Sans doute, aussi, l'amélioration – même si elle reste encore légère – de l'état de Sebastian a-t-elle fait pencher la balance en sa faveur. Elle s'est engagée à ce qu'il n'y ait ni ballon à l'hélium ni musique assourdissante, mais elle a négocié avec acharnement le droit de jouer de la guitare.

– Un anniversaire sans musique, c'est trop mortel, Doc ! a-t-elle assené avec force et sourire.

Plus je la côtoie, et plus je l'apprécie. Et sa dévotion pour Sebastian force mon admiration.

– Elle t'aime infiniment, tu sais ! Et sa certitude quant à la fin de ton coma est sans réserve, lui dis-je en le retrouvant la nuit suivante.

– Si seulement elle pouvait être dans le vrai, rétorque-t-il, amer.

Une telle tristesse voile son regard chaque fois qu'il pense à l'incertitude de sa situation, me perçant le cœur de sa lame meurtrière, que je maudis les mots que je viens de prononcer…

– Mais j'ai de la chance ! rebondit-il immédiatement, un sourire ravageur aux lèvres, comme chaque fois qu'une pensée maussade l'effleure et risque de le faire chavirer.

– Vraiment ?!

– Oui, car je t'ai rencontrée. Et depuis, mon réveil – ou quoi que l'avenir me réserve – n'est plus ma seule priorité !

L'attirance que je ressens pour lui me semble chaque nuit un peu plus intense et réciproque. Néanmoins, je ne peux m'empêcher de douter de la valeur réelle de ses sentiments. Dans cette dimension où nous sommes isolés, où aucune fille ne me fait d'ombre, il est normal qu'il se raccroche à moi et se plaise en ma compagnie. Il n'a pas d'autre choix ! Dans le vide affectif qui était le sien avant mon arrivée, même la compagnie du plus infect personnage aurait fait l'affaire. Mais dans la vie réelle, m'aurait-il seulement remarquée ? J'ai la conviction de ne lui être indispensable que pour un temps défini : celui de son coma.

Malgré cela, le retrouver chaque nuit m'est devenu essentiel.

Pendant les cours, je perçois parfois sa présence à mes côtés, son souffle dans mon cou, un frôlement sur mon bras, et j'en suis troublée. Il vient donc passer ses journées avec moi ?

– Tu préférerais que je ne vienne plus au lycée ? s'inquiète-t-il quand je lui pose la question.

– Non, j'aime savoir que tu es là.

– Et j'aime être avec toi. J'ai la sensation d'être en vie, à tes côtés ! Oh, mais ne t'inquiète pas, mes visites se limitent au bahut. Même si l'envie de venir te retrouver chez toi est terrible, je me retiens, promet-il avec un sourire coquin…

Il s'approche si près que, si je bougeais d'un pouce, je pourrais sentir ses lèvres sur les miennes. Cependant, je n'ose faire le plus petit mouvement… Je ferme les yeux et implore en silence un baiser. Sa bouche me frôle… à peu de chose près, ou plus précisément à quelques millimètres près.

J'ouvre grand les yeux… J'en ai le souffle coupé, et à voir son expression, lui aussi. Je recule brusquement, à la fois stupéfaite et terrifiée par ce que j'ai ressenti. Pendant un court instant, j'ai capté toutes ses pensées, tout son désir pour moi, comme si nos esprits avaient été connectés durant cette fraction de seconde.

– Qu'est-ce qui s'est passé ? murmure-t-il en posant un doigt tremblant sur ses lèvres. Je n'ai jamais vécu ça. C'est incroyable ! J'ai lu en toi comme dans un livre, aussi clairement que si j'étais dans ta tête.

– Moi aussi, dis-je avec un petit rire nerveux, puis anxieuse, je propose : Tu as envie de recommencer ?

– Et comment !

Nouvelle explosion d'étincelles, mon corps et mon esprit s'embrasent. Une sensation aussi forte et fantastique que la première fois, de celle dont on devient très vite terriblement accro.

– Qu'est-ce que ça te fait ? bégayé-je, toujours sous le choc.

– C'est comme un feu qui se propage dans chaque parcelle de mon corps. Merde ! Ça fait un bien fou… comme si j'étais vivant…

Il hésite un moment en me regardant en biais, puis rajoute, l'air soudain plus grave :

– J'ai éprouvé quelque chose de… triste, aussi ? Qu'est-ce qui te tracasse, pour laisser de telles marques ?

Ever pourrit six pieds sous terre, et moi, je suis vivante... Vivante et heureuse ! Voilà ce qui ne va pas.

Avec lui, chaque nuit, j'oublie tout pendant quelques heures : les reproches, le doute, la culpabilité… mais ils finissent toujours par revenir, m'assaillant comme des rapaces dès mon réveil. Sans donner trop de détails – lâche que je suis –, j'accepte avec réticence de lui confier que ma meilleure amie, Ever, est décédée quelques mois plus tôt.

– Tu la connaissais depuis longtemps ?

– Depuis le jour de mes sept ans. J'étais nouvelle dans la région à cette époque, et quand Ever, petite fille déjà très populaire, m'a invitée à une soirée pyjama, j'étais folle de joie. Nous étions quatre ce soir-là, et je n'étais pas vraiment bien dans ma peau… mais tout s'était plutôt bien passé. Enfin, c'est ce que je croyais. Le lendemain matin, je me suis réveillée la première, et j'ai découvert des mèches de cheveux tout autour de moi… Et pas qu'un peu ! Il y en avait partout… C'était mes cheveux.

– Qui avait fait ça ?

– Elles riaient toutes comme des folles, mais c'est Ever qui avait décidé de m'infliger cette terrible humiliation. C'était une meneuse, les autres n'avaient fait que lui obéir. Quand ses parents, désolés, et ma mère, hystérique, m'ont demandé des explications, j'ai répondu que j'étais la seule responsable. Que malgré les protestations d'Ever, j'avais pris une paire de ciseaux et taillé dans la masse, à la suite d'un pari perdu. Le lendemain, Ever est arrivée à l'école avec une coupe de GI et une peluche avec laquelle je dors encore. On ne s'est jamais quittées depuis… Enfin, jusqu'à l'accident.

Il essaie de m'enlacer, mais dès que nos corps se rapprochent trop, la gerbe scintillante se manifeste.

– Merde ! s'écrie-t-il, rageur. J'ai tellement envie de te serrer dans mes bras.

En cet instant, je le désire aussi plus que tout.

Pourtant cette envie, aussi forte et magnifique soit-elle, ne reste qu'une pensée imperceptible, sans consistance et sans goût, qui me laisse un profond sentiment de frustration.

On n'est pas dans la vraie vie, ma grande, et pour toi, le réveil va être brutal…

Sebastian

– Allez, Petit Bouchon, bouge-toi ! C'est pas toi, là... Sors ! Va voir tes copines ! Va au ciné ! Laisse tomber ces maudites photos !

Je ne sais même pas pourquoi je crie, puisque de toute façon, tu ne m'entends pas, hein ?! Mais c'est plus fort que moi, il faut que j'essaie quand même de t'atteindre. Ton sourire s'est effacé de ton visage, même tes yeux sont vides...

Il me manque, ton sourire... tes rires... tes incessantes irruptions dans ma chambre pour me demander de l'aide pour un devoir de maths... tes câlins intempestifs... Bordel, si tu savais combien j'aimerais sentir tes mains dans mes cheveux... Là, maintenant !

Tu te souviens de la dernière fois ? Moi, je m'en souviens très bien. J'allais partir rejoindre les gars de l'équipe, j'étais encore dans le couloir, et tu as déboulé comme une tornade...

– Tu vas faire un malheur, frangin ! tu as hurlé en te jetant à mon cou.

– Ah ouais, tu crois ça, Petit Bouchon ?! Mmmh, c'est quoi ce parfum ? je t'ai demandé, le nez dans ton cou, en te faisant tournoyer.

– Tu aimes ? C'est Girl Belle, je l'ai acheté cette aprèm av...

– Pour quoi faire ? je t'ai interrompue en stoppant net pour te fixer dans les yeux.

Pourquoi mon petit bouchon aurait-il soudainement envie de se parfumer ?

– Tu aimes ou pas ? tu insistais, tout sourire, et en frottant énergiquement mon crâne de tes mains. Dis-moi si tu aimes ? Tu aimes ou pas ? Tu aimes ? Tu aimes ?

Tu continuais de plus belle ton insupportable rengaine : Tu aimes ? Tu aimes ? sur tous les tons, alors j'ai fini par éclater de rire.

– OK, c'est bon, Petit Bouchon, j'ai compris.

– Alors tu aimes ?

– Je t'aime, TOI ! Et je sais aussi très bien pourquoi les petites filles se parfument...

– Pour sentir bon, m'as-tu coupé avec un clin d'œil, et puis soudain plus sérieuse, tu as ajouté : Je ne suis plus un bébé, Sebastian. Je ne suis plus une petite fille non plus, tu sais...

– Bordel, Kelly ! Ne grandis pas si vite...

Je t'ai déposée au sol, et j'ai attrapé mon sac et ma crosse en vitesse. Je n'étais pas certain d'avoir compris le sous-entendu de tes paroles. Mais surtout, je n'avais ni l'envie ni le temps d'en apprendre plus. Putain, je me disais qu'on pourrait en reparler plus tard...

– Seb, tu es fâché ? tu as demandé en te glissant de force entre mes bras.

Ma douce et tendre Kelly, si fine et délicate, mon tout petit gabarit, ma petite poupée. Mon petit bouchon, quoi !

– Non... c'est juste une réaction de grand frère un peu... nigaud qui, je crois, vient de se prendre

une grande claque. Mais tu veux bien qu'on en reparle ce soir ? Juste après mon match, on se fera une cession grand frère-Petit Bouchon, tu veux ?

– Oh oui ! T'es un grand frère pas du tout nigaud que j'adore, tu sais... un grand frère qui sera toujours là pour me protéger.

– Oui, je serai toujours là pour toi. Et si jamais un mec a le malheur de te faire du mal, il aura affaire à moi...

Soudain, je prends conscience du poids des dernières paroles que j'ai échangées avec toi, ma petite sœur. Je t'ai fait une promesse que je suis désormais incapable de tenir.

Bordel ! Il faut que je passe ma rage sur quelque chose...

Merde, c'est quoi, ces picotements ?!

– Arrête de regarder ces putains de photos, Kelly !

Hein... JE RÊVE ou je viens de voir les photos remuer avec mon coup de pied !

– Kelly, KELLY ! Regarde les photos, elles ont bougé ! Sèche tes larmes, Petit Bouchon, regarde, ton grand frère est là !

Je deviens fou ! Seigneur, j'ai besoin de me réveiller !

CHAPITRE 13

Depuis mon arrivée à Boston et notre fabuleuse rencontre, je consacre mes nuits à Sebastian. Malgré la hantise de m'égarer un peu plus loin dans la folie, il m'est impossible de mettre un terme à mes VA. Impossible de renoncer à lui.

Cette nuit-là, comme les précédentes, je vérifie une fois encore que ma porte est bien fermée à clé. Je m'allonge sur mon lit. Chaque jour qui passe majore mon impatience de le retrouver. Quelques secondes de concentration à peine, et je suis dans son salon.

Mais pour la première fois depuis la fameuse soirée au Cheers, il ne m'y attend pas. Seuls ses parents et Petit Bouchon occupent la pièce, encore et toujours plongés dans le plus profond des silences, intensément concentrés sur leur gigantesque écran plasma… tentant de se noyer de sons et d'images qu'ils n'écoutent ni ne voient. L'absence de Sebastian me rappelle le désespoir que j'ai ressenti en les découvrant ainsi, lors de ma première visite. Comment peut-on vivre de cette façon, dans cette attente interminable, en sursautant au moindre appel téléphonique, en se précipitant sur le combiné en espérant un miracle et en hésitant à décrocher par crainte d'entendre résonner la voix qui vous annoncera que votre enfant s'en est allé ?

La panique m'envahit soudain.

– Sebastian… Sebastian !

Seule Cheyenne, sa chienne, répond à mes cris. Je l'appelle encore et encore. En vain… Je file jusqu'à sa chambre, une terrible boule au creux du ventre. Elle est vide. Et pendant que je cours jeter un œil dans toutes les pièces de l'appartement, une angoisse morbide monte en moi.

Mon cœur s'emballe.

Je sens un étau me comprimer la poitrine. Ma respiration s'accélère et me laisse haletante. *Où est-il ? Et s'il n'avait plus envie de me voir ?* À cette idée, je tremble. Et soudain, une pensée me pétrifie littéralement sur place. Et si cette voix avait résonné au téléphone aujourd'hui ? Si Sebastian était définitivement passé de l'autre côté, parti rejoindre Ever…

Si mes journées sont désormais plus supportables, si j'ai retrouvé le désir de vivre, si je suis enfin heureuse… c'est grâce à lui. Il m'est aussi vital que l'air que je respire, et ne plus le voir serait… Je n'ose imaginer ce que serait mon existence sans lui.

Je quitte l'appartement et me téléporte dans sa chambre, à l'hôpital. Je me contrains à sourire. Pour une raison encore inconnue mais qu'il va m'expliquer, il m'y attend, c'est sûr. Il ne peut en être autrement. Les quelques secondes de voyage me semblent durer une éternité. À mon arrivée, ma déception est presque aussi cuisante que mon soulagement. Son corps est bien là. Les bips réguliers de la machine à ses côtés confirment que ses fonctions vitales sont en ordre. Mais Sebastian – *mon* Sebastian, mon illusion ou quoi qu'il puisse être – est désespérément absent, ici aussi. Je hurle son prénom jusqu'à m'en casser la voix. Mais toujours aucun signe de lui. Je l'ai perdu.

Pendant des heures, je fais d'incessants allers-retours entre son domicile, l'hôpital et les lieux où nous sommes allés ensemble. J'espère qu'il me joue une terrible mais provisoire farce, qu'il va soudain sortir de derrière un arbre ou un canapé en hurlant « Je t'ai bien eue ! »… pourtant, nulle part je ne trouve la moindre trace de lui.

Je refuse encore de croire qu'il n'a été qu'une simple tromperie de mon esprit. Un être irréel, fictif, un mirage. Une fantaisie de mon cerveau.

La souffrance que j'ai ressentie à la mort d'Ever, et qu'il avait atténuée, réapparaît avec la force d'un tsunami et emporte tout sur son passage. Pour la seconde fois, le monde s'écroule autour de moi, et je ne souhaite soudain plus qu'une chose : disparaître moi aussi. Les rejoindre tous les deux, où qu'ils soient… et surtout, SURTOUT, ne plus souffrir ainsi, ne plus survivre avec ce trou béant dans ma poitrine.

On m'a une nouvelle fois arraché le cœur, sans le moindre ménagement.

La nuit, noire et oppressante, cède sa place aux lueurs matinales. Je me réveille dans ma chambre, recroquevillée autour de mon traversin tel un nourrisson. Je voudrais rester dans cette position pour toujours, simplement à fixer le mur.

Un bref éclat attire mon regard, je tourne la tête vers la droite, juste un tout petit peu. À travers mes cheveux emmêlés, je distingue la fenêtre. Dehors, tout est blanc. Le soleil étincelle sur la neige tombée en masse cette nuit. La douceur immaculée d'un paradis atone et qui m'est inaccessible. Est-ce là ma punition ? Vivre, mais pour toujours éloignée de ceux que j'ai aimés ?

– Non, pas Sebastian… pas lui aussi, murmuré-je en secouant la tête.

Au lycée, je me retranche derrière ma carapace.

Jenny, inquiète de mon mutisme, me pose tout un tas de questions auxquelles je ne réponds même pas. Je plonge à nouveau dans mon brouillard, plus épais que jamais, étouffant ma peine et les vies autour de moi.

À la sortie des cours, je me dirige seule vers l'arrêt de bus. Jenny m'y attend – *têtue la fille !* Prise d'une impulsion soudaine, je l'invite d'une voix absente à passer un moment chez moi. Perdue dans mes pensées, je laisse filer le trajet en bus dans un silence total. Mon amie dessine sur un petit carnet de cuir noir. Plusieurs fois, son regard inquiet se pose brièvement sur moi… mais elle me laisse tranquille, dans ma bulle. J'hésite à me confier, à courir le risque énorme de perdre le dernier semblant d'amitié qui me retient encore ici, et sans doute l'a-t-elle compris.

– Tu veux boire quelque chose ? lui demandé-je, à peine sommes-nous arrivées chez moi.

– Oui, et si tu as un truc à grignoter en plus, ce sera super ! Si c'est pas trop compliqué…

Tel un robot, je sors le pain de mie du placard. Dans ma tête, c'est le chaos ; et dans mon cœur, le vide total, seulement hanté par la peine qui me ronge les entrailles. J'ai un mal fou à prendre une décision : parler ou me taire ? Garder un semblant de dignité ou passer pour une folle furieuse ? Risquer de perdre la seule personne qui m'ait accueillie avec gentillesse, en dehors de… ? NON, je ne veux plus penser à lui ! Pas encore…

D'un pas pesant, je vais jusqu'au réfrigérateur et en extrais deux sodas et du poulet froid. Je dépose le tout sur la table et me laisse tomber sur une chaise. Jenny étale généreusement la mayonnaise, trouvée sur le comptoir, sur nos tartines de pain grillé. Son visage est aussi accueillant que le mien est crispé. Son regard bienveillant ne cesse de m'encourager, sans jamais se poser sur moi avec insistance.

Tu es libre de parler, et je suis là pour t'écouter, semble me répéter son sourire.

Dans un tintement métallique exaspérant, mes ongles tapotent nerveusement la surface lisse et glacée de ma canette de Coca, et un profond soupir m'échappe. Il m'a toujours été impossible de me confier. Impossible de tout raconter. Jenny est-elle celle qui fera la différence ? Réagira-t-elle favorablement à mon histoire ? Le silence qui s'est installé entre nous accentue mon malaise. Je me lève d'un bond pour allumer la radio. Elle va finir par me prendre pour une demeurée, si je reste ainsi sans décrocher le moindre mot. Je vais la faire fuir.

J'avale péniblement une gorgée sucrée en songeant avec désespoir que la réalité illusoire dans laquelle j'évolue risque de me conduire tout droit à la démence. Je connais Jenny depuis peu de temps, mais je sais déjà que je n'ai pas envie de lire au fond de son regard le rejet ou la pitié si souvent rencontrés. Je sais aussi que le silence dans lequel je me mure depuis des mois me pousse lentement, mais sûrement, aux frontières de la folie.

Et soudain, ma décision est prise. Posant d'un coup sec ma boisson sur le bar, je prends une profonde inspiration et lève vers elle mon regard terrifié. Ses yeux sont posés sur moi, m'entourant d'une aura bienveillante et m'attirant vers une possible libération. L'air entre dans ma poitrine, la remplit complètement… Expirant avec force et profitant de ce souffle infime de courage, je lui déballe mon histoire d'une traite. La version longue, complète… pas celle que je garde pour mes parents, ou pour la psy… pas même la version de rédemption ! Pour Jenny, les barrages cèdent un à un.

Et pour la première fois, je laisse s'écouler mes paroles sans contrainte.

Ai-je raison ?

Sebastian

Bon sang, j'ai fait bouger les photos !

Allez, Seb ! Refaire le même geste. Inlassablement. Avec la même concentration. Après tout, c'est pas pire que mes débuts au hockey !

Combien de fois ai-je envoyé ce fichu palet à côté avant de marquer enfin ? Souviens-toi de tes premiers matchs en équipe !

Je me rappelle encore l'ivresse de mon tout premier but, dans l'équipe des cadets ! Et surtout de mon premier Natural Hat Trick !

J'entends encore les cris, les hurlements de joie, je revois les casquettes, les chapeaux et tous les autres trucs que les spectateurs ont balancés sur la glace pour célébrer mon exploit.

J'entends surtout Stella se moquer en me traitant de frimeur !

Mais c'est vrai, quoi ! C'est pas tous les jours qu'un hockeyeur inscrit trois buts lors d'un même match, et lorsqu'il les marque les uns à la suite des autres, sans être interrompu par des buts de ses coéquipiers ou des adversaires... Eh ben, c'est un NHT !

Et là, c'est le frisson de toute une vie !

Eh ben aujourd'hui, c'est la même chose. Je vais le faire ce NHT ! Je ne lâcherai rien. Si j'ai pu faire bouger les photos une fois, j'y arriverai encore.

Et après, j'arriverai à faire bouger les coussins, la table, les livres, tout... Je pourrai leur montrer que je suis là, que je n'abandonne pas ! Tu entends, Petit Bouchon, ton frère n'abandonnera JAMAIS !

Allez, refaire le même geste ! Encore et encore et encore... parce qu'au bout de tout ça, il y a...

C'est pas Stella que j'entends ? Non, Non ! Il faut que je reste concentré, là ! C'est trop important...

– T'es où là, fiston !? hurlerait le coach. T'es dans le jeu, ou tu préfères aller cueillir des pâquerettes ?

Je joue, Coach, je joue ! Et c'est la partie de ma vie.

Rester concentré sur le geste, oublier tout autour de moi ! Concentré !

Je suis vidé... je sais même plus depuis combien de temps je m'entraîne, mais dehors, il fait toujours plein soleil. J'ai le temps de me reposer un peu avant que Stella ne revienne...

Ça valait le coup, mais là... je suis vraiment crevé...

Merde, combien de temps j'ai dormi ? C'est dingue d'être aussi crevé...

Il fait noir. Je ne vois plus rien... rien... Qu'est-ce qui m'arrive encore ?! Non, mais attends ! C'est quoi ce délire... ? Y a plus rien autour de moi, rien, RIEN !

– Du calme, fiston ! C'est tout ce que tu as retenu des entraînements !? Je t'ai pas juste appris à faire du moulinet, que je sache, non ?! Alors, on se pose et on réfléchit... Tactique !

Ouais... Du calme, du calme, c'est facile à dire... Mais là, c'est moi qui suis dans... dans quoi ? Où ? Je suis mort, ça y est ?

Non, non, non ! J'ai enfin trouvé un moyen de leur montrer que je suis bien vivant, pas question de rester derrière ! Faut que je sorte de ce trou, c'est tout !

Ça y est ! Je suis enfin sorti de cet enfer. Je les vois, je les entends de nouveau. C'est trop bon !

Maintenant, voyons si cette journée de cauchemar a changé quelque chose... Salut mon petit bouchon... Toujours plongée dans tes maudites photos, hein ?!

Tiens, voilà ce que j'en fais de tes photos... je suis peut-être toujours invisible à tes yeux, mais je vais te montrer que j'existe !

Comment ça « Maman, ferme la fenêtre ! » ? Mais non, c'est moi, Kelly ! C'EST MOI !

CHAPITRE 14

C'est terminé, tout est dit… Il est trop tard maintenant pour regretter ma décision. Mes épaules s'affaissent, et alors seulement, j'ose à nouveau croiser son regard. Elle ne se moque pas. Ses yeux pétillent d'une joie légère et enivrante.

– J'en étais sûre ! s'exclame-t-elle. Tu as un don. C'est ton KA…

– Mon quoi ?! la coupé-je, totalement surprise.

– C'est en quelque sorte ton double… un peu comme si tu avais une jumelle immatérielle. Ce double vient au monde avec toi et te suit partout dès ta naissance, mais il est insensible aux atteintes du temps, lui. Tu fais partie des rares personnes, dans le monde visible, qui sont capables de le ressentir et – chose plus dingue encore – toi, tu peux accéder au tien quand tu le souhaites.

– J'appelais ça des VA…

– KA ou VA, on s'en moque un peu, m'interrompt-elle avec un sourire. Ce qui est fabuleux, c'est que tu peux voyager hors de ton corps et aller partout où tu le désires…

– Et ça ne te donne pas envie de déguerpir ?!

– Non, je sais que tu ne me racontes pas de bobards. Et tu es loin d'être folle, aussi insensé que ça paraisse.

À ce stade de la conversation, deux options s'offrent à moi. La première est qu'elle possède une ouverture d'esprit hors du commun. La seconde, moins plaisante, est qu'elle est elle aussi complètement cinglée. Je lui en fais la remarque, mi-figue mi-raisin, et son rire fuse dans la cuisine, réchauffant un instant le froid glacial qui m'habite.

– Je ne pense pas être folle, rétorque-t-elle avec espièglerie. Mais tout comme toi, je suis un peu spéciale.

Un silence s'installe. Elle semble soudain mal à l'aise, comme si elle avait peur de continuer. Je l'encourage d'un signe de tête en souriant.

– Ça ne peut pas être plus terrible que la fille qui voyage hors de son corps et sort avec un mec plongé dans le coma…

En riant, elle s'éclaircit la voix et se lance à son tour.

– Après tout, tu as raison ! Je sais combien cela a dû te coûter de te confier à moi. Eh bien voilà ! Je suis issue d'une longue lignée de médiums. Mes ancêtres étaient originaires de Salem, la ville des sorcières – d'après les légendes et certains films –, ajoute-t-elle avec un petit rire nerveux. J'ai le privilège de communiquer avec les esprits, bien que je ne sois pas certaine que ce soit un cadeau… Certains médiums sont aussi des *passeurs d'âmes…*

– Des passeurs d'âmes ?! la coupé-je en m'adossant à mon siège, sous le choc de sa révélation.

– Oui, on dit que certains d'entre nous auraient la capacité de montrer le chemin vers la lumière aux âmes perdues – aux défunts, si tu préfères – qui se retrouvent coincées dans ce que l'on appelle l'entre-deux-mondes…

– Coincées ?! interviens-je à nouveau, malgré moi. Ça veut dire quoi, ce truc ?

Elle avale une longue gorgée de soda.

– On pense que ces âmes se retrouvent dans une telle situation quand leur mort a été trop violente et qu'elles n'ont encore pas compris qu'elles sont mortes. Peut-être aussi parce qu'elles restent très attachées à une personne ou alors à un lieu – tu saisis mieux pourquoi certaines maisons sont hantées, maintenant ! –, ou bien encore, parce qu'un de leurs proches les retient en pensant sans cesse à elles… souvent aussi parce que ce proche n'accepte pas leur décès.

Je secoue la tête, me racle la gorge, et je lui demande :

– Et… tu parles souvent avec les… morts ?

Elle éclate de rire, et je m'empresse de l'imiter, quoique très nerveusement – *mais quelle cruche je fais !* Elle reprend son sérieux avant de me répondre :

– Seulement quand ils le souhaitent, et depuis quelques années maintenant, je sélectionne moi aussi ceux avec qui je veux communiquer. Avant, j'entrais en contact avec n'importe qui, même si on ne m'appelait pas. Depuis, j'ai mûri et j'évite.

– Pourquoi ?

– Eh bien… dans les mondes invisibles, certains esprits sont hostiles et mauvais. C'est un risque que tu cours toi aussi en pratiquant tes VA. Quand on traverse la frontière de notre monde, c'est un peu comme si on ouvrait une porte entre nous et les autres dimensions. Une sorte de pont entre notre univers et tous les autres. Alors bien sûr, on peut y rencontrer les esprits aimants de personnes décédées… mais il est aussi possible de se retrouver face à un assassin, un violeur, un meurtrier…

Elle avale une nouvelle gorgée avant de poursuivre :

– Beaucoup de ceux dont les pensées ou les actes sur Terre étaient chargés de méchanceté, de violence et de haine ont tendance à rester dans l'entre-deux-mondes – que l'on nomme également le bas astral – d'où le risque pour toi aussi de les croiser. Ils sont capables de capter nos émotions et notre peur, et ils aiment s'en nourrir…

Elle hésite un instant :

– Ma mère m'a dit qu'il existait des esprits plus puissants que les autres. Des bons, comme les passeurs d'âmes, et des néfastes, comme les gardiens des ombres ou les veilleurs. Ceux-là ne souhaitent qu'une chose – que tu sois consentante ou non –, faire de toi leur esclave.

– Ça craint, je murmure tout en frissonnant.

– Attends, je ne t'ai pas encore parlé des larves astrales…

– Des larves astrales ?! la coupé-je avec une moue horrifiée. Tu as bien dit des larves ? Tu plaisantes, là ?!

Elle laisse échapper un rire.

– Non ! m'affirme-t-elle, soudain plus sérieuse. Remarque, je n'en ai jamais croisé. Mais dis-moi, si on t'avait raconté il y a quelques mois que tu pourrais un jour voyager hors de ton corps…

Elle laisse sa phrase flotter entre nous.

– Oh oui, pas besoin de me faire un dessin, marmonné-je alors. Des larves astrales, donc !

– Oui, le truc bien dégueulasse, renchérit-elle. Qui te parasite et te soutire ton énergie, mais pas plus immonde que les esprits farceurs qui peuvent s'installer en toi un moment et répondre à ta place, ou que les esprits qui veulent tellement rester dans notre monde qu'ils prennent possession des vivants afin de profiter de l'alcool, de la drogue, du sexe… enfin, tu vois ! Ma mère pourra t'en apprendre beaucoup plus à ce sujet, si tu en as envie.

– Je ne suis pas certaine de vouloir en apprendre beaucoup plus !

Je réfléchis quelques minutes à cette avalanche de révélations, avant que la question que j'ai sur le bout des lèvres ne sorte de ma bouche.

– Et Sebastian ? Tu as dû essayer de communiquer avec lui, non ?

Jenny se frotte le front avec frénésie et laisse échapper un soupir.

– Oui. Les premiers jours de son coma, je ne compte pas le nombre de fois où j'ai tenté de l'atteindre, sans succès... Je suppose que le fait qu'il ne soit pas mort empêche la connexion. Comme je te l'ai dit, je communique exclusivement avec l'esprit des personnes décédées.

Un silence pesant retombe dans la cuisine, uniquement rythmé par le tic-tac lancinant de l'horloge ultra-kitch qui trône au-dessus de la porte. Nous restons muettes pendant de longues minutes, chacune perdue dans nos sombres pensées. Pour la première fois, j'ai pu discuter sans crainte de mes VA – et accessoirement de Sebastian – avec une personne bien vivante, qui n'est pas un psy, qui ne me juge pas et qui me croit. Cela n'enlève en rien la douleur qui pèse sur ma poitrine... mais mon amie m'apporte un soulagement notable en prenant mes mains dans les siennes et en les serrant, juste comme ça, sans un mot. Ma peine est aussi un peu la sienne...

– Jenny, si... hasardé-je d'une voix frémissante. Si tu peux communiquer avec les esprits, alors tu pourrais sans doute le faire avec Ever, non ?

– Oui, je pourrais essayer, mais entrer en contact avec un esprit, ce n'est pas vraiment comme passer un coup de fil. Ce n'est pas aussi simple.

– Je comprends, seulement ce serait la seule façon pour moi de lui parler encore, juste une dernière fois... et là, je t'assure... j'en ai besoin...

Je m'aperçois aussitôt que j'ignore si je suis vraiment prête à parler avec Ever. Néanmoins, je continue :

– Pas tout de suite, bien sûr… quand je serai décidée, tu le feras ?

– Je te promets d'essayer. Mais ne te fais pas trop d'illusions, d'accord ? Le résultat n'est pas toujours celui qu'on espère…

CHAPITRE 15

Il paraît que l'incapacité à admettre la perte de quelqu'un est une forme de démence. J'ai perdu Ever, sans jamais pouvoir effacer la douleur de son absence, et maintenant, Sebastian… Cet adage est sans doute vrai, à moins que ce ne soit qu'une façon de survivre.

La nuit suivante, je me retrouve encore dans le salon de son appartement, ayant décidé de prendre au mot ce merveilleux précepte, de considérer que je suis irrémédiablement démente, et donc de refuser l'évidence selon laquelle Sebastian ne reviendra plus jamais !

Je parcours tout d'abord rapidement la pièce des yeux. Rien n'a changé, toujours le même décor luxueux et l'absence totale de joie de vivre. Ce soir, complètement indifférente à la présence de sa famille et de Cheyenne, j'avance résolument vers sa chambre.

Une odeur fugace, l'odeur de Sebastian – douce, musquée, chaude –, flotte dans les airs à peine quelques secondes, puis s'estompe. C'est la première fois que je perçois son parfum, et ça m'intrigue. Je me refuse tout élan de joie et relève la tête en avançant toujours, très lentement, maintenant.

– Sebastian… murmuré-je, envahie par cet espoir absurde que je ne veux plus ressentir.

Et en un instant, il est là. Il sort tout juste de sa chambre et me regarde approcher, négligemment appuyé contre le chambranle de sa porte. Sa présence efface aussitôt toute la souffrance engendrée par sa disparition. Il me dévisage avec ce même sourire ravageur, comme s'il ne s'était rien passé. Comme s'il avait toujours été là…

Alors une colère froide me gagne, m'enflamme. Je me précipite vers lui, telle une furie, le poing levé, le visage ruisselant de larmes trop longtemps contenues. Son regard change brusquement et reflète à la fois inquiétude et incompréhension.

– Pourquoi es-tu parti ?! Comment as-tu pu me laisser ainsi sans rien dire ?! craché-je en me ruant sur lui.

– Quoi ? Mais de quoi tu parles ?!.

– Ça fait plus de deux jours que je te cherche partout. DEUX JOURS ! Mais où…

Je n'arrive plus à parler, assaillie par trop d'émotions contraires.

– Stella, je… je ne sais pas de quoi tu parles ! J'ai disparu deux jours, tu dis ?! Comment puis-je disparaître, alors que je n'existe même pas réellement en dehors de cette chambre d'hôpital ? Je ne comprends pas… Je ne savais pas que les choses pouvaient se dérouler ainsi. Tout ce dont je me souviens, c'est que la dernière fois que je t'ai vue, j'avais une envie folle de t'embrasser et de te serrer dans mes bras… puis la journée est passée. La seule différence, c'est qu'aujourd'hui je suis resté ici au lieu de venir avec toi au lycée… et puis, j'ai eu ces quelques minutes de trou noir, mais c'est tout ! Et ensuite ce soir, te voilà à nouveau !

Interloqué, il reste muet un long moment, et quand il reprend la parole, il y a toujours de l'incrédulité dans sa voix. Mais j'y entends aussi quelque chose d'autre : une profonde tristesse.

– Je n'ai pas du tout la sensation d'avoir disparu pendant deux jours. Comment est-ce possible ? Stella, tu crois que ce sera ainsi, si je meurs ? Je n'en aurai même pas conscience, tu seras partie et…

Je m'efforce de respirer normalement, paisiblement.

– Allez, on n'en sait rien, Seb ! Calme-toi ! Je n'aurais pas dû réagir aussi fort… Personne ne va mourir, tu verras ! tenté-je de le rassurer avec maladresse, avant de reprendre d'une toute petite voix : Alors tu ne t'es pas sauvé à cause de moi ?

Il s'approche aussi près que possible sans risquer de déclencher ce que nous nommons maintenant notre *champ de force étincelant*, plisse les paupières comme s'il réfléchissait intensément – *Il se fiche de moi, là... c'est clair !* –, puis il me fixe droit dans les yeux sans ciller.

– Pourquoi j'aurais fait ça ? C'est toi qui m'as fait revenir… qui m'as sauvé…

Merde, il est sérieux, là !

En cet instant, il a ce regard océan dont les abysses bordés de longs cils noirs m'attirent irrésistiblement. Je plonge, je m'y fonds, je m'y noie avec délectation.

– Je ne sais pas… tu en as peut-être assez de moi, hésité-je, la voix plus tremblante encore que les jambes.

– J'aimerais tellement revenir à la vie et rendre tout cela plus simple. Pour toi, pour nous… vraiment ! Non, je n'ai aucune envie de te quitter, Stella.

J'aime qu'il me fixe ainsi. Éperdument. J'aime les sensations incroyables que ce simple regard provoque en moi. L'effet rauque de sa voix sur mon corps me surprend comme une délicieuse oasis après la traversée d'un désert, et le besoin farouche d'enrouler mes bras autour de son cou me saisit.

– Viens ! me dit-il simplement en désignant l'extérieur d'un signe de tête.

L'extase brutale, sauvage, farouche de reprendre nos courses endiablées me submerge à l'instant où ces mots franchissent le barrage de ses lèvres. Je saisis sa main sans hésiter. Les étincelles, le picotement, l'envie qui monte, et nous revoilà hurlant notre bonheur sur tous les murs de la ville.

Quelques secondes plus tard, nous sommes devant un bâtiment presque aussi haut que l'Empire State Building.

– On est où ?

– Au Prudential Center, répond-il. Tu es prête ? Il faut arriver au cinquantième étage.

Un clin d'œil malicieux, et nos corps se propulsent telles des fusées pour atterrir sur le toit du Skywalk. Boston est à nos pieds. Les dernières lueurs du jour s'estompent à l'horizon.

WAOUH !

– Par temps clair, on peut voir jusqu'à Cape Cod et au sud du New Hampshire, murmure-t-il à mon oreille. Ma famille a une maison, là-bas…

Il me fixe avec intensité, son émotion est presque palpable. Mes bras se couvrent de chair de poule. J'aime tellement être en sa compagnie que si je pouvais, je lui consacrerais mes journées entières, en plus de toutes mes nuits.

– Nous y allons chaque année pour les vacances, reprend-il avec une fêlure dans la voix. Je promets de t'y emmener. On ira même juste toi et moi. C'est un endroit merveilleux et unique, sauvage et pur, vrai… tellement comme toi.

Perdue dans les hauteurs de cette ville bruyante et si vivante, invisible au commun des mortels et mon corps à quelques centimètres du sien, je décide de fermer les yeux, de tout oublier et de savourer cet instant unique. Je suis… heureuse, enfin heureuse.

– Je compte bien t'obliger à tenir ta promesse, que ce soit dans ce monde ou dans l'autre, murmuré-je.

Je n'ose aborder à nouveau le sujet délicat de sa disparition soudaine, pourtant je sais qu'il le faudrait. Est-ce le signe qu'il va bientôt se réveiller ? Ou s'en aller ? Mon cœur se serre… Est-ce un moyen pervers de me préparer à son absence définitive ?

– Depuis que je suis dans cet état, souffle-t-il, interrompant mes réflexions, le visage grave lui aussi, je n'ai jamais faim. Je ne ressens plus la fraîcheur du vent, la chaleur du soleil ou l'humidité de la pluie sur ma peau.

– C'est sans doute à cause de ton état, avancé-je en tentant de le rassurer au moyen d'une explication rationnelle. Ton coma t'empêche peut-être de ressentir toute sensation physique ici…

Il réfléchit un moment à ce que je viens de dire.

– Peut-être, je n'en sais rien. Ici, tout est sombre, froid… pas de chaleur… juste le néant. Les seules sensations que je perçois sont ces merveilleuses étincelles quand je prends ta main ou que j'essaie de te toucher, et elles sont grandioses ! Mais chaque jour qui passe – et davantage encore depuis que tu es là – m'inquiète un peu plus. On se connaît si bien dans cette dimension, qu'arrivera-il après ? Et d'ailleurs, y aura-t-il seulement un après… ?

Je suis stupéfaite. Ainsi, nous partageons les mêmes peurs, les mêmes interrogations concernant le futur. Cela ne me rassure pas le moins du monde, mais j'aime savoir qu'il tient autant à moi. Illusion ou réalité, quelle importance ? Dans cette dimension ou dans l'autre, nous perdre serait insurmontable. Je voudrais lui répondre que rien ne changera, qu'à son réveil, je serais là, comme une évidence, et que tout continuera… sans nos champs de force étincelants et sans hyperpuissance, mais avec des souvenirs hors du commun. J'ai conscience que chaque minute qu'il passe dans le coma est une minute de trop. Et je suis terrorisée à l'idée que le temps m'est compté. J'aimerais le réconforter… me réconforter, mais comment pourrais-je lui mentir ?

Alors, je me tais et laisse filer le temps… les minutes, les heures… à observer le monde, simplement avec lui à mes côtés.

Un picotement parcourt soudain la pointe de mes pieds, puis remonte le long de mes jambes et glisse sur mes bras. Je frissonne. Mal à l'aise, je change de position et la sensation s'évanouit très vite.

– Ça va, Stella ? Quelqu'un t'appelle ?

– Non, c'est la première fois que je ressens ça… Ce n'est pas toi qui as tenté une de tes nouvelles expériences, au moins ?

Avant qu'il ne puisse me répondre, un froid aigu me saisit. Je ressens quelque chose de malfaisant. Comme une vague glaciale. Elle s'infiltre et se faufile insidieusement en moi.

CHAPITRE 16

Une ombre se dévoile à quelques mètres de nous. Une masse opaque et grise. Je me tourne vers Sebastian, la voit-il, lui aussi ? Ma respiration s'accélère encore. Sebastian se déplace pour s'interposer entre la chose informe – il l'a donc bien repérée – et moi, mais elle bouge à la vitesse de la lumière et se retrouve dans mon dos. Je me retourne aussitôt. Soudain, elle se jette sur moi, sans que j'aie le temps de réagir. Je ressens une forte pression sur l'épaule et fais un gigantesque bond de côté.

– *ÇA* m'a fait mal ! hurlé-je, complètement paniquée.

– Je ne sais pas ce que c'est, mais vaut mieux filer d'ici, me répond Sebastian sur le même ton.

Il attrape ma main et, cette fois totalement indifférents à notre nuée d'étincelles, nous plongeons par-dessus le parapet, d'une hauteur de plus de cent cinquante mètres. Le vent siffle à mes oreilles et fouette furieusement mon visage. Le sol se rapproche à une vitesse fulgurante, mais je n'éprouve pas la moindre peur – quel paradoxe ! Effrayée par une ombre mais grisée par un plongeon mortel. Juste avant de toucher terre, nous prenons un virage à quatre-vingt-dix degrés et détalons en direction de Huntington Avenue, artère de Boston perpétuellement encombrée. Je jette un œil derrière moi, l'ombre silencieuse nous suit toujours. Et elle me paraît plus gigantesque encore.

– On va se planquer dans le T[1], me crie Sebastian sans ralentir sa course. Avec l'affluence matinale, tu pourras filer pendant que je l'entraînerai dans une autre direction.

Je le regarde un instant sans comprendre, l'asphalte défile toujours à une vitesse incroyable sous nos pieds, mais lorsque je lève la tête, l'aube grise m'éblouit presque.

Comment ça ?! Déjà le matin ?!

– Mais je ne peux pas te laisser avec… ÇA !

– C'est pas moi que ce truc poursuit, rétorque-t-il, confiant. Je ne risque rien. J'espère juste pouvoir le tromper assez longtemps pour te donner le temps de rentrer chez toi !

Je suis obligée de reconnaître qu'il est dans le vrai ! Pour une raison inconnue, cette chose semble ne s'intéresser qu'à moi. La panique me gagne à l'idée de finir anéantie, absorbée par cette masse informe et glaciale. Je n'ai aucune envie de disparaître dans le néant, ou même nulle part ailleurs.

---

1 Le métro de Boston est appelé le « T », que les Bostoniens prononcent « Tii ».

Freinant brusquement notre course à l'entrée de la station de tramway, nous tentons de nous dissimuler dans la foule. Une rame colorée s'engouffre dans le hall, accompagnée de son sifflement caractéristique et de son souffle d'air chaud.

– Fonce ! crie Sebastian dès que les portes s'ouvrent, en lâchant brusquement ma main et faisant demi-tour.

– Mais…

– Rentre ! ordonne-t-il d'une voix puissante qui me coupe la parole. Ne discute pas ! On se voit ce soir…

Je n'ai besoin que d'une seconde pour disparaître et me téléporter jusqu'à la maison. Je réintègre mon enveloppe corporelle en frissonnant d'une terreur pure, telle que je n'en avais encore jamais ressentie… même le jour de l'accident. Tout s'était alors passé tellement vite que je n'avais pas eu le temps de me rendre compte de ce qui nous arrivait.

Ma respiration est saccadée, je suis à deux doigts de faire un malaise. Il me faut plusieurs minutes pour réussir à me lever et à quitter ma chambre. Ma peau est recouverte d'une pellicule de sueur… la peur.

Je suis glacée. Il me faut une douche bien chaude.

Je n'arrive pas à surmonter la nausée qui m'étreint en pensant que j'ai abandonné Sebastian là-bas. Je me sens tellement coupable. Je marche comme un automate jusqu'à la salle de bains. Dans le miroir, j'aperçois un visage hagard, livide. Mon visage… Les mains tremblantes, je me déshabille et balance mes vêtements imbibés de transpiration dans le panier de linge sale.

Les jambes flageolantes, j'entre dans la cabine de douche et reste sous le jet d'eau brûlante, la tête appuyée contre le carrelage humide, le temps que mes muscles crispés et mon corps raide se relaxent sous l'effet bienfaisant des jets d'hydromassage. Je retrouve enfin un semblant de calme. Je me frictionne vigoureusement avec mon gel préféré, celui qui est parfumé à la vanille. Je veux effacer de ma peau toute trace, même fugace, de la chose infâme qui m'a touchée. Un bruit léger attire soudain mon attention et fait se hérisser tous les cheveux de ma nuque. Sentant la peur me submerger à nouveau, je me fige sans plus oser respirer.

Comme dans un cauchemar, l'empreinte d'une main se dessine sur la paroi vitrée recouverte de buée. Je ne peux que gémir le prénom de Sebastian en priant de toutes mes forces pour que ce soit lui. Je dégouline d'eau, de mousse… la pire frousse me submerge. Il me suffirait de crier à pleins poumons pour voir mes parents rappliquer en une fraction de seconde, pourtant même cette idée ne me rassure pas. Que pourraient-ils contre une ombre de deux mètres de haut qui me poursuit depuis une autre dimension ? Je reste immobile, les sens en alerte, tentant de me souvenir de mes cours de relaxation.

Retrouver une respiration normale et arrêter d'hyperoxygéner mon cerveau…

Ça marche ! Peu à peu, mon halètement se calme et je peux à nouveau réfléchir librement. Lentement, j'ouvre la porte de la douche et jette un coup d'œil dehors.

Rien, hormis la vapeur qui s'échappe de la cabine et envahit la pièce.

Sans prendre le temps de me rincer, je me glisse à l'extérieur d'un pas hésitant. La mousse à la vanille dégouline sur le carrelage, laissant sur mon passage de petites flaques blanches. Ne pas courir, ne pas glisser, ne pas tomber et réveiller toute la maison…

J'attrape un peignoir au hasard et l'enfile à toute vitesse, avant de serrer avec force la ceinture autour de ma taille. J'appelle à nouveau d'une voix chevrotante :

– Sebastian ?

Quelle idiote ! Comme s'il pouvait me répondre… Et puis, je n'ai aucune preuve que ce soit bien lui. L'estomac douloureusement tordu par l'angoisse, j'avance vers la porte qui donne dans le couloir, vers la liberté, la sécurité… et qui semble se trouver à des kilomètres de ma main tendue. Les battements de mon cœur résonnent dans mes oreilles. Je suis seule dans cette pièce emplie de vapeur, et pourtant, je sens une présence toute proche.

Pourquoi suis-je incapable de savoir si elle est amicale ou hostile ?

Je m'obstine à me diriger vers l'unique sortie, vers mon illusoire planche de salut, lorsqu'un cœur se dessine sur le miroir, et le mien fait un bond.

J'ai l'impression de me dégonfler comme un ballon de baudruche. Je pousse un soupir de soulagement, prête à faire demi-tour : c'est Sebastian !

Puis les mots *Tu es belle* apparaissent, entourant le cœur d'une ronde joyeuse. Malgré tout, je reste méfiante. Puis-je me fier à quelques mots écrits sur un miroir pour identifier avec certitude la personne qui s'adresse à moi ? J'avance encore d'un pas, le bras tendu devant moi, et je pose la main sur la poignée de la porte. Enfin ! J'ai l'impression d'avoir traversé tout le territoire américain.

– Écris le surnom de ta sœur, exigé-je d'une voix plus assurée, prête à m'enfuir si besoin.

Petit Bouchon s'affiche instantanément sur la glace, accompagné d'un smiley souriant.

C'est bien lui ! Je ne sais comment c'est possible, mais tout en étant coincé dans une autre dimension, il parvient à communiquer avec moi. Je respire un grand coup et laisse mon sourire reprendre le dessus. Je me sens merveilleusement bien, jusqu'à ce qu'un soupçon de gêne vienne me titiller.

Il m'a vue totalement... nue. Merde !

Comme s'il était capable de lire dans mes pensées, sa main invisible trace sous mes yeux : *Tu es magnifique !*

Les mots s'enchaînent, et le miroir est bientôt aussi encombré que mon journal intime.

Si tu savais combien j'ai eu peur pour toi ! Je voudrais rester encore un peu, juste allongé contre toi... tu veux bien ?

– Oui. Oh oui, s'il te plaît… reste !

Je regagne ma chambre. Il est à peine sept heures du matin, mes parents me laisseront faire la grasse matinée aujourd'hui. Il nous reste donc trois heures à passer ensemble. Je plonge pudiquement sous la couette pour retirer mon peignoir et enfiler le tee-shirt que j'ai pris au passage.

Invisible et silencieux à mes côtés, Sebastian est pourtant plus tangible que jamais. Je sens ses bras se refermer sur moi à l'instant où je bascule sereinement dans le sommeil.

Pour la première fois depuis des mois…

Sebastian

Si seulement... Si seulement, je pouvais la toucher vraiment... la sentir physiquement...

En tout cas, une chose est certaine, même dans mon état, elle me fait un effet de malade... j'ai une trique d'enfer ! Bon, en même temps, je suis au lit avec une fille presque nue dans les bras... et puis, pas n'importe quelle fille !

La vapeur ne cachait pas grand-chose de sa parfaite anatomie dans la douche, tout à l'heure...

Je n'ai qu'une envie et je ne peux rien faire... Bordel de merde ! C'est bien la première fois que ça m'arrive.

Bon, allez, pense à autre chose, Seb, ou tu vas faire fondre les draps !

J'aime bien sa chambre... Des piles de livres, des chaussons de danse accrochés à une barre, elle doit avoir un sacré niveau pour avoir une barre dans sa piaule... et un bureau de mec – avec un vrai foutoir dessus.

C'est bien sympa, tout ça, mais ce qui me fait littéralement craquer, c'est elle. Elle, qui dort paisiblement dans mes bras avec cette drôle de peluche qu'elle tient comme si sa vie en dépendait.

– Je n'ai jamais ressenti un truc pareil, tu sais... Je ne sais pas ce que tu me fais exactement, Stella, mais c'est pire qu'un Hat Trick ! je murmure tout bas à son oreille. Et crois-moi, pour faire plus fort que ça...

Je sais qu'elle ne m'a pas entendu, mais j'ai envie de croire que mes paroles sont passées de mon univers au sien, à celui des vivants... celui qui a aussi été le mien...

... et dans lequel je compte bien te retrouver, Stella Forest !

CHAPITRE 17

À mon réveil, je ne sens plus la présence de Sebastian contre moi, et dans un moment de panique, toutes mes pensées convergent vers lui. La crainte qu'il ne s'évanouisse à nouveau dans le néant ne me quitte plus, virant à l'obsession. Je sais que son coma prendra fin un jour ou l'autre et qu'alors il basculera parmi les vivants ou disparaîtra dans le monde de l'oubli et de la mort, allant rejoindre Ever. Mes sentiments à ce sujet sont tellement confus. Si, d'un côté, je désire de tout mon être qu'il vienne me retrouver dans le réel, d'un autre, la peur de le perdre, qu'il ne se souvienne de rien et surtout pas de moi, me pousse à souhaiter le garder là-bas, dans *notre* dimension.

Je suis horrifiée que l'idée même m'ait effleurée et n'ai pas de mots pour exprimer la honte que de tels espoirs m'inspirent. Comment puis-je souhaiter au garçon que j'aime de rester éternellement coincé entre deux univers, spectateur de la douleur de sa famille et de ses amis, privé de toutes les merveilleuses sensations que la vie nous offre, du délice d'un bon hamburger, de la douce caresse d'un vent printanier, incapable de prendre dans ses bras la fille qu'il aime ?

Quel monstre d'égoïsme suis-je devenue ?

Je sors précipitamment du lit et préfère me rappeler la promesse faite hier à Jenny – elle souhaite un petit coup de main pour préparer l'anniversaire –, plutôt que de m'attarder sur l'analyse de mes pensées égocentriques.

Après une douche – rincée, cette fois-ci –, séchée et parfumée, je m'habille chaudement, attrape un croissant encore tiède sur la table de la cuisine et pars récupérer le gâteau chez Rebecca sans avoir croisé quiconque dans la maison.

Je m'interroge avec stupeur sur le nombre des invités en découvrant la boîte isotherme, énorme, dans laquelle il est précieusement conservé. Le monument entre les mains et un sourire idiot sur le visage, je remercie la mère de Rebecca pour son travail fantastique, puis je prends prudemment le chemin du retour.

Une multitude de petits commerces abondent dans les rues de Beacon Hill, et le samedi matin, entre les Bostoniens qui font leurs courses et les touristes qui flânent, la balade n'est pas aisée quand on est encombrée comme je le suis. Tout en slalomant entre les badauds, veillant à ne pas être bousculée, je lance au dieu de la gourmandise une fervente prière pour que le gâteau soit toujours intact à mon arrivée. Comme, bien entendu, j'ai encore oublié d'enfiler mes gants, je commence lentement mais sûrement à ne plus sentir le bout de mes doigts, puis mes mains m'envoient des signaux de détresse des plus douloureux. Je cherche un endroit où déposer mon précieux chargement quelques instants et enfiler mes gants, quand Mark apparaît devant moi, tel un ange venu du ciel – le dieu de la gourmandise existe donc vraiment ?!?

– Besoin d'aide ? ironise-t-il en s'emparant d'autorité de la boîte gigantesque, qui, tout à coup, prend des proportions beaucoup plus normales entre ses mains.

Tout n'est vraiment qu'une question de perspective, dans la vie, médité-je en souriant.

– Mark, mon sauveur ! Tu tombes *vraiment* à pic, suis-je forcée d'admettre en soupirant de soulagement. J'ai les mains gelées et je ne sens plus mon nez. Ça ne te dérange pas de m'accompagner chez Jenny ?

Il me balance un regard de feu, de ceux qui ont très certainement déjà fait leurs preuves et galvanisé le cœur de dizaines de filles. Les cheveux ébouriffés et les yeux pétillants, il s'approche vivement de moi et, avant que je ne comprenne ce qu'il mijote, dépose un baiser chaud et furtif sur mon bout de nez.

– Ça, c'est pour le réchauffer ! Je suis content de pouvoir t'aider… et ravi de me retrouver *ENFIN* seul avec toi.

Surprise et gênée par son geste, je reste quelques secondes sans réagir avant de me reculer maladroitement. Depuis notre première rencontre, Mark s'installe très souvent à mes côtés, en cours, en salle de pause, à la bibliothèque… bref, chaque fois que l'occasion lui est donnée de le faire. Il est toujours le premier à me proposer son aide ou sa collaboration pour un devoir de biologie ou de chimie, et Jenny m'a assuré que personne ne l'a jamais vu fréquenter autant la bibliothèque que depuis que je m'y rends.

J'ai dernièrement décliné son invitation pour un restau/ciné, prétextant un week-end à Miami, mais apparemment cela ne l'a toujours pas dissuadé de jouer les Casanova. Je suis embarrassée par cette situation, car Mark est réellement très sympa et d'agréable compagnie. Comment lui faire comprendre que je n'ai qu'un seul garçon en tête, sans pour autant le vexer ?

Dans un silence confus, nous reprenons notre progression au milieu de la foule. Je remarque avec une certaine irritation que les obstacles humains se font beaucoup plus rares depuis que mon ami ouvre la marche. En fait, c'est nous que les passants évitent, maintenant, et nous n'avons que rarement besoin de modifier notre trajectoire.

Après plusieurs raclements de gorge, Mark se lance courageusement :

– Stella, je me demandais… Tu as quelqu'un, ici… ? ou ailleurs ?

Nous y voilà… Il est vrai que je passe tout mon temps libre à la maison. Il doit sans doute se demander si mon voyage éclair en Floride avait pour but la visite à un hypothétique petit copain.

Je saute aussitôt sur l'aubaine, non sans un léger sentiment de culpabilité.

– J'ai quelqu'un, c'est vrai. Mais c'est assez délicat… hésité-je.

– Je comprends, oui… Écoute, si tu as envie d'en parler un jour, je suis là, propose-t-il avec une désarmante gentillesse. À sa place, je ne serais pas tranquille de te savoir à des milliers de kilomètres.

Mark est bien loin d'imaginer de quelle manière la *distance* complique effectivement ma relation, et je vois mal comment lui expliquer, sans passer pour une folle furieuse, que mon petit copain est en fait son ami, actuellement plongé dans le coma.

Je me demande tout à coup si Sebastian est par là – il m'accompagne souvent pendant la journée – et s'il espionne notre conversation.

Ça ne va pas beaucoup lui plaire…

Sebastian

J'y crois pas ! Mais il est en train de la draguer !? Et sous mon nez en plus. OK… ça, il n'en sait rien, mais quand même !

Il nous a fait le coup du rat de bibliothèque… et là, il nous la joue grand seigneur… Non, mais quelle inventivité Tu parles que t'es content de l'aider ! C'est surtout Mister Braquemart que tu veux aider, ouais…

Eh ben non, pauvre con ! T'es pas ENFIN seul avec Stella ! Je suis là. Je suis là. JE SUIS LÀ !

Faut que je me calme... C'est mon pote... Respire, Seb, respire... Il porte mon gâteau d'anniversaire, quand même...

Respire, Seb, respire...

Ouais, tu parles... ! Un gâteau qu'il va pouvoir bouffer... demain... avec Stella... et sans moi... SANS MOI !

BORDEL, il a osé ! T'es lourd, Mark ! Franchement tu me fais honte, mon pote... Eh oui, elle a quelqu'un, pauvre naze ! Alors ne t'approche pas ! Chasse gardée, territoire occupé...

Yes ! Bien joué le coup du petit copain à Miami ! Et BIM dans les dents, Don Juan ! ÇA, c'est mon étoile... filante et piquante !

Non mais regardez-le, il nous sort le grand jeu, là ! Et vas-y que je te réconforte... Le coup du meilleur copain, de l'épaule rassurante sur laquelle s'appuyer quand la distance est trop insupportable... Tu crois qu'elle ne te voit pas venir ?! Stella, tu ne vas pas te laisser embobiner par ses beaux discours, hein... ?!

BORDEL ! C'était sa bouche sur le bout de son nez à moi !

OK, assez joué le beau gosse ! Pote ou pas pote... Je vais te le faire bouffer, mon gâteau d'anniversaire !

CHAPITRE 18

J'obtiens la preuve irréfutable de la présence de Sebastian alors que nous nous engageons à peine dans Baker Street. Sans la moindre raison, Marc se décale vers moi si brutalement que je ne peux m'empêcher de le percuter. Il chancelle ensuite dangereusement en avant, et je le rattrape à la dernière seconde par le coude, lui évitant de justesse une chute catastrophique. Héroïque, il n'a pas lâché le gâteau ! Je cherche des yeux dans la foule qui aurait pu le bousculer ainsi, sans rien pouvoir trouver. J'ai bien entendu ma petite idée sur l'origine de cet *accident*…

Mais comment a-t-il fait ? ne puis-je m'empêcher de marmonner.

– Merde ! s'exclame Mark. Sans ton super réflexe, je terminais sur le trottoir, la tête dans le gâteau… et Jenny me tuait.

Il jette un regard interrogateur autour de lui, puis scrute ostensiblement le trottoir.

– Je ne comprends pas ce qui s'est passé, décide-t-il en haussant les épaules. Heureusement, tu étais là ! Merci…

– Nous y sommes presque, alors on se concentre, OK ? l'encouragé-je d'une voix plus forte, tout en pestant intérieurement contre Sebastian. Le but ici est d'arriver chez Jenny avec le gâteau en un seul morceau.

La fin de mon intervention n'étant pas destinée à Mark, mais au petit plaisantin qui nous suit et n'apprécie sans doute pas les méthodes de drague de son pote.

À mon grand soulagement, le reste du trajet se déroule sans encombre. Nous déposons, avec force soupirs, notre délicat fardeau sur la table de la cuisine de Jenny. Elle nous offre gentiment un délicieux chocolat chaud et des sandwichs que nous acceptons avec joie, réchauffant nos doigts gourds autour des tasses fumantes.

Mark ne peut s'empêcher de lui raconter notre mésaventure dans son style rocambolesque, et la tragique fin que j'ai héroïquement évitée au gâteau de Sebastian – *ce garçon devrait se lancer dans le théâtre !* Je lève les mains en signe d'impuissance en souriant innocemment, lorsque Jenny hausse un sourcil intrigué…

Les heures défilent. Nous discutons agréablement, sans que je puisse noter de nouvelle intervention de Sebastian. Est-il reparti vers sa famille, satisfait de son petit tour de passe-passe ou rassuré de voir que Mark reste désormais à sa place ? Toujours est-il qu'il ne se manifeste plus, et lorsque sonne pour nous l'heure de rentrer, tout est fin prêt pour sa fête. Je me rends compte que je peux à nouveau être heureuse et passer de bons moments avec des amis.

Sur le chemin du retour, je reste silencieuse. Demain, c'est son anniversaire. Pour la première fois, je vais le rencontrer entouré de sa famille et de ses amis, dans le monde réel. Le désarroi et l'appréhension se disputent la première place dans mon esprit. Je ne suis pas certaine de pouvoir gérer la situation avec brio.

Au bout de la rue, Mark me quitte sur un amical : *À demain, Stella !*

En arrivant chez moi, quelques secondes plus tard, je me trouve confrontée à une vision pour le moins inhabituelle : mes parents sont confortablement assis sur le canapé du salon, plongés dans une passionnante partie de… Scrabble ?! À Miami, mon père était absent de la maison quasi tous les week-ends. C'est encore bizarre pour moi de le trouver ici, et surtout, de le voir s'intéresser à des activités ludiques.

– Si tu te joignais à nous ? propose-t-il avec une franche bonne humeur. Comme au bon vieux temps ?

La dernière fois que nous avons fait quelque chose ensemble, lui et moi, je devais avoir six ans, si ce n'est moins. À l'occasion, il faudra quand même que je le lui rappelle. Mais pas maintenant…

– Ce sera toujours mieux que de rester cloîtrée dans ta chambre pendant des heures, renchérit ma mère.

– Impossible, j'ai une tonne de devoirs à rendre pour la semaine prochaine.

Et j'ai surtout hâte de rejoindre Sebastian.

– Vraiment... ?

Son ton suspicieux me hérisse, et forcément, interpelle mon père. Il tourne vers moi ses sourcils haussés et revient à la charge :

– Tu avais promis de passer plus de temps avec ta famille et tes amis. Ce n'est pas bon de fuir ainsi la compagnie des autres.

– J'étais avec des amis toute la matinée et pour le déjeuner, justement. Avez-vous seulement remarqué que je n'étais pas à la maison ce matin ? Et de plus, je suis invitée à un anniversaire, demain. Je n'ai donc que cette après-midi pour bosser.

– Bien ! Très bonnes nouvelles ! Et qui donc fête son anniversaire ?

Je ne leur ai plus parlé de Sebastian depuis le soir de mon arrivée au lycée, et le moment ne me semble pas vraiment approprié pour leur expliquer sa situation *particulière* en détail.

– Un copain, marmonné-je en espérant que cela leur suffise.

– Et où faites-vous cela ? insiste ma mère, de plus en plus curieuse et indiscrète.

À l'hôpital, bien sûr ! Oh, c'est vrai, je ne vous en ai pas parlé... En fait, c'est mon petit ami et il est dans le coma, pensé-je en contenant difficilement un sourire.

– Chez Jenny. Allez, j'y vais, Mam ! J'ai vraiment un max de boulot.

– Je suis content que tu sortes un peu. Cela te fera du bien, conclut mon père en me faisant signe de déguerpir en vitesse.

Je monte au galop dans ma chambre, en notant pour plus tard de prévenir mon amie. Je ferme la porte à clé, mets mon portable sur silencieux, retourne vérifier que ma porte est correctement verrouillée, lance iTunes sur mon ordinateur en prenant soin de régler idéalement le volume – assez fort pour dissuader toute intrusion dans ma bulle studieuse, mais pas trop, pour éviter une intervention des voisins qui serait désastreuse. Une ultime vérification de la porte, puis je me prépare à rejoindre Sebastian.

Quelques secondes plus tard, je suis dans son salon.

Il est totalement vide. Aussitôt, la cadence des battements de mon cœur s'accélère jusqu'à en devenir frénétique. J'ai la très désagréable impression qu'il va exploser.

Où sont-ils donc tous passés ? Pas le coup de téléphone, non !

Non, pas aujourd'hui ! Pas la veille de son anniversaire… Ces choses-là ne peuvent pas arriver à des moments pareils !

Ils sont sortis, ou dans une autre pièce… Je n'arrive pas à la même heure que d'habitude…

Les bonnes raisons pour justifier l'absence de sa famille devant l'écran plasma se bousculent dans ma tête, mais parviennent à peine à apaiser les battements de mon cœur. Et mon âme s'emballe à nouveau, tandis qu'un gémissement s'échappe de ma gorge serrée.

D'accord, ils sont peut-être sortis…

Mais où est Sebastian ?

Sebastian

Tu t'es peut-être un peu lâché, mon gars, non… ?

Ouais, et pas qu'un peu… En même temps, vaut mieux que ce soit les coussins et les bouquins qui m'aient servi de punching-ball que la tronche de cet enfoiré de Mark ! Mais c'est clair : quand ma mère va voir ce bordel, elle va piquer une crise…

Oh non ! NON ! NON ! Elle va surtout se demander ce qui s'est passé… Flippée comme elle est, elle va tout de suite penser à des voleurs ! C'est clair qu'elle va pas imaginer que son fils, dans le coma et coincé sur un lit d'hosto à quelques kilomètres d'ici, s'est défoulé comme un malade sur tout ce qui lui tombait sous la main…

Là, pour le coup, c'est toi le gros con, Seb ! Tu crois franchement qu'elle a besoin de ça ?!

Stella, ça y est Voilà ma solution qui arrive ! Elle va m'aider à ranger tout ça…

– Je suis dans ma chambre. Vite, viens voir ça !

Ah merde, non… Quel débile ! Elle ne sait pas déplacer les objets, elle. Va falloir que je range ce merdier tout seul, et vite… J'imagine trop la tête qu'elle va f…

BANG... elle est là... le palet en pleine poitrine ! ENCORE... Qu'elle est belle ! Ouais...

Mais tiens, prends ça quand même ! Juste pour avoir laissé ce prétentieux de Mark te draguer sous mes yeux...

CHAPITRE 19

– Sebastian !?

– Je suis dans ma chambre. Vite, viens voir ça !

Mon soulagement est tel que je crains un instant de m'évanouir. Je me précipite vers lui, trop heureuse qu'il n'ait pas disparu une nouvelle fois.

– Pendant un instant, j'ai cru… commencé-je en entrant dans sa chambre, accueillie par un coussin qui me traverse allègrement pour aller s'écraser contre la porte, derrière moi. Le spectacle que je découvre alors m'ôte toute capacité de terminer ma phrase.

Un bazar inimaginable règne dans la pièce jusqu'alors impeccablement tenue par sa mère. Ses étagères sont renversées, et ses livres, étalés dans tous les coins. Les draps de son lit se balancent sous mes yeux, accrochés au plafonnier représentant notre Système solaire. Les posters ont été arrachés des murs, sa penderie est vide… Et plus stupéfiant encore, un Sebastian hilare se tient fièrement au milieu de tout ce désastre, un autre coussin dans la main, qu'il me balance avec violence sans cesser de rire. J'ai tout juste le temps et l'étonnant réflexe – pour ce que ça change – de l'éviter, ce coup-ci. Comment a-t-il pu faire un truc pareil ?

Dingue !

– C'est géant, Stella ! J'arrive à attraper des objets ! Je ne sais pas comment expliquer ça, mais en me concentrant, je peux vraiment les sentir, et ensuite, ils prennent une réelle consistance entre mes doigts. C'est à ça que je m'exerçais lorsque j'ai disparu…

– Waouh… Quel bazar, là ! Ta mère va flipper, sky high !

– Je sais. Je vais ranger tout ça ! Mais avant… j'ai très, très envie de tester quelque chose.

Il s'approche avec un sourire radieux, et sa fossette se creuse. Attends, c'est pas du jeu, là ! Je suis toujours sonnée par ce que je viens de voir, et lui, il me fait le coup de son sourire atomique…

– J'en ai rêvé toute la journée, poursuit-il, la voix soudain plus rauque.

– D… de quoi ?

En guise de réponse, il ouvre ses bras en me couvant d'un regard débordant d'amour et de convoitise. La simple idée de m'y réfugier, de le toucher, électrise mon corps tout entier. Tremblante, j'avance vers leur espace accueillant. Une fois de plus, je perçois en un instant l'énergie qui se développe furieusement entre nous.

Et la réaction ne se fait pas attendre.

Le choc nous fait reculer, le souffle coupé, souriants. Mais cette fois-ci, Sebastian s'obstine et me dit qu'on peut y arriver, qu'il suffit de le vouloir vraiment. Il s'approche à nouveau et nous luttons contre l'impulsion qui tente de nous séparer. Le courant sur ma peau change de façon subtile, un peu comme lorsqu'il prend ma main. J'aimerais réduire la distance infime qui nous sépare et le toucher… pouvoir le toucher pour de vrai. Le sentir.

Et soudain, tout s'apaise.

Je ressens tout… la chaleur de sa main dans mon dos, le grain de sa peau contre ma joue. Et visiblement, lui aussi.

– Tu sens ça ? murmure-t-il en descendant lentement sa main le long de mon épine dorsale.

Je lève la tête et, mes yeux plongés dans les siens, j'acquiesce avec ferveur. Il se penche plus près de moi encore, tout en me gardant prisonnière de ses bras. Mon corps réagit instinctivement. Nos visages ne sont plus séparés que de quelques centimètres, puis de quelques millimètres.

– Je suis certain que tout ce qui nous arrive a une signification particulière. Ton coma et le mien. Le fait que tu puisses voyager hors de ton corps et que nous communiquions. Un lien unique et puissant existe entre nous. Quelque chose d'exceptionnel, de rare, qui nous a attirés l'un vers l'autre à travers nos histoires, destinés que nous étions à nous rencontrer… pour nous sauver.

Sa voix est rauque, fébrile. Mon cerveau, ou du moins la masse chancelante qui en tient lieu à cet instant, n'arrive plus à fonctionner de façon cohérente. Il est si proche de moi que nos lèvres pourraient se toucher au moindre mouvement de l'un ou de l'autre. J'ignore si les délicieuses palpitations qui se déclenchent dans ma poitrine sont dues à ce qu'il vient de m'avouer ou à ce regard intense et étourdissant posé sur moi…

– C'est ce que tu penses aussi, Stella ?

– Oui… murmuré-je dans un souffle.

Je tente de calmer ma respiration. Les battements de mon cœur affolé. Je lutte pour garder les idées claires et ne pas penser à ce baiser que je désire au plus profond de moi, mais je me sens perdre pied…

… quand un cri strident retentit derrière moi. Instantanément, l'énergie nous éjecte de sa bulle protectrice, et nos corps se séparent. Trop absorbés l'un par l'autre, nous n'avons pas entendu la porte de la chambre s'ouvrir.

Pourquoi n'a-t-il pas fermé à double tour ?! pensé-je, furieuse contre l'intrus qui a fait voler en éclats cet instant magique. Avant de me souvenir que lui et moi ne vivons pas les mêmes expériences… *Comment pourrait-il donc fermer sa chambre à clé, depuis son lit d'hôpital ? Et surtout, j'imagine la réaction de sa mère, si elle trouvait la porte fermée de l'intérieur…*

Je me retourne prudemment et découvre le spectre de sa sœur. Une Kelly livide, les yeux écarquillés, s'avance dans le fouillis incroyable qui nous entoure, Cheyenne sur les talons. J'ose à peine respirer, devinant sa panique sans difficulté. Cheyenne se précipite vers nous et aboie en remuant la queue, tandis que la jeune fille hurle un *MAMAAAAAAAN* suraigu.

Arrivant au pas de course, celle-ci reste un instant bouche bée devant le formidable désordre qu'elle découvre. Puis son regard éperdu descend vers le sol à nos pieds, et le soulagement remplace instantanément la stupeur sur son visage.

– Cheyenne ! gronde-t-elle en pointant un index accusateur vers la pauvre victime, couchée aux pieds de Sebastian. Mais qu'est-ce qui t'a pris, vilaine !?

– Ce n'est pas elle, rétorque Kelly. Elle est entrée en même temps que moi. La porte était fermée, et la chambre était déjà dans cet état.

– Ne raconte pas n'importe quoi, Kelly !

– Je t'assure que c'est vrai.

Sa mère reste immobile un instant, perplexe. Soudain, son front se plisse.

– Va chercher ton père, articule-t-elle d'une voix blanche, quelqu'un a dû pénétrer dans l'appartement.

En silence, nous la regardons tous les deux remettre de l'ordre dans la pièce. Quand le père de Sebastian la rejoint en certifiant qu'il n'a trouvé aucune trace d'effraction, je peux voir le soulagement se peindre à nouveau sur son visage.

– Ce ne peut être que Cheyenne, conclut-il en l'aidant à ramasser les revues sportives de leur fils et en les replaçant sur les étagères. On aura laissé la porte entrouverte… et un courant d'air l'aura refermée derrière elle. Sebastian jouait beaucoup avec elle, tu sais, et elle doit le cher…

Sa voix se brise, il se laisse tomber sur le lit, ses épaules voûtées secouées de sanglots muets. Sa femme lâche brusquement la pile de vêtements qu'elle s'apprêtait à remettre dans la penderie et s'accroupit devant son mari pour lui caresser la joue, très tendrement. Je perçois leur chagrin avec colère et tristesse. Cette chambre est remplie de douleur… de leur douleur. Tellement de douleur…

Je me sens tout à coup comme une intruse. Je n'ai rien à faire ici…

– Cheyenne n'y est pour rien, bougonne toujours Kelly. Je vous assure qu'elle n'a rien…

– S'il te plaît, Kelly ! la coupe sèchement son père en désignant la porte.

Sebastian, ravagé par la peine, fixe sa mère en silence. Agenouillée devant son époux, la tête désormais posée sur ses jambes, elle pleure en silence.

– Ne m'en veux pas, Stella, mais j'aimerais rester seul… soupire-t-il.

Tout aussi brisée que lui par les souvenirs qui m'assaillent, je sais que je ne lui serai d'aucune aide, et ma frustration n'en est que plus intense.

Je disparais.

Sebastian

Quel con... mais quel con J'ai chassé la seule personne qui soit capable de soulager ma peine et me faire rire un peu...

Mais voir le chagrin les ronger ainsi, jour après jour, j'en peux plus...

Il faut que je sorte d'ici Je dois retrouver Stella pour m'excuser...

Oh merde, c'est quoi encore, ÇA ?! Qu'est-ce que cette blonde fout dans mon couloir !

Waouh ! On dirait un ange...

Oh, ça craint, ça ! Si je commence à voir des anges, ce n'est sûrement pas bon signe !

– Ben mon vieux, respire ! On se calme, on dirait que t'as vu un fantôme... Quoique dans mon cas... bref ! T'as perdu ta langue ou quoi ? Oh... t'inquiète pas, je suis pas la grande faucheuse venue chercher le pauvre Sebastian ! Enfin, si... enfin, non... Et merde ! Je suis là parce que tu vas me rendre un service, c'est tout ! Déstresse, mec, t'es tout pâle !

Non, mais c'est quoi ce délire ! Ça ne parle pas comme ça un ange !? Et qu'est-ce qu'elle a à me détailler des pieds à la tête comme si elle allait me bouffer... ?

– Allez, dis bonjour à la demoiselle... ça serait dommage que t'aies perdu ta langue ! C'est fou toutes les bonnes choses qu'on peut faire avec une langue agile...

Attends, elle se fout de moi, là... J'hallucine ou elle me drague ?!

En tout cas, c'est clair, c'est pas un ange ! Quoique... qu'est-ce que j'en sais ? Après tout, je n'en ai jamais vu... et jusqu'à présent, j'y croyais même pas aux anges, alors ! OK, ouais... y a bien ce truc avec Jenny et son... son don bizarre, là... mais c'est la seule chose irrationnelle que j'aie jamais tolérée.

Ah, et ce qui t'arrive ces derniers temps, mon Seb, tu le qualifies comment, du coup... ?

– Allôoooo ! Tu vas peut-être arrêter de baver et te mettre à parler un peu, non ?! J'ai vraiment l'impression d'être tombée sur un empaffé de première...

– Oh mais la ferme, la blondasse ! Ça va aller, oui !? Moi, je ne t'insulte pas, alors que tu t'incrustes dans mon couloir ! Alors un peu de considération et de silence, OK !? Faut que je réfléchisse, là...

– Si seulement t'en étais capable... marmonne-t-elle, vexée. C'est plutôt rare les beaux gosses avec un cerveau... Et la connaissant, je doute franchement qu'elle ait pu en dégoter un...

Non mais je rêve ! Oui, c'est ça ! C'est forcément ça... je suis en train de rêver... Après tout, pourquoi je ne rêverais pas tout ça, hein ?! Cette... bombe atomique – n'ayons pas peur des mots, elle est canon, version salope mais canon – est en train de me traiter de débile mental ! Et puis de qui elle parle, là ?

– Mais non, tu ne rêves pas ! Pas du tout ! Et il serait temps que tes neurones s'activent. Allez, hop ! Réaction, mon gars ! Mon temps est limité... LI-MI-TÉ ! Quand on a l'éternité devant soi, c'est quand même un comble, non ?... OK... je suis la seule à me trouver irrésistible...

– Je ne sais pas ce que t'as bu, mais t'en tiens une sévère, ma jolie... Ahaaaaa ! Mais c'est peut-être ça qui t'a amenée ici, hein ?! Je comprends mieux, maintenant ! Tu nous fais un bon petit coma, toi aussi... c'est ça ? Comme moi... Putain, on va finir à combien, là-dedans ?

– J'ai affaire à un vrai demeuré, ma parole ! C'est bien ma chance ! Ça va me prendre des plombes pour lui expliquer... et encore des plombes pour qu'il comprenne... Je ne suis pas dans le coma, je suis morte !

HEY ! Mais elle vient de me frapper ! Elle va se calmer, la pouf peroxydée !

Hein, quoi ?! Morte ?!? Putain, j'ai un macchabée qui me parle, maintenant... !

STELLA !

Oui, Stella va m'expliquer tout ça ! Calme-toi, Seb... Voilà ! Dès qu'elle revient...

Si elle revient... Je te rappelle que tu l'as foutue dehors.

CHAPITRE 20

Comme chaque dimanche depuis notre installation à Boston, nous prenons un brunch en famille dans un petit café du quartier. Unique moyen, simple mais efficace, que mes parents aient trouvé pour m'extirper de ma chambre, et unique tradition à laquelle je me soumets sans rechigner.

Le temps est froid, de lourds nuages assombrissent le ciel, précurseurs d'une nouvelle semaine sous la neige. Mon humeur n'est guère plus joyeuse… Je me demande comment vont Sebastian et ses parents. Quelques flocons nous accueillent à la sortie de l'établissement, et ma mère saute sur l'occasion pour proposer de me déposer en voiture chez Jenny. Je refuse en priant pour qu'ils n'aient pas l'idée fabuleuse de m'accompagner à pied…

– Non, ce n'est pas la peine, Mam. Jenny habite juste à quelques rues d'ici. Marcher me fera digérer un peu. Je suis à deux doigts d'exploser…

– Mais où est ton cadeau ? s'étonne mon père en fixant mes mains vides.

– Quoi ?

Merde, j'ai complètement oublié d'acheter un cadeau ! Mais à ma décharge, ce n'est pas vraiment un anniversaire comme les autres.

– Eh bien oui, un cadeau ! Tu n'offres rien à ton ami ? s'inquiète aussitôt ma mère, radar interne en alerte maximale. Je sais bien que les temps changent, mais quand même ! Il me semble que cela se pratique encore, de nos jours…

– Je ne le connais pas depuis assez longtemps, je n'ai pas su quoi acheter… Alors j'ai participé à l'achat d'un cadeau commun, éludé-je en m'éloignant, l'esprit toujours préoccupé par la pénible scène de la veille. De toute façon, dans son état, je suis certaine qu'il ne m'en voudra pas.

– Dans son état ?

– Oh, c'est juste une façon de parler ! lancé-je en accélérant le pas pour vite disparaître au coin de la rue et éviter de commettre une nouvelle bourde. À plus tard !

Un vent glacial souffle sur les ruelles du quartier, s'engouffrant entre les demeures anciennes aux jardinets frileusement accolés les uns aux autres. Je gagne l'arrêt de bus en toute hâte, me maudissant intérieurement pour mon manque de vigilance. Distraite et imprudente, je commence à faire l'amalgame de mes deux vies. Je nage en pleine confusion. Combien de jours, de semaines, de mois vais-je tenir ainsi ? Combien de temps mon histoire avec Sebastian va-t-elle supporter un tel rythme ?

J'ai tant de questions et si peu de réponses.

Une neige épaisse virevolte autour de moi quand je sors du bus, et je pique un sprint pour ne pas pénétrer dans le hall de l'hôpital trempée jusqu'aux os.

– Dépêche-toi, tu es la dernière ! me lance Jenny avec un sourire en se précipitant à ma rencontre. C'est au septième étage, chambre 25. Ses parents et sa sœur nous y attendent déjà.

– Allons-y ! beugle Brian en posant sa guitare sur l'épaule.

– Chut ! intervient Rebecca. On n'est pas au Cheers, fais gaffe !

Dans l'ascenseur, je me demande tout à coup ce que je fais avec eux. Tous connaissent Sebastian dans la réalité. Pas moi ! Ils sont des amis de longue date, leur présence aujourd'hui ne choquera personne. Mais que dire de la mienne ? Ce qui est une évidence pour Jenny et moi n'en sera certainement pas une pour sa famille… Arrivée devant la porte, je m'efface afin de les laisser entrer. Une fois qu'ils sont tous dans la pièce, je tente de refermer discrètement le battant derrière eux. Je me dis que j'ai encore le temps de faire marche arrière et les attendre en bas, mais Jenny revient sur ses pas et me force à les rejoindre. Il est trop tard, maintenant. Elle me présente déjà à la famille de Sebastian en insistant bien sur mon aide dans l'organisation de cet événement.

– C'est si gentil à vous d'avoir organisé son anniversaire. Cela nous touche beaucoup ! Je suis heureuse que mon fils soit entouré d'amis tels que vous. J'espère que tu te plairas à Boston, jeune fille, c'est une ville tellement agréable, termine Mme Logan en m'étouffant presque dans une accolade affectueuse.

– Merci beaucoup, Madame… murmuré-je en retour. Cheyenne n'est pas là… ?

– Pardon ?!

Oh merde… Mais je suis vraiment trop conne !

– Ah Ah Ah… Stella et sa passion pour les boxers… C'est moi qui lui ai parlé de Cheyenne. Allez, allez ! Il faut ouvrir les cadeaux ! intervient Jenny d'une voix stridente en la poussant vers le lit et en me foudroyant d'un regard stupéfait.

Pour la distraire, elle fourre dans ses mains le premier paquet qu'elle trouve, en lui conseillant de l'ouvrir avec précaution. Heureusement, cela suffit à lui faire oublier ma remarque inopportune…

J'essaie de me tenir le plus à l'écart possible, mais vu la taille de la chambre, ce n'est pas facile. Le père de Sebastian coupe des parts de gâteau avec une touchante maladresse, pendant que Brian joue un air country sur sa guitare. La mélodie couvre un temps le son régulier et déplaisant de la machine reliée à son ami. Je regrette à nouveau d'être là. J'ai mis les pieds dans une réunion qui ne m'est pas destinée. Je ne fais pas partie de la vie de ces gens, ni de celle de ce corps inerte, allongé sous les draps immaculés.

De plus en plus mal à l'aise, je lance un regard timide vers lui. Ce double silencieux me déstabilise terriblement. Ce n'est pas le garçon que je retrouve chaque nuit, avec qui je passe des heures à discuter, à rire ou à courir à travers la ville. Ce n'est pas ce garçon non plus qui déclenche des nuées d'étincelles chaque fois que sa main frôle la mienne. C'est juste un corps sans chaleur qui lui ressemble, mais ne fait pas réagir le mien. J'ai sous les yeux sa copie conforme, et pourtant… ce n'est qu'une enveloppe vide. Un étranger.

Qu'en sera-t-il quand il se réveillera ?

Une envie folle de rentrer chez moi pour le rejoindre de l'autre côté me dévore soudain, au point de me faire me lever de ma chaise isolée. Le besoin de le voir bien vivant devant moi – lancinant, douloureux – me fait grincer les dents. J'ai mal. Je ressens son absence comme jamais, c'est insoutenable !

Il faut que je parte !

Sebastian

– C'est bon, là ? T'as fini de me reluquer ou t'en veux un peu plus ? Je te rappelle que c'est toi qui as refusé de consommer la marchandise…

– Si je me souviens bien, Ever, c'est toi qui viens de passer une nuit entière à essayer de me séduire, non ? Tu me referas le coup de la sirène qui se trémousse devant moi, hein ? Tordant ! Et puis, comme dirait le coach : « C'est pas parce que je suis au régime que je peux pas baver devant le menu... »

C'est vraiment une drôle de fille, quand même... Je n'arrive toujours pas à la cerner ! On vient de passer des heures à discuter, à se raconter notre vie... et pourtant, je suis sûr qu'elle me cache encore un truc.

– Qu'est-ce que tu as ? On dirait que tu es sans arrêt sur le qui-vive, comme si quelque chose allait arriver ? Quelque chose ou quelqu'un...

– Tu n'as peut-être pas remarqué... c'est vrai que t'es pas mort, non plus. Ceci explique peut-être cela, mais c'est assez peuplé dans le coin. Pire qu'en boîte de nuit, je t'assure ! Et franchement, il y a des tronches qu'on n'a pas vraiment envie de croiser deux fois !

– De quoi tu parles ?

– Parfois, c'est un peu comme si tu débarquais dans un épisode de iZombie, American Horror Story ou The Walking Dead, mais en bien réel, pas du cinéma, quoi !

– Oh ! Ça craint ! Je... je...

– Ça te la coupe, hein ?! Mais t'inquiète, j'ai toujours voulu faire du cinéma en vrai. Et je t'assure que dans le registre Horror, je fais un carton ici ! Bon, assez rigolé... !

Assez rigolé ?! Bordel ! J'en reviens pas de ce qu'elle vient de me balancer.

– Tu n'oublieras pas, Sebastian ?!

Je suis scié ! Malgré tout ce qu'elle vient de m'apprendre, elle continue à penser à Stella. Au message qu'elle veut que je lui transmette...

– Tu lui diras, n'est-ce pas ?!

– Non, j'oublierai pas, Ever, t'inquiète. Oui, je lui dirai. Je vais aller faire un petit tour à l'hosto, maintenant. J'ai un message à transmettre et des bougies à souffler.

– Je sais, oui... Bon anniversaire, alors ! Il est temps pour moi de... retourner là-bas, tu sais... Tu as bien conscience d'avoir refusé un cadeau que la majorité des mecs supplierait à genoux de se voir offrir, hein ?! Il est encore temps de changer d'avis...

– C'est certain, t'es définitivement pas un ange... ! Tu pourras me tenter aussi longtemps que tu voudras, je ne céderai pas ! Mais ça va, je t'aime bien quand même... T'es pas non plus...

– Un démon ? Va savoir...

Et la voilà partie...

CHAPITRE 21

Depuis notre arrivée dans la chambre, Kelly m'examine sous toutes les coutures et sans la moindre discrétion. Trop – beaucoup trop à mon goût. Elle ne me quitte plus des yeux, et mon malaise de plus en plus évident semble l'intriguer au plus haut point. Je me dis qu'il serait judicieux pour moi d'aller rapidement faire un tour… mais elle ne m'en laisse pas l'opportunité et me bloque le passage de son bras tendu.

– Qui es-tu, en fait ? Et pourquoi es-tu venue aujourd'hui ? murmure-t-elle en se plantant devant moi. T'es nouvelle, apparemment… T'as donc jamais eu l'occasion de rencontrer mon frère ! Alors, pourquoi assister à l'anniversaire d'un inconnu plongé dans le coma ?

Que puis-je lui répondre ? Que son frère est loin d'être un inconnu pour moi et que je suis… amoureuse de lui ? Qu'à l'instant même, il est à n'en pas douter avec nous, en train de nous écouter et de hurler sa peine et sa frustration derrière un mur de verre ?

Elle me scrute avec inquiétude, et avec une certaine inimitié assez compréhensible, mais je discerne aussi dans ses yeux tant de douleur et de chagrin que j'en frissonne. Ai-je le droit de l'entraîner avec moi dans cette folie ? J'évolue sans cesse entre deux dimensions. Mais laquelle est réellement la mienne, la réalité ou la démence ? Le mensonge ou la vérité ? Kelly m'offre enfin l'occasion de savoir si toute cette histoire est bien réelle, ou simplement le fruit de mon cerveau dérangé, détraqué.

– Alors ?! insiste-t-elle. À moins que tu n'aies l'esprit particulièrement morbide et tordu, je ne vois pas ce que tu fais là. Donc, je vais te demander de respecter ma famille et de dégager… ou va falloir me donner une bonne raison de ne pas te foutre dehors.

Je ne l'écoute plus, les questions fusent dans mon esprit mais aucune réponse ne vient me soulager… Je ne sais que dire, que faire. Sebastian est-il juste un substitut pour soulager ma souffrance depuis la perte d'Ever ? Une simple hallucination causée par trop de remords ? Et si c'est le cas, suis-je assez courageuse pour affronter la vérité ?

Je déglutis péniblement et prends ma décision.

– Si je t'annonçais que je connais très bien ton frère, au contraire… soufflé-je d'une voix à peine audible, afin qu'elle seule saisisse mes paroles. Que des liens très profonds nous unissent, en fait. Que chaque nuit, je le retrouve dans une autre dimension, parallèle mais identique à la nôtre. Me croirais-tu, Kelly ? Je ne peux t'expliquer comment ni pourquoi, mais je te jure que c'est la vérité… et l'unique raison de ma présence ici.

– Ben voyons ! Je crois que tu ferais mieux de t'en aller…

– OK… Et si j'ajoute que *Petit Bouchon* manque énormément à son grand frère ? Me demanderas-tu toujours de partir ?

Personne d'autre que Sebastian ne l'a jamais appelée ainsi, et il m'a assuré qu'il ne le faisait que lorsqu'ils étaient seuls. Personne à part lui ne connaît ce surnom, personne… sauf moi. Je vais enfin savoir si ce que je vis chaque nuit avec lui est bien réel ou juste une merveilleuse mais démentielle chimère. Je suis si proche de connaître la vérité que je me sens faiblir et m'accroupis. Terrifiée au-delà des mots, je relève lentement la tête avec espoir, et le regard océan de Kelly me transperce. Elle fronce les sourcils, se demandant à coup sûr si je me paye sa tête ou si je suis simplement bonne à enfermer, son esprit refuse encore d'accepter l'espérance que je lui offre…

– Tu es en train de me dire que mon frère… *Elle jette un rapide coup d'œil vers le lit où repose Sebastian, avant de reprendre :* ... que mon frère et toi, vous vous retrouvez toutes les nuits dans une autre dimension ? Et je suis censée croire une histoire pareille sans hurler ni te faire enfermer à l'étage des psychopathes ?

– Tu n'es pas obligée de me croire, rétorqué-je en soutenant son regard, mais c'est la seule réponse que j'ai à t'offrir. Comment expliques-tu que je connaisse ton surnom, si tout cela n'est que pure invention de ma part ?

– J'en sais rien, je… réplique-t-elle brusquement avant de se taire.

De toute évidence, elle lutte avec acharnement entre raison et fol espoir. Je vois défiler dans l'encre bleue de ses yeux tant de sentiments contradictoires. Elle n'est pas la seule à douter. De sa réponse dépend mon bonheur, ma vie… la réalité – ou non – de ce qui me permet d'affronter chaque lever du jour depuis quelques semaines.

Ai-je tout imaginé ? Tout inventé ?

Totalement inconsciente de la torture qu'elle m'inflige, elle reste sans dire un mot encore un long moment… qui me semble ne jamais devoir prendre fin. Je sais que je ne dois pas la brusquer.

Surtout, la laisser faire son chemin vers la vérité, seule…

– C'est que… murmure-t-elle en s'agenouillant à mes côtés.

L'ombre quitte peu à peu son visage tandis que je me lance dans la description de leur appartement, de leurs terribles soirées de solitude et lui assure qu'effectivement Cheyenne n'est en rien responsable du désordre qui régnait hier dans la chambre de son frère. Sa main délicate et légère se pose enfin sur la mienne.

– C'est un code entre nous, tu sais… *Petit Bouchon*, bredouille-t-elle, le visage illuminé. Stella, dis-lui que je veux qu'il revienne ! J'ai tant besoin de lui.

Alors c'est vrai ?! Tout cela est vrai ! La surprise est si forte que j'ai peur de défaillir. Je ne suis pas folle ! Dans une autre dimension, Sebastian existe bel et bien.

– Il est sans doute avec nous en ce moment, tu sais. Et si c'est le cas, alors il t'a entendue. Il est avec vous depuis le début, chaque jour ! Il vous regarde supporter tout ça et essaye de vous contacter.

– Je t'aime, Sebastian, murmure-t-elle.

Sebastian

Moi aussi, je t'aime mon petit bouchon... Je donnerais tout, tout, pour pouvoir te le dire, te le crier, là, maintenant, tout de suite... je donnerais tout pour te le dire encore une fois... même rien qu'une seule fois... une seule putain de fois ! Je n'avais jamais pensé à la mort avant... jamais pensé que tout pouvait disparaître d'un seul coup... qu'à un moment, on est là, et la seconde d'après... on plonge dans le néant... là où plus personne ne nous entend, ne nous voit... Non, j'avais jamais pensé à tout ça, et encore moins à la terreur que je ressens en ce moment... Je n'avais jamais pensé que je pouvais mourir... dans une seconde ou même une heure... là, maintenant...

Mais surtout, je n'avais jamais pensé que si je meurs... toi aussi, tu meurs un peu.

Attends... Faut que je trouve un moyen... vite ! Elle doit savoir ! Réfléchis, Sebastian, réfléchis !

OUI ! L'éosine, dans la salle de bains... Je n'ai jamais compris à quoi servait ce truc dégueu ! Mais là, c'est exactement ce qu'il me faut !

Voilà... Allez, Seb, tu sais faire le con avec des bouquins et des coussins, alors tu ne vas pas flancher sur un truc aussi important.

ÇA Y EST ! J'suis trop fort... Approche, mon petit bouchon... Donne ta main... Je t'aime, petite sœur ♥ je suis là...

Et un miracle se produit… Au dos de la main de Kelly, toujours posée sur la mienne, se dessine lentement un petit cœur rouge : la réponse de son grand frère. La respiration coupée, elle tremble et se met à sangloter en serrant mes doigts à les briser, sans doute pour me remercier. Je passe mon bras autour de ses épaules et l'attire vers moi. Mme Logan se précipite auprès de nous.

– Quelque chose ne va pas, chérie ? s'inquiète-t-elle, sans comprendre l'émoi si soudain de sa fille cadette.

– C'est rien, Maman, tout va bien. Sebastian me manque tellement… Heureusement, Stella est là ! Ne t'en fais pas, ça ira. Je t'aime, tu sais ?!

– Moi aussi, ma chérie. Il nous manque terriblement… à tous.

– Et moi, je sais que bientôt, tout sera comme avant, reprend la jeune fille en m'offrant un regard chargé de reconnaissance et… de confiance ?

Brusquement, sous ce flot d'espoir qui s'échappe de ses yeux, je prends conscience que mon discours peut l'avoir induite en erreur, et sans doute l'ai-je amenée à croire à la guérison certaine de son frère, alors que je n'en sais strictement rien. Même s'il y a eu ces derniers temps des signes encourageants, j'ignore totalement si Sebastian sortira du coma un jour ou l'autre, et encore moins dans quel état il sera à son réveil. Et soudain, je me demande si mes confidences ne risquent pas de lui faire plus de mal que de bien, si jamais…

– On l'espère tous, murmure sa mère.

– Ce n'est pas juste un espoir, Maman ! insiste Kelly. J'en suis certaine, et Stella aussi.

Sa mère me dévisage avec curiosité. Très mal à l'aise, je me redresse en essuyant mes paumes moites sur mon jean. Après quelques secondes à caresser le dos de sa main, Kelly fait de même. Jenny arrive et tend à chacune de nous une assiette du délicieux gâteau au chocolat. J'ai les jambes en coton, mon cœur est sens dessus dessous. Kelly reste près de moi sans prononcer un mot de plus. Ma main recouvre la sienne. Le cœur de Sebastian bat entre nous deux.

Il est bientôt l'heure de la fin des visites, l'infirmière nous demande de quitter la chambre. Chacun se dirige vers Sebastian. Brian se contente d'une tape sur l'épaule et lui souffle d'une voix un peu étranglée qu'il ne cesse d'espérer son retour. Mark se penche sur lui, mais personne n'entend ce qu'il murmure à son oreille. Rebecca embrasse sa main en pleurant.

– Je t'attends de pied ferme, vieux frère, alors tu ne me laisses pas tomber ! dit simplement Jenny, en faisant claquer un baiser sonore sur son front.

Incapable de bouger, je l'observe de loin, immobile et tellement absent sur ce lit d'hôpital. Kelly me presse la main et me tire jusqu'à lui. Ses yeux sont clos, et sa respiration, lente et régulière. Je reconnais le grain de sa peau, sa bouche… une douce chaleur effleure soudain mon bras, remonte vers mon épaule pour finir dans mon cou. Je frémis. Il est là, avec moi. Alors, lentement, je me penche sur lui. Pour m'encourager, sa sœur serre ma main avec force, et je pose mes lèvres sur celles de Sebastian. Je les imaginais froides, alors qu'elles sont tièdes et douces.

Je vais ouvrir les yeux sous l'effet de la surprise, quand je sombre dans les ténèbres…

Sebastian

Cette chaleur... je n'ai plus froid, tout à coup ! Et la lumière... CETTE lumière... Qu'est-ce que c'est ?! Elle me fait mal aux yeux...

J'entends du bruit autour de moi... des murmures, des voix... des gens qui courent et une porte qui ne cesse de claquer !

J'ai mal à la tête... Il ne faut pas que j'oublie EVER ! Je ne dois pas oublier de dire...

Mais pourquoi je n'arrive pas à ouvrir les yeux ? J'ai l'impression que mes paupières sont collées. Oh, et puis ma gorge me fait mal...

Allez, il faut que j'ouvre les yeux... j'ai besoin de voir où je suis...

C'est quoi, cette odeur ? Ça fait un bail que je n'ai plus senti la moindre odeur... mais celle-là, je ne l'aime pas ! MERDE, ça sent l'hosto... Qu'est-ce que je fous à l'hosto ?!

Je sens aussi autre chose... on dirait... on dirait... Le nouveau parfum de Petit Bouchon ! Tu es là, toi aussi ?!

Merde ! Attends... tout s'efface derrière moi... Nooon, Stella ! Reste avec moi...

Stella ? Non, c'est Ever... Voilà, ne surtout pas oublier Ever !

Ever, mon ange et son étoile filante...

CHAPITRE 22

– Stella ? Stella… m'appelle avec angoisse et insistance la voix lointaine de Jenny.

– Donnez-lui un peu d'eau ! Ça y est, la Belle au bois dormant revient parmi nous…

J'ouvre à nouveau les yeux. La chambre a disparu… Sebastian a disparu…

On me tend un verre d'eau fraîche que j'avale d'un trait tant ma gorge est desséchée. Je ne suis plus dans la chambre, mais tous mes amis m'entourent. Chacun s'explique, raconte sa version de ma petite aventure. Retrouvant lentement mes esprits, et dans la cacophonie la plus totale, je finis par saisir qu'au moment où j'ai embrassé Sebastian, je me suis évanouie.

Décidément, je n'en rate pas une !

– Tu nous as joué la Belle au bois dormant à l'envers ! s'esclaffe Brian.

– En tout cas, intervient Jenny d'un air soucieux, un soupçon de reproche dans la voix, une alarme s'est déclenchée au même moment, et les infirmières nous ont fait sortir en catastrophe. Elles ont eu peur que, dans ta chute, tu ne l'aies débranché.

– Oh non ! Il va bien ?!

– Pour le moment, on n'a pas de nouvelles, on attend. Toi, comment tu te sens, maintenant ?

– Super ! Je suis tombée dans les vapes au moment où j'embrassais Sebastian. Et comme si son état n'était pas assez préoccupant, j'ai failli le tuer pour de bon. À part ça, tout va bien !

– Allez, c'est pas ta faute ! dit Brian avec gentillesse.

– Même moi, je n'ai pas pu le toucher, alors toi qui ne le connais pas… T'aurais peut-être pas dû te forcer, lance Mark. Ça t'a fait un choc, c'est évident ! Mais pour ne pas te laisser sur une mauvaise impression, je suis tout disposé à effacer ce désastreux souvenir de tes lèvres, si tu veux… ajoute-t-il en s'approchant de moi.

– La ferme, Mark ! le sermonne Jenny. T'es lourd, des fois…

– C'est vrai que de le voir ainsi, c'est flippant, en rajoute pourtant Rebecca. On dirait qu'il est déjà mort.

– Si c'est pour débiter de telles conneries, rétorque Jenny, boucle-la toi aussi !

Une infirmière sort de la chambre et se dirige vers nous. Nos regards inquiets convergent vers elle d'un même élan. Mon cœur fait un bond terrible dans ma poitrine. Je scrute son visage avec attention à la recherche d'un signe quelconque de mauvaise nouvelle. Mais en bonne professionnelle, elle reste totalement impassible en s'adressant à nous.

– Comment va la jeune fille qui s'est évanouie ?

– Bien, affirmé-je, morte de honte et d'angoisse. Et Sebastian ? J'espère que je n'ai pas fait de dégâts ?

– Non, ne te tracasse pas. Il se porte très bien.

– Tant mieux. Je m'en serais voulu toute ma vie.

– Oh, mais tu n'as pas à t'en vouloir, bien au contraire ! Tu viens d'accomplir un miracle, jeune demoiselle, poursuit-elle avec le sourire. Je vous épargnerai les détails techniques, mais votre ami vient de sortir du coma… Il est en état de conscience minimale et sera débranché d'ici quelques minutes de toutes les assistances qui lui étaient jusqu'ici indispensa…

– GÉANT ! beugle Brian en lui coupant la parole et en enlaçant Jenny qu'il entraîne dans une gigue déjantée.

– Il faut que je prévienne Alexandra ! s'exclame Rebecca avant de filer en sortant son téléphone.

– Attention, les jeunes, ne vous emballez pas ! Il n'est pas encore tout à fait réveillé et ne peut pas encore communiquer. Il va devoir subir de nombreux examens, reprend l'infirmière en tentant de nous calmer. Mais nous avons maintenant bon espoir qu'il se rétablisse totalement. Nous en saurons plus dans les prochains jours. En attendant, rentrez chez vous. Sa famille vous donnera de ses nouvelles.

Je suis abasourdie. Jenny, qui jusque-là ne pipait mot, pousse un énorme cri de joie et nous fait tous sursauter. Les garçons explosent de rire. Moi aussi. Nous sommes toujours dans le couloir à nous réjouir, quand Rebecca réapparaît, un sourire éclatant sur le visage.

– J'ai prévenu tout le monde, dit-elle, excitée comme une puce. Alexandra est absolument folle de bonheur.

Là, d'un coup, c'est un peu trop ! Je n'en reviens pas ! On s'en fout de cette garce, c'est quoi cette fixette qu'elle nous fait, Rebecca… ?!

Tout le monde se met à parler en même temps. Je n'écoute plus, trop occupée à me torturer l'esprit afin de deviner pourquoi Miss Popularité est censée être tellement contente. Je ne sais pas si Sebastian avait une petite amie avant son coma, mais penser qu'il puisse sortir avec cette pétasse – ou toute autre fille, d'ailleurs – m'emplit de jalousie. Je chasse vite cette pensée désagréable. Je ne veux garder que la sensation délicieuse qui m'envahit.

Mon corps tout entier déborde de bonheur.

Sebastian est vivant. Il va retrouver sa famille.

Ses amis.

Moi… ?

CHAPITRE 23

Pour la seconde fois en moins de dix jours, je me retrouve dans l'ascenseur du Massachusetts General Hospital de Boston. Mais aujourd'hui, tout est différent. Les nuages gris s'en sont allés. Un radieux soleil d'hiver illumine les immenses verrières du hall d'entrée. Une angoisse terrible me tenaille depuis le réveil miraculeux de Sebastian : qu'il ne se souvienne de rien. J'ai peur que notre histoire ne reste enfouie à jamais dans l'abîme de son coma.

Jenny m'attend devant la chambre en trépignant d'impatience. Dès que j'émerge de la cabine d'ascenseur, elle se rue à ma rencontre et me lance :

– Te voilà enfin ! Il était temps… Les infirmières m'ont à la bonne, mais tu n'as qu'une heure, pas plus.

Soixante minutes qui vont décider de la suite de mon existence. Trois mille six cents secondes qui feront de la suite de mon histoire avec Sebastian un horrible cauchemar ou une magnifique évidence.

– Je fais le guet, alors ne t'inquiète surtout pas, continue-t-elle, souriante. Personne n'entrera et ne vous dérangera.

– Il se souvient de quelque chose… de moi ?

Ça me taraude tellement depuis sa sortie du coma, que j'en ai perdu le sommeil. Mais forcément, personne n'a pu me répondre jusqu'ici. Du matin au soir, cette question tourne en boucle dans ma tête, comme le refrain d'une mauvaise rengaine populaire. Et ne parlons pas de ce trou béant qui succède à mes interminables journées… Ces nuits glaciales, désespérément vides, où chaque seconde semble durer une heure, où chaque heure est une éternité… sans lui, sans VA – pour aller où ? Dire que je suis impatiente de connaître la réponse à cette insoutenable question est un doux euphémisme.

– Tu sais, répond Jenny en gloussant, la sécurité autour de notre cher ami, c'est pire que celle de P.O.T.U.S. Même moi, je n'ai pas pu obtenir la moindre seconde en privé avec lui. Tu vas être la première à le voir seul… Petite veinarde !

– Je crois que je vais vomir…

– Ah non ! Retiens-toi, reprend-elle d'une voix ferme en me poussant vers la porte de la chambre. Allez, courage !

Mon imperceptible merci se perd dans le claquement sec du battant qui se referme brusquement derrière moi. Le bruit sort Sebastian du demi-sommeil dans lequel il semblait plongé.

Oh ciel… l'océan de ce regard ! Comme il m'a manqué…

Lentement, il se relève sur son lit et me dévisage, tout d'abord surpris, puis avec un intérêt manifeste. J'essaie de trouver dans son expression l'émergence d'un souvenir, l'apparition de cet éclat qui illuminait son regard dès que j'entrais dans son salon. J'hésite encore un instant, prête à faire demi-tour et à m'enfuir comme la sauvage que je suis. Finalement, j'inspire un bon coup. C'est maintenant ou jamais ! Mes yeux soudés aux siens, j'avance vers son lit sans dire un mot. De toute façon, ma gorge est bien trop serrée pour me permettre d'émettre le moindre son. J'enlève ma doudoune et la dépose à tâtons sur une chaise derrière moi.

C'est la première fois que je le rencontre dans cette dimension, vivant et réveillé. Est-il différent de mon Sebastian, l'ange de mes nuits ? Sa chemise de pyjama, à demi ouverte sur son torse, laisse entrevoir sous sa peau les muscles puissants que je connais si bien. Pas un gramme de graisse. Sa mâchoire est carrée, ses pommettes saillantes… Oh merde ! Ces lèvres pleines et ces yeux bleus, si profonds, si intenses… C'est bien lui, oui ! Mais moi, qui suis-je pour lui ?

Son regard appréciateur glisse lentement sur mon corps, provoquant le frisson de plaisir qu'il a toujours déclenché en moi.

– Salut ! J'attendais plutôt Jenny – sûrement en retard, comme d'hab – mais là… j'avoue que pour une fois, ça me dérange pas plus que ça…

Et en plus, il a une voix à tomber. Différente de celle que je connais, mais trooop sexy ! Ce mec est une bombe à atomiser toute la population féminine de Boston. J'ai longtemps redouté de le trouver moins séduisant, moins envoûtant dans le monde réel. Mais son charisme est exactement le même. Non ! En fait, on est ici sur la base de MON Sebastian puissance dix. Un vrai désastre. Forcément, j'en perds tous mes moyens. J'ai chaud. Je frissonne et serre la mâchoire pour empêcher mes dents de claquer. Mes mains tremblent. Je ferme les poings pour garder le contrôle. Ici, comme dans notre dimension, je suis définitivement, indéfectiblement conquise.

– Ça va ? finit-il par s'inquiéter.

Nous sommes à nouveau reliés par ce fil invisible. Une atmosphère sensuelle règne dans la pièce. Je perçois son désir, tandis que le mien m'a déjà complètement submergée. Du coup, je ne sais que répondre… Est-ce que ça va ?

– On se connaît ? reprend-il devant ma persistance à le fixer sans répondre à ses questions.

Et là, j'entends le bruit étourdissant que fait mon cœur en éclatant en mille morceaux.

Il ne se souvient pas de notre histoire.

En moi se mélangent la colère, la déception et ma fierté piétinée. Inconscient de la douleur qui me déchire la poitrine à cause de sa meurtrière interrogation, et avec un sourire à couper le souffle, il m'encourage, en tapotant le lit, à venir m'installer à ses côtés. Il ne manque pas d'air ! Avec un air de défi, je m'installe sur la chaise la plus éloignée dans la pièce. Je vois l'étonnement se peindre sur son visage quand il rencontre mon regard assombri par la colère et le désespoir. Il n'a sans doute pas l'habitude d'essuyer un tel refus ni de provoquer de tels sentiments, et l'idée que toutes les filles de la ville auraient sans doute béatement obtempéré me contrarie encore un peu plus.

– Bon… Que tu souries ou non, tente-t-il tout bas, tu es magnifique… Même si on ne se connaît pas, j'ai très envie de réparer cette erreur.

Non mais je rêve, il me drague ! J'en suis complètement déboussolée. Je dois me ressaisir, et vite ! Pourtant mon esprit s'égare encore, victime du plaisir que mon corps – ce traître – éprouve avec délice.

– Je vais finir par croire que tu es muette, continue-t-il avec un clin d'œil coquin – ultime technique de drague du beau gosse bostonien ? Cela dit, je suis prêt à utiliser le langage des signes, s'il le faut.

– Je ne suis pas muette, non. Si ce n'est de stupéfaction… répliqué-je d'une voix aussi impersonnelle que possible, reprenant enfin un peu de contrôle et me rapprochant de lui. Et oui, pour répondre à ta première question, on se connaît.

– Ah… Brian nous a présentés, ou Jenny… ? Je suis désolé, ça doit être vexant, bien sûr ! Je ne me souviens plus, pardonne-moi, admet-il dans un souffle qui caresse ma peau fiévreuse. J'ai pris un sacré coup derrière la tête, tu sais, et…

– Non ! Arrête, tu ne peux pas avoir tout oublié ! Tu avais promis que tu n'oublierais pas… Fais un effort, s'il te plaît.

Envolée, ma belle assurance… Nous ne sommes plus qu'à quelques centimètres l'un de l'autre. Son parfum est délicieux, musqué et légèrement mentholé. Je tressaille violemment, c'est le même… Un désir, palpable et puissant, s'immisce entre nous. J'ai la conviction que nous ressentons tous les deux cet instant unique et magique. Je le devine dans ses yeux brillants, sur sa peau qui tressaille et dans son souffle, chaud et saccadé. Son corps se souvient de ce qu'il a vécu et que son esprit a oublié… C'est incroyable !

– Quelque chose me revient ! dit-il soudain, le visage illuminé.

– Oui, dis-je avec confiance. Oui, tu vas retrouver le chemin…

Il sent maintenant combien la réponse est cruciale pour moi. Je le lis dans la concentration qui imprègne ses traits merveilleux. Il fouille et explore le trou noir laissé dans son esprit par le coma. J'attends en silence et espère de tout mon cœur qu'il m'y retrouve.

– Un prénom passe en boucle dans ma tête.

Je suis si impatiente de l'entendre que mon corps frissonne par anticipation. Mes mains se serrent sur son drap, je suis prête…

– Lequel ? Quel prénom...

CHAPITRE 24

Il y a certains moments dans la vie où le temps semble s'arrêter. Comme si chaque seconde refusait de basculer vers la suivante et s'étirait… s'étirait à l'infini.

– Je t'écoute, insisté-je, persuadée que les souvenirs remontent enfin à la surface.

– Ever… murmure-t-il. C'est toi ? ajoute-t-il, plein d'espoir.

Je suis anéantie… EVER ?!

Soixante minutes réduites à néant par ces quatre lettres. Trois mille six cents secondes explosées en plein vol par ces quatre maudites petites lettres. Mon cœur – pulvérisé, meurtri une fois encore alors qu'il était prêt à revivre avec lui – s'arrête quelques secondes… et refuse de redémarrer. Il ne se souvient que d'*ELLE ?*!

– Non, soufflé-je, la voix brisée et l'impression d'avoir reçu un uppercut en pleine poitrine. C'était ma… meilleure amie. Elle est morte.

– Je vous connaissais ? demande-t-il, stupéfait et vaguement inquiet de la tournure plutôt morbide que prend la conversation.

– Ni l'une ni l'autre. Tu ne nous as jamais rencontrées… avant ton coma.

– Je sais que j'ai encore la tête dans le coton, reprend-il, de plus en plus mal à l'aise. Mais là, je ne comprends pas. Je vous ai connues… pendant mon coma ?

Il s'est redressé, le lien est définitivement rompu. Il était juste là, derrière ce damné miroir et… je l'ai perdu. Je dois maintenant décider si, oui ou non, je m'humilie plus encore en lui fournissant des explications auxquelles il ne croira probablement pas. J'inspire un grand bol d'air aseptisé et me lance, brûlante de ce dernier espoir… celui de faire éclater la barrière ténue qui retient sa mémoire dans notre dimension.

– J'ai la capacité de voyager hors de mon corps, commencé-je brusquement, bien décidée à en finir au plus vite. Ce qui me permet de me projeter partout où je le souhaite.

– Sortir de ton corps ! sursaute-t-il en se reculant un peu dans son lit.

OK... ça commence plutôt mal !

Ses yeux parcourent la chambre avec inquiétude – à la recherche d'une caméra cachée, peut-être ? Je jette un coup d'œil sur l'alarme qui se trouve à sa droite, en me demandant combien de temps il me reste avant qu'il ne la déclenche. Il n'esquisse aucun mouvement. J'en conclus qu'il ne me considère pas comme trop dangereuse, pour le moment. Je tente, le plus rationnellement possible, de lui expliquer le principe des VA et notre rencontre. Il semble passionné par mon histoire, suspendu à mes lèvres.

– À quel point étions-nous proches ? m'interrompt-il avec un intérêt surprenant, alors que je termine juste le récit de notre deuxième rencontre.

Il est encore temps de faire marche arrière et de ne pas totalement passer pour une dingue irrécupérable à ses yeux. Mais sans doute suis-je masochiste, car je réponds sans le quitter des yeux :

– Au point de désirer ardemment s'embrasser, voire plus…

Son visage reste impassible quelques secondes encore, comme s'il avait du mal à assimiler toutes les informations que je viens de lui donner. Puis un sourire très léger se dessine sur ses lèvres parfaites, et sa fossette se creuse. Il se penche de nouveau vers moi et me prend les mains avec tendresse.

– Je suis désolé, mais la mémoire me fait complètement défaut. Je ne me souviens… ni de toi ni de notre histoire. Et pourtant, j'aimerais beaucoup. C'est vraiment une très belle histoire…

Il semble sincère, et manifestement, très embarrassé aussi. Normal… Comment gérer de façon rationnelle une rupture avec une nana dont on n'a aucun souvenir… ? Il y a de quoi être perturbé.

– Si j'ai bien saisi, reprend-il, beaucoup plus souriant, à ton arrivée au bahut, tu as fait une fixette sur moi parce que tu ne pouvais pas t'asseoir à ma place. Tu es partie à ma recherche en te téléportant – je ne sais trop comment, j'ai encore du mal à visualiser ton moyen de transport. Pendant que moi, j'étais coincé dans une autre dimension, à errer comme un… Bref ! Et nous sommes devenus très proches – remarque, rien d'incroyable à ça, là-bas ou ici, tu es vraiment craquante. C'est un bon résumé, ou il manque quelque chose ?

– Laisse tomber ! Dit comme ça, forcément, on croit juste que je suis frappadingue.

– Non, non ! Pardon si je t'ai blessée… Écoute ! Tu es bouleversée par la mort de ton amie, s'excuse-t-il en me prenant à nouveau la main avec gentillesse. Tu as sans doute une imagination débordante, ce que je trouve plutôt sympa, mais qui, alliée au stress depuis ton accident, te joue parfois des tours…

Sa main posée sur la mienne ne pétille pas… et étonnamment, cela me rend plus triste encore que ses paroles. Il m'adresse un clin d'œil complice. Est-ce pour me signifier qu'il ne m'en veut pas ou juste pour essayer de me calmer ? Peu importe, finalement, la seule chose à retenir est qu'il ne me croit pas. Et qu'il m'a oubliée, qu'il NOUS a oubliés…

– Ce que je ne m'explique pas, dit-il soudainement, c'est pourquoi je me souviens d'un prénom qu'aucune de mes amies ne porte.

– Moi, j'ai malheureusement peur de comprendre…

Quelque part entre notre dimension et celle-ci, notre amour s'est volatilisé. Sa seule réminiscence de cette période, ce sont ces damnées quatre lettres de l'alphabet. *EVER*. Je ressens tout à coup tant de rancœur à son encontre. Elle est morte – MORTE –, et pourtant, elle arrive, encore et toujours, à être la première ! Je me lève avec précipitation et ajoute sans même réfléchir :

– Embrasse *Petit Bouchon* pour moi, tu veux bien ?

– Qu… qui ? Personne, pas même mes parents, ne connaît ce surnom, dit-il en se redressant, sidéré. Comment l'as-tu appris ? Par ma sœur ?

– Non, c'est toi qui me l'as confié. Dans mon petit monde imaginaire…

Il est ébranlé, sous le choc. Mais il est trop tard… Il ne conserve aucune trace de moi, pas même la plus infime, dans son cœur et dans sa mémoire. De mon côté, j'ai encore juste assez de fierté pour ne pas m'effondrer devant lui.

Avant qu'il ne reprenne ses esprits, je récupère ma doudoune, lui souhaite un prompt rétablissement et déguerpis.

À l'instant où la porte se referme derrière moi, je m'écroule sur le sol, le corps secoué de longs sanglots douloureux. Jenny se précipite et m'aide à me relever.

– Viens ! Ce n'est pas le moment de croiser quelqu'un qu'on connaît…

Sebastian

Bordel, c'était quoi, ça !? C'était qui, cette fille ?!

J'ai peut-être de la fièvre et... Non, mon front est froid. Bien froid.

Je ne connais même pas son prénom... Ma belle visiteuse inconnue... et son histoire de dingue ! Je suis peut-être au même étage que les malades mentaux ? Elle s'est peut-être enfuie du service où elle était hospitalisée... Ouais, ça doit être un truc comme ça...

Ah oui, mais du coup... je fais quoi de Petit Bouchon ?! Comment est-ce qu'elle peut connaître le surnom que je donne à Kelly ? COMMENT ?!

D'un autre côté, c'est peut-être moi qui hallucine... avec tous leurs médocs, c'est peut-être juste un effet secondaire de mon traitement... peut-être.

Rhaaaaa, y a quelque chose qui me perturbe, mais je n'arrive plus à me souvenir...

Je suis crevé... Faut que je dorme un peu, et après, ça va me revenir...

CHAPITRE 25

Les joues humides, je suis Jenny comme un automate, hoquetant à travers les couloirs de l'hôpital. Nous gagnons rapidement le grand hall et traversons au pas de course le parc qui borde l'établissement, rayonnant des éclats du soleil sur la glace. Je ne vois rien de toute cette splendeur, un hiver sombre a déteint sur mon cœur de ses mornes couleurs. Hélant un taxi, Jenny me prend gentiment par la main et me guide telle une enfant docile. Elle donne son adresse au chauffeur, qui démarre au quart de tour. Des pensées malsaines infiltrent mon esprit. Quatre lettres…

– Ever, marmonné-je.

– Je sais, tu aimerais qu'elle soit là en ce moment… acquiesce mon amie avec douceur. Mais je ne te lâche pas. Courage ! On va parler de tout ça au calme, et on trouvera une solution.

Je réprime un rire nerveux. Elle se méprend totalement sur le sens de mes paroles, mais comment pourrait-elle savoir ? Depuis ma rencontre avec Ever, je n'ai jamais cessé d'admirer son audace.

J'ai envié cette certitude qu'elle avait de pouvoir toujours tout obtenir. Ever était un soleil fait pour briller, éblouir et séduire.

Qui je veux, ce que je veux, quand je veux ! Telle était sa devise.

J'ai vécu dans son ombre durant toute mon adolescence. Il ne pouvait y avoir deux astres dans le ciel de notre amitié, et cela nous convenait parfaitement à toutes deux. Elle possédait une grâce et un charme que peu de personnes détiennent. On ne pouvait rien lui refuser. Et si, parfois, elle outrepassait les limites, elle s'en fichait royalement car le pardon lui était toujours accordé. Ever pouvait tout me demander, et je lui avais toujours tout donné. Parfois à contrecœur, mais je succombais à tous les coups.

Alors aujourd'hui, je maudis le destin et Ever du sale tour qu'ils viennent de me jouer. Il a suffi qu'elle pointe le joli bout de son nez pour qu'aussitôt je passe à la trappe. Je suis devenue invisible. En un claquement de doigts, j'ai réintégré ma place : la seconde ! Un petit satellite noyé parmi tant d'autres… J'ai un sourire amer au souvenir d'un cours de géopolitique durant lequel l'enseignant nous avait expliqué qu'un État satellite est un État sous l'influence d'un autre. Facile de deviner dans mes rapports avec Ever qui était sous l'influence de l'autre. J'avais accepté cette situation de son vivant… enfin, je crois… ou du moins, j'avais essayé. Parce que, si je dois être tout à fait honnête avec moi-même, il y avait bien des fois où je l'enviais, où j'aurais voulu être à sa place. La première ! OK, pas tous les jours, peut-être, mais de temps en temps… Comment pouvais-je autant l'aimer et, paradoxalement, à certains moments, ne plus pouvoir l'encadrer ? J'avoue qu'avec sa mort, j'ai cru être enfin libérée de cette emprise… et dans ces moments-là, c'est moi que je déteste, que je ne supporte plus…

Le taxi s'arrête devant le domicile de Jenny qui règle la course et me prend à nouveau par la main sans un mot. Elle me conduit directement dans sa chambre.

– Détends-toi pendant que je te prépare une tisane, dit-elle avec douceur après m'avoir aidée à m'étendre sur son lit. Ce ne sera pas long.

Quelques minutes plus tard, elle réapparaît, toujours aussi douce et souriante, tenant entre ses mains le mug rose le plus girly de la planète, qui dégage une délicieuse odeur fruitée. J'avale à petites gorgées le succulent breuvage.

– Merci.

– Je pense que je vais appeler tes parents et leur annoncer que tu passes la nuit chez moi.

– Je ne voudrais pas que ça te pose de problèmes.

– Aucun, m'assure-t-elle.

– Alors, c'est d'accord.

Je suis épatée par la façon dont elle présente les choses et passe haut la main le barrage ultra-suspicieux de ma mère. Elle lui sert l'excuse classique de la soirée pyjama improvisée à la sortie des cours, et Mam, finalement bien trop heureuse de me savoir ailleurs que dans ma chambre, accepte avec plaisir. Je souris à travers mes larmes quand mon amie lui demande si elle désire me parler, bien que j'aie les mains dans la farine car en pleine préparation de la pâte à crêpes. Comme Jenny s'y attendait, ma mère refuse avec empressement, et elle raccroche, non sans avoir promis de venir passer un prochain week-end à la maison.

– Ne flippe pas ! Les crêpes, c'était juste pour le fun, affirme-t-elle d'un air enjoué. Ce soir, ce sera pizza, si tu es d'accord !

– J'admire la prouesse verbale à laquelle je viens d'assister, avoué-je avec reconnaissance, avant d'étouffer un énorme bâillement. Tu as mis quoi dans ta tisane… ? J'ai un méga coup de pompe.

– Rien de méchant, c'est promis ! Simplement des plantes, des fruits et des fleurs. C'est une recette qui est dans ma famille depuis des générations et que je maîtrise depuis que je suis toute petite.

– Ça fait un effet bœuf. J'ai une envie de dormir…

– C'est le but. Surtout ne lutte pas. Au réveil, tu devrais te sentir bien mieux – si je ne me suis pas plantée dans le dosage… réplique Jenny en pouffant.

***

Quand j'ouvre à nouveau les yeux, la nuit est tombée et d'apaisantes notes de piano s'envolent à travers la chambre. Assise dans un fauteuil de cuir marron tout élimé, les genoux repliés sous elle et grignotant un biscuit, mon amie dessine sur son carnet.

– Il faudra me donner ta recette, dis-je en m'étirant comme un chat. Ta tisane est absolument fabuleuse.

– Impossible, c'est un secret de famille qui ne se transmet que de mère en fille. Même sur le bûcher ou sous la torture, je n'en révélerais rien, répond-elle taquine. C'est une tradition chez les sorcières.

– Et vous en avez beaucoup d'autres ?

– Pas mal, je t'en ferai le détail si tu veux, mais ça risque d'être long, dit-elle en se saisissant du téléphone. Tu te sens prête à dévorer quelque chose ? Moi, j'ai une faim de loup.

Une demi-heure plus tard, on nous livre une appétissante pizza « special meat balls » extra-large et un pot de Häagen-Dazs « chocolat, pralines et caramel » bien glacé. Pendant que je monte la pizza dans sa chambre, Jenny va chercher deux canettes de Coca dans le frigo et y dépose le pot de glace, puis on s'installe confortablement sur son lit, la boîte fumante ouverte entre nous deux. Je me rends compte que, malgré les torrents de larmes déversés quelques heures plus tôt et le vide immense qui me perfore toujours la poitrine, j'ai aussi une énorme envie de profiter de cette soirée entre filles. On se jette avidement sur nos parts respectives – délicieusement pimentées pour moi et dégoulinantes de fromage fondu pour elle. Sans la moindre concertation, c'est elle qui mène la conversation de ce début de soirée, en orientant immédiatement la discussion sur ces fameuses traditions ancestrales. Je ne laisse rien paraître, mais je lui en suis terriblement reconnaissante. Comme quoi une fille aussi délurée que Jenny peut faire preuve d'un tact et d'une gentillesse impressionnants.

– Toutes nos coutumes se transmettent uniquement de mère en fille, commence-t-elle tout en engloutissant sa première part de pizza. Mais celle dont je vais te parler ne se produit qu'une seule fois dans notre vie.

Elle s'arrête pour attraper sa canette de soda posée sur le bureau tout proche et en avale la moitié avec délice. Je trépigne en mâchouillant une nouvelle bouchée de pizza avant de me jeter sur mon propre Coca… le pizzaïolo n'a pas lésiné sur les épices ! Voyant qu'elle n'en finit pas de se lécher les lèvres, je la bouscule en riant. Elle a piqué ma curiosité et je la supplie de poursuivre son histoire.

– Voilà, voilà ! Pour moi, tout cela s'est passé vers l'âge de treize ans. J'étais bien sûr au courant des changements physiques que subissent les filles à l'adolescence, et le jour où j'ai eu mes premières règles, j'étais préparée et pas le moins du monde surprise. Grâce à la prévoyance de ma mère, j'avais depuis quelques semaines tout ce qu'il fallait dans mon sac. Le soir, je suis donc rentrée à la maison totalement détendue et lui ai simplement annoncé la nouvelle. Je me souviendrai toute ma vie de ce moment : j'étais encore dans l'entrée, je venais tout juste de déposer mes affaires et de finir ma phrase, quand j'ai reçu de sa part une gifle retentissante.

– C'est pas vrai ! m'exclamé-je, choquée. Mais pourquoi ?

Elle interrompt à nouveau son récit pour aller chercher le pot de crème glacée dans la cuisine. Lorsque je l'entends chantonner en remontant les escaliers tout en faisant des claquettes, je la menace en riant des pires châtiments… Décidément, mon amie a le chic pour maintenir le suspense…

Elle s'installe à nouveau près de moi, ouvre le pot avec précaution et me tend ma cuillère avec un sourire candide.

– Très bien… Bûcher ou écartèlement par des chevaux lancés au galop ? défié-je afin de la motiver à reprendre son histoire.

– D'accord ! D'accord ! Où en étais-je ? Ah oui… la tradition ! reprend-elle en riant aux éclats, et après s'être calmée, elle m'explique. Le jour de nos premières règles, la tradition veut que l'on reçoive une gifle, puis un cadeau en rapport avec notre entrée dans la vie adulte. Le soir même, ma mère m'a emmenée chez Victoria's Secret et m'a offert un petit ensemble de lingerie trop top ! Elle n'a pas regardé à la dépense, le prix était largement à la hauteur de la claque. Si un jour j'ai une fille, je ferai la même chose et j'espère qu'elle-même perpétuera ce rituel. Et toi, il y a des traditions dans ta famille ?

– À part le brunch du dimanche matin, la dinde à Thanksgiving et le sapin de Noël, non. Mais j'avoue que j'aimerais bien avoir quelque chose qui me vienne de mes ancêtres et se transmette à chaque génération.

– Je veux bien te filer celle-ci, si tu veux, pouffe-t-elle, cédant à un nouveau fou rire, et rappelle-toi bien, surtout, une raclée suivie d'un super cadeau !

Depuis notre départ en catastrophe de l'hôpital, Jenny ne m'a posé aucune question. Elle est d'une discrétion étonnante. Sa compassion et sa facilité à parler de tout autre chose me touchent une fois encore. J'apprécie sa sensibilité et sa bonne humeur. Et peu à peu, parce qu'elle ne me demande rien, justement, je me sens prête à lui ouvrir mon cœur, comme je ne l'ai encore jamais fait auparavant. Nous en sommes à peu près à la moitié du pot de glace quand je commence à lui raconter mon histoire : l'alcool, les sorties en boîte, l'accident, la mort d'Ever et mes sentiments contradictoires envers elle depuis l'entrevue avec Sebastian. Je ne lui cache rien, absolument rien.

– Merde ! Je n'avais pas prévu qu'il pourrait tout oublier.

– Pas tout, et c'est bien ça le pire… souligné-je en plongeant avec rage ma cuillère dans la crème glacée. Il se souvient très bien du prénom d'Ever.

Le reste de la soirée et une bonne partie de la nuit, je raconte ma vie dans l'ombre rassurante de ma meilleure amie. Une douce quiétude m'envahit peu à peu, comme si parler de tout cela retirait une à une toutes les couches qui forment la lourde carapace de doute, de douleur et de culpabilité que je porte depuis l'accident.

Et je sombre lentement dans un paisible sommeil.

Le lendemain, Jenny émerge du lit le regard hagard et les cheveux en pétard. Quant à moi, d'immenses cernes se dessinent sous mes yeux, bouffis d'avoir trop pleuré. Toutefois, mon cœur est moins ravagé que ce à quoi je m'attendais. Il est presque onze heures quand nous descendons dans la cuisine, appâtées par l'odeur alléchante du brunch que sa mère nous a gentiment concocté. Elle virevolte dans son espace de prédilection, tout en m'expliquant son travail d'astrologue pour le quotidien *The Boston Globe*.

– Ma mère va adorer faire votre connaissance, annoncé-je après avoir bu son délicieux jus d'orange fraîchement pressé. Les arts divinatoires la passionnent.

– J'en serai ravie également, répond Helen en déposant devant nous l'appétissante barquette de muffins qu'elle sort tout juste du four. Attention, c'est chaud ! prévient-elle en tapant sur la main de sa fille avec espièglerie.

En milieu d'après-midi, elles me raccompagnent toutes les deux chez moi. Je suis exténuée mais apaisée, et heureuse de la journée que j'ai passée en leur compagnie. Mes parents – surtout Mam, avouons-le – sont enchantés de les rencontrer, à tel point qu'ils les invitent pour le thé.

Comme je l'avais prédit, Helen subit un interrogatoire serré de ma mère concernant son boulot. Celle-ci ne lui en tient visiblement pas rigueur, car au moment de prendre congé, elles ont déjà convenu d'un rendez-vous pour déjeuner ensemble dans le courant de la semaine prochaine.

– Elles sont adorables, lance Mam, ravie, en refermant la porte d'entrée après leur départ. Cela me fait plaisir que tu passes du temps avec Jenny. Quelle jeune fille douce et équilibrée ! Elle a vraiment l'air de beaucoup tenir à toi.

– C'est exactement ça, Mam ! Je la connais depuis peu, et pourtant nous sommes déjà très proches. Elle m'a beaucoup aidée dans mon intégration au lycée, et on passe des moments fantastiques ensemble.

J'y suis peut-être allée un peu fort question enthousiasme. J'espère juste que cela suffira à la rassurer et me permettra de monter tranquillement passer la soirée dans le paisible cocon de ma chambre. Mais c'est sans compter sur le *détecteur de souffrance* maternel.

– Tu as quand même une petite mine, lance-t-elle en me fixant d'un air soupçonneux, alors que je tente un premier pas vers les escaliers.

– Elles se sont sûrement couchées à l'aube, soupire mon père, prenant ma défense, pour une fois. Mais c'est le week-end, alors ça va… où est le problème ?!

– Absolument, on a passé des heures à papoter, rétorqué-je avec véhémence, constatant toutefois qu'il est complètement à côté de la plaque, comme toujours. Allez, bonne nuit à tous les deux ! Je file au lit. Demain, j'ai un tas de cours à bosser.

Je les abandonne dans le salon, l'un satisfait et l'autre se posant certainement des tas de questions. J'espère simplement que ma mère ne pense pas que je me suis remise à boire. C'est vrai qu'à l'époque, je n'ai pas su dire non à Ever, mais j'ai bien changé, depuis…

Toutefois, je refuse de blâmer mon amie défunte pour ma propre faiblesse. J'ai fait le choix de la suivre, en connaissance de cause. L'alcool me donnait la sensation – certes illusoire, mais qu'en sait-on quand on a tout juste seize ans ? – d'être moi en mieux : plus belle, plus drôle, plus… Je n'ai plus besoin de tout ça aujourd'hui.

Durant deux heures, je laisse mon esprit vide et épuisé planer au-dessus de mes cours, puis je me glisse frileusement sous la couette en souhaitant sombrer très vite dans le même sommeil profond qu'hier, qui effacera toute cette souffrance et me plongera dans l'oubli.

Je devine rapidement qu'il va se faire attendre.

Sebastian

OUI, c'est gagné. Ce matin, le médecin a enfin donné son accord pour que je reprenne l'entraînement d'ici une petite dizaine de jours, sous réserve que j'y aille doucement et que tous les résultats d'examens soient bons. Coach, préparez les palets, je vais faire fondre la glace !

OK, Maman n'a pas franchement été ravie par la nouvelle, mais elle s'y fera très vite, je la connais. Tant mieux ! Je ne sais ce que j'aurais fait si elle m'avait demandé d'arrêter le hockey...

Enfin si... je sais ! Je pense que j'aurais dit non. La seule qui pourrait éventuellement me faire changer d'avis, c'est mon petit bouchon. Mais elle ne fera jamais ça. Et puis, on sait tous que c'est pas en jouant au hockey que je me suis retrouvé à l'hosto.

Je me souviens de tout, à nouveau ! ÇA, c'est cool ! Je me souviens du match vraiment tendu, de la victoire sur le fil, de la fête avec les potes, et pour finir de la bagarre !

Après... c'est le trou noir. Et puis, je me suis réveillé ici, à l'hosto.

Jenny est passée me voir avec sa mère en fin d'aprèm, en coup de vent, mais c'était bizarre... Elle m'a appris que ma belle inconnue était là le jour de mon anniversaire et qu'elle s'est évanouie en m'embrassant...

Cette fille a provoqué mon réveil, bordel ! Stella... c'est son nom, m'a dit Jenny. Et apparemment, Jenny en sait beaucoup plus à son sujet qu'elle n'a voulu m'en dire... Sa mère avait encore du boulot pour son éditorial de demain, elles n'ont pas pu rester. Mais elle repassera...

Aucun médecin ne m'a parlé de cette histoire, c'est quand même un truc de dingue... Dans Walt Disney, c'est la fille qui se réveille sous le baiser de son prince charmant. On leur joue un remake à l'envers, là ?

Et puis, MOI, en prince charmant ? C'est quoi, ce délire ?!

Brian était bidonné quand je lui en ai parlé ! Lui aussi est passé ce soir, juste avant l'arrivée de mes parents. Le grand défilé du dimanche soir ! Qu'est-ce qu'il m'avait manqué, mon pote !

Il me tarde qu'il remonte enfin sur la glace, lui aussi... Je vois d'ici les titres du Boston Globe : Les Bruins Junior retrouvent leur duo de feu !

CHAPITRE 26

J'arrive au lycée en retard pour la première fois depuis la rentrée. La tisane de Jenny m'a terriblement manqué… mes deux dernières nuits ont été brèves et exécrables.

Après un rapide passage au bureau des entrées, je me précipite dans ma salle de cours et interromps, avec force « excusez-moi » et « pardonnez-moi », le cours d'histoire… Je m'affale sur mon siège – qui proteste en grinçant affreusement – avec la délicatesse d'un éléphant, et la pile de livres de Brittany, posée sur la table derrière ma chaise, s'écroule dans un horrible vacarme. Sous l'œil furax du prof, je me redresse et m'excuse encore tout en aidant ma camarade à ramasser ses manuels.

Je passe le reste de l'heure à ressasser dans mon coin les plus sombres pensées, tout en griffonnant sur ma feuille. Une idée fugace me traverse l'esprit : celle de sécher les cours. Mais pour aller où ? Mes parents auraient tôt fait de recevoir sur leur portable un message les informant de mon absence et ils seraient capables de faire déclencher l'alerte enlèvement de la ville pour me retrouver. Abandonnant cette idée pour le moins immature, je retrouve donc Jenny et les autres en classe de biologie. À ma grande surprise, Mark cède sa place en maugréant à un Brian extrêmement insistant. Il commence par me regarder bizarrement, mais je suis bien trop à l'ouest pour m'en préoccuper. De l'autre côté de la salle, je remarque vaguement Jenny qui me fait de grands signes. Je lui souris bêtement en retour.

– Je ne savais pas que tu connaissais Sebastian, chuchote soudain mon voisin, assez bas pour que le prof ne l'entende pas, tout en se tortillant sur son tabouret.

– Pardon ?

Je sursaute, mon sang se glace… Il a soudain capté toute mon attention, là !

– Je suis passé le voir à l'hosto, hier soir. Les visites sont enfin autorisées, t'étais pas au courant ? continue-t-il en découvrant mon air stupéfait et en passant une main nerveuse dans ses cheveux pour se donner une contenance.

Merde ! Je me demande ce que Sebastian a bien pu lui raconter. Brian ne semble pas du tout à l'aise dans ses baskets.

Eh bien, on est deux, mon ami...

– Ah…

À l'autre bout de la classe, les bras de Jenny tournent comme un moulin, mais je comprends pourquoi, maintenant. Je lui signale discrètement que tout va bien… Ou presque.

Quelle idiote… Avec mon départ précipité, je n'ai pas songé à protéger mes arrières. Du coup, Sebastian ne m'a rien promis. Comment savoir si tous ses potes ne sont pas déjà au courant du délire de la nouvelle ?! Cette histoire va bientôt faire la une du bahut.

Mais quelle débile ! J'aurais dû le sonder… et surtout, me taire quand j'ai remarqué qu'il ne se souvenait de rien. Je suis vraiment trop conne ! Et encore… c'est un doux euphémisme ! Qui sait si mon histoire ne s'étale pas déjà sur toutes les pages de Facebook !?

Il faudra que je vérifie ça en rentrant ce soir.

– Et donc… la visite s'est bien passée ? demandé-je, tout en pensant que mes neurones vont avoir besoin d'un méga stimulant si j'espère sortir indemne de cette histoire.

– Il m'a posé tout un tas de questions sur toi, reprend-il, perplexe.

– Sur moi ? *Je feins l'étonnement candide de ma panoplie d'hypocrite*… De quel genre ?

Je suis heureuse de constater qu'il ne connaît pas toute l'histoire. Apparemment, Sebastian ne lui a même rien dit du tout, il a simplement voulu se renseigner à mon sujet après le passage de Jenny… Pourtant, j'aimerais bien savoir précisément de quoi il est au courant.

Malheureusement, il ne semble pas disposé à me répondre et continue sur sa lancée…

– Je ne comprends pas pourquoi tu l'intéresses autant. Et surtout, comment il te connaît ? Tu es arrivée ici bien après le début de son coma. Il n'a rien voulu me dire, mais c'est trop bizarre tout ça, Stella… J'ai bien remarqué que sa famille ne te connaissait pas non plus. En dehors de Kelly, en fait… j'ai vu que vous discutiez ensemble un bon moment le jour de l'anniversaire de Seb. De quoi parliez-vous ? Tu avais déjà rencontré sa sœur ?

– Hum… un peu, oui, répliqué-je sans trop me mouiller. Mais lui, que voulait-il savoir ? insisté-je, tout aussi têtue que lui.

– Je sais pas trop, daigne-t-il enfin me répondre. Ses parents sont arrivés pendant notre discussion et il a subitement changé de sujet.

– Merde ! ne puis-je m'empêcher de réagir.

– Mademoiselle Forest ! Je suppose que vous avez subitement progressé en biologie, au point de ne plus avoir besoin de suivre mes cours !?! hurle Jarvis depuis son estrade, en me fusillant du regard. Je préférerais toutefois dispenser mon cours sans avoir votre voix de crécelle en écho au fond de la salle ! Dernier avertissement avant la porte et le bureau du principal ! Ai-je été suffisamment clair ?!

– Oui, Monsieur, très clair. Je vous prie de m'excuser. *Et une fois encore, vous remercie de me pourrir devant toute la classe… Vieux pervers aigri !* ne puis-je m'empêcher de penser en respirant plus librement.

– Bien, reprenons. Nous en étions à la séquence des nucléotides d'une molécule d'ADN…

Pour une fois, je bénis Jarvis qui me permet d'échapper aux questions indiscrètes de Brian.

Mais j'aurais préféré une intervention quelques minutes plus tard… me permettant ainsi d'obtenir, *MOI*, les réponses que je souhaitais. Forcément, ni Brian ni moi n'ouvrons plus la bouche jusqu'à la fin du cours. Jenny arrive à la rescousse dès que la sonnerie retentit et l'empêche de pousser plus loin ses investigations.

Je sais que ce n'est que partie remise, mais j'ai gagné un peu de temps pour me préparer à sa prochaine offensive.

CHAPITRE 27

À l'heure du déjeuner, au lieu de nous rendre à la cafétéria, Jenny me kidnappe, laissant en plan ce pauvre Mark, totalement perdu dans nos histoires, et un Brian, plus suspicieux que jamais. Depuis l'anniversaire et le réveil de Sebastian, Rebecca joue plus que jamais les groupies d'Alexandra et ne se rend sûrement même pas compte de notre départ.

– On va se prendre un McDo, décide ma pétillante amie en m'entraînant à sa suite.

– Tu as le chic pour me tirer des pires situations. Merci !

– À charge de revanche, me répond-elle gaiement. Qui sait, un jour ou l'autre, j'aurai peut-être besoin d'un bon alibi ?!

Alors qu'elle passe une commande pantagruélique – comment cette fille peut-elle être aussi bien foutue en mangeant autant… c'est un mystère ! –, je me contente d'un simple milk-shake à la fraise, l'estomac trop noué pour avaler quoi que ce soit d'autre. Comme le resto est bondé, nous sortons, bien décidées à trouver un endroit sympa et isolé pour profiter de notre pause déjeuner. Nos pas nous conduisent jusqu'au Boston Common, l'un des nombreux parcs de la ville, situé en plein centre et plutôt désert durant la semaine. Sous les frondaisons scintillantes de givre perlé, nous trouvons facilement un banc libre et au soleil sur lequel nous installer, chaudement emmitouflées dans nos parkas, bonnets et écharpes. Pour la énième fois depuis mon arrivée, je me dis qu'il serait plus que souhaitable que j'abandonne ma sacro-sainte addiction aux milk-shakes – tout à fait adaptée aux 30 degrés moyens de la Floride, mais beaucoup moins aux – 10 de Boston – et de m'en trouver une autre… des muffins à la myrtille bien chauds, par exemple. Comme ceux qui refroidissaient dans sa cuisine, ce soir-là…

Il faut que j'arrête de repenser à tout ça, c'est le passé ! Et pour Sebastian, ça n'a même jamais existé… Tout en sirotant ma boisson, j'écoute Jenny me parler de l'appel très vague, mais extrêmement insistant, qu'elle a reçu après son passage éclair à l'hosto, la veille au soir.

– Et tu sais pourquoi il veut te revoir ?

Je jette mon gobelet dans la poubelle la plus proche sans quitter notre banc. J'ai toujours été incroyablement douée à ce petit jeu-là. Impressionnée, Jenny m'applaudit dans une nouvelle envolée de son rire cristallin. Un couple tendrement enlacé passe devant nous en murmurant, et je remarque avec un pincement au cœur les patins à glace accrochés autour de leur cou.

Je frissonne au souvenir de ma première nuit avec Sebastian… Comment… comment a-t-il pu oublier des moments aussi intenses ?! Pire encore, pourquoi ne se souvient-il que de ma meilleure amie ? J'ai beau tout faire pour ne plus penser à Ever, tout me ramène à elle. Encore et toujours ! Soudain, une flèche de jalousie me vrille le cœur pour y laisser un goût de fiel. Comme cela arrivait parfois… avant. À l'instar de cette pensée nauséabonde, une vague de honte me submerge face au ressentiment que j'éprouve toujours à l'égard d'Ever, et cela, malgré sa mort. Je suis brusquement ramenée à la réalité par la main de Jenny qui secoue un cornet de frites sous mon nez.

– Allô les étoiles, ici la terre ferme… Tu m'écoutes, oui ?! Non, je n'ai aucune idée de la raison de son insistance, et pourtant je ne te raconte pas comment je l'ai cuisiné, marmonne-t-elle en attaquant résolument sa double portion. Mais rien à faire, il ne voulait pas en parler au téléphone. Je vais le voir à cinq heures. Ne t'inquiète pas, je t'appelle dès que je quitte sa chambre.

Je lui rapporte ensuite les propos énigmatiques de Brian et, sur le chemin du retour, nous échafaudons une multitude de théories.

Je passe le reste de l'après-midi à éviter soigneusement de croiser la route de Brian et rentre directement à la maison, sitôt la fin de mon dernier cours.

Tant de questions tournent en boucle dans ma tête, tandis que le bus me ramène chez moi.

Sebastian

Putain ! C'est vraiment un truc de barge.

Kelly s'est foutue dans une colère monstre quand elle est venue me parler et que j'ai sous-entendu que Stella était un peu folle ! Elle m'a raconté ce qui s'est passé le jour de mon anniversaire...

Comment mon petit bouchon a-t-elle pu voir ce cœur se dessiner sur sa main... ? Elle me l'a montré, bordel ! Elle l'a pris en photo le jour même ! En plus d'être dingue – et canon... Ah ça oui, terriblement canon ! – cette fille serait aussi illusionniste ?

Que de talents dans un si joli petit bout de femme, dis-moi !

Mais comment expliquer pour le surnom de Kelly ? Merde ! Je n'arrive vraiment pas à comprendre ça...

Il me tarde que Jenny arrive ! Elle va sûrement pouvoir m'expliquer... Avec son don bizarre, elle en connaît un rayon.

CHAPITRE 28

Dès mon arrivée à la maison, je me précipite dans ma chambre et allume mon ordinateur. Je tape mon mot de passe, et l'écran d'accueil apparaît. Je reste un long moment à fixer le patchwork des dernières photos d'Ever et moi, prises quelques heures à peine avant l'accident… sans trouver le courage de me connecter à mon compte Facebook.

Je lance iTunes en soupirant, m'empare de mon sac de cours et me jette sur mon lit.

Il est dix-neuf heures trente lorsque j'arrête de travailler, et toujours aucune nouvelle de Jenny ! Les visites autorisées se terminent à dix-huit heures, mais comme elle est dans les petits papiers des infirmières, elle pourrait rester des heures avec lui sans que ça pose le moindre problème. Brian, tenace, en est à son huitième appel de la soirée. Comme pour les précédents, je n'y réponds pas. Je fulmine, mais qu'est-ce qu'elle fabrique ? Les secondes semblent s'étirer à l'infini.

Vingt heures. Je n'en peux plus d'attendre. Je risque d'exploser à tout instant.

– À table ! crie ma mère pour la énième fois.

Je descends finalement à la cuisine en traînant les pieds.

Les mains crispées sur le ventre, je prétexte des règles douloureuses pour éviter le repas en famille, certaine que mon père n'insistera pas, cette fois-ci, puis je remonte dans ma chambre en vitesse. Malheureusement, ma mère réapparaît peu de temps après avec un bol de soupe au poulet et un ®Tylenol. Je ne peux m'empêcher de faire la grimace.

– Essaie d'en prendre au moins un peu, ça te fera du bien, m'encourage-t-elle au moment où mon portable se met à sonner. Tu as vraiment une petite mine.

Le visage de Jenny s'affiche sur l'écran. C'est pas vrai ! Je suis maudite !

– Je suis juste fatiguée, Mam.

– Il n'y a rien d'autre, tu es bien sûre ? demande-t-elle en prenant place près de moi sur le lit. On ne se parle plus beaucoup ces derniers temps.

Merde ! Ce n'est pas le moment pour la discussion mère-fille, Mam…

Nouvelle sonnerie.

– Tu ne réponds pas ?

J'avale en vitesse le cachet avec une gorgée d'eau et lui prends le bol de soupe des mains.

– Mam… soufflé-je sans masquer mon irritation, je viens de te dire que je suis fatiguée ! J'ai trop mal au ventre et n'ai envie de parler à PERSONNE… Tu as besoin des sous-titres… ?

Ma mère reçoit le message cinq sur cinq et me quitte de mauvaise grâce, tout en décrétant qu'il allait vraiment falloir que nous ayons une petite discussion toutes les deux, qu'elle se tracassait, bla-bla-bla…

Dès qu'elle a refermé la porte derrière elle, je me jette sur le téléphone, tout en épiant le bruit de ses pas décroissant dans les escaliers, et je rappelle Jenny – qui décroche à la première sonnerie.

– Je pensais que tu serais scotchée au tél, me charrie-t-elle gentiment.

– Ma mère a eu l'envie soudaine d'entamer un vaste débat et squattait ma chambre…

Après avoir fermé la porte à clé, je m'affale à nouveau sur le lit et sirote ma soupe tiède.

– Et maintenant ?

– Lâche-toi, la voie est libre.

Elle se lance alors dans de longues explications, comme quoi elle a trouvé Sebastian en grande forme, qu'il se rétablit vraiment très rapidement et que, d'après la batterie de médecins qui ne cessent de défiler à son chevet, il ne gardera aucune séquelle de son coma.

– Ce qui, pour tout le monde, est un vrai miracle… T'imagines bien !

Elle se moque de moi, là ! Tentant de conserver mon calme envers et contre tout, je la supplie d'aller à l'essentiel.

– Je pensais que sa santé physique et mentale te tenait à cœur, s'offusque-t-elle, moqueuse.

Je l'imagine sans peine se tordant de rire à l'autre bout du fil. Elle poursuit en m'expliquant avec force détails que les infirmières, des plus jeunes aux plus âgées, sont aux petits soins pour lui. Un vrai pacha !

– Je n'en doute pas, rétorqué-je, mécontente, une pointe de jalousie me tiraillant le ventre. Mais je sais déjà tout ça… Par contre, je te préviens que si tu n'en viens pas immédiatement au principal, je ne réponds plus de moi.

Elle explose de rire et met encore plusieurs minutes à retrouver son sérieux.

Finalement, elle semble comprendre que son petit jeu ne m'amuse pas du tout et m'explique d'une voix douce et sérieuse comment la conversation entre eux a roulé tout naturellement vers moi… Sebastian lui a raconté ma visite dans les moindres détails. Il est toujours extrêmement troublé par l'idée que je connaisse le surnom de sa sœur, sans parler du fait que Kelly est intimement persuadée de la véracité de mon histoire et ne cesse de lui rebattre les oreilles avec ses soi-disant preuves.

Il s'est ensuite bien entendu enquis des sentiments de Jenny à mon égard – *Qu'est-ce qu'elle pense de moi, de cette histoire ?* – sans se douter le moins du monde qu'elle était déjà au courant de tout. La connaissant depuis la maternelle, il s'est exprimé avec confiance et sans retenue. Il n'ignore rien de ses dons de médium et la considère comme une seconde sœur. Il lui a avoué avoir demandé à Brian de se renseigner sur le sujet *voyage astral* et sur les séquelles qu'un coma pouvait avoir sur le subconscient.

Ce qui évidemment a mis la puce à l'oreille de Brian et foutu Jenny en rogne.

– C'est vrai, quoi ! S'il y avait quelqu'un à qui demander des explications, c'était bien moi, et pas Brian !

– On dirait que tu lui en veux de ne pas t'en avoir parlé à toi la première, l'interrogé-je, surprise par la colère qui vibre dans sa voix.

– Ce n'est pas que je lui en veux, mais ça me donne brusquement l'impression qu'il n'a jamais vraiment cru à mon don…

Elle hésite un peu avant de poursuivre.

– Tu sais, j'étais très jeune quand ça a commencé. Au début, j'étais certaine que les personnes que j'entendais ou que je voyais étaient en vie et que les autres pouvaient aussi les voir…

– Sauf que tu étais la seule dans ce cas, terminé-je à sa place alors qu'elle reste silencieuse. Et donc ?

– Et donc, reprend-elle enfin, je devais être en CP ou CM1, je ne me souviens plus très bien. En tout cas, un après-midi, un esprit est venu me rendre visite et je lui ai demandé ce qu'il faisait là, qu'il était trop vieux pour suivre la classe avec nous, que je n'avais pas le temps de l'écouter et que j'allais avoir une punition s'il insistait… bref, tu imagines l'effet bœuf que ça a eu auprès des élèves et de l'instit de me voir papoter avec une personne qu'aucun d'eux ne voyait.

– Ça a dû être atroce, murmuré-je en imaginant sans peine la petite fille face à la cruauté de tous ses camarades de classe.

– Tu n'as pas idée, me confirme-t-elle d'une voix étranglée. Ils se sont tous mis à rire, à me traiter de folle, de barge, de dingue… pour les plus sympas. Mais c'est la réaction de notre institutrice – Miss Reynold, que j'adorais et à qui je vouais une admiration sans borne – qui m'a fait le plus de mal. Voir qu'elle n'essayait même pas de m'écouter, de me comprendre, qu'elle ne me croyait pas, alors que je ne disais que la vérité, ça m'a bouleversée. Et mon insistance n'a eu pour tout résultat qu'un : *tu me déçois vraiment, Jenny. Arrête avec toutes ces fadaises !* À la récré, plus personne ne voulait jouer avec moi… sauf Brian, Seb et Mark. Ils n'étaient pas dans ma classe, mais à partir de ce jour, ils ont passé tout leur temps libre avec moi…

Elle laisse échapper un petit rire.

– J'ignore ce qu'ils pouvaient réellement penser de tout ça à leur âge, mais grâce à eux, les moqueries ont cessé. C'est comme ça que notre amitié a débuté.

– Et il vous est arrivé de parler de ton don ?

– Un peu à cette époque-là, mais j'étais jeune. C'était difficile de mettre des mots sur ce que mon esprit voyait et de vraiment leur faire comprendre ce que je vivais. Par la suite, c'est avec Seb que j'ai eu le plus d'échanges à ce propos. Ça a toujours été plus facile avec lui. Et j'étais convaincue qu'il n'avait aucun doute à ce sujet… jusqu'à aujourd'hui.

Tout s'explique, maintenant…

– Tu penses qu'il ne te croit pas réellement ? l'interrogé-je alors, en songeant que dans cette hypothèse, ce n'était vraiment pas bon pour moi.

– Je n'en sais rien, finit-elle par lâcher. Il est possible aussi qu'il n'en ait même pas conscience, non ?

Je réfléchis à ces paroles un long moment avant de lui répondre.

– Oui, peut-être. La preuve, malgré tout ce qui s'est produit dans ma vie, il m'arrive encore de croire que tout ça n'est que le fruit de mon imagination…

Ou de ma folie. Mais cela, je ne le lui dis pas.

– Finalement, à bien y réfléchir, pour sortir avec une nana comme toi ou moi, faudrait que le mec soit un peu pété ! lance-t-elle dans un éclat de rire contagieux.

– Tu crois ?!

Après nous être calmées, je lui demande si Brian est au courant de mon histoire.

– Non, Sebastian ne lui a pas raconté, conclut Jenny. Il n'en parlera à personne, j'en suis convaincue. Il attire les filles comme un aimant et en joue un peu – tout ce qu'il y a de plus normal à dix-sept ans, tu ne crois pas ? –, mais je peux t'assurer qu'il ne ferait jamais délibérément du mal à quelqu'un.

– Tu le connais si bien que ça… ?

– Va donc au fond de ta pensée, rétorque-t-elle, un nouveau fou rire affleurant dans sa voix.

– Eh bien… Il est à tomber, tu le dis toi-même. Alors je me demandais si toi et lui… Après tout, j'ai bien craqué, moi !

– Je l'adore, c'est vrai, mais pas de cette façon. Ne t'inquiète pas, je ne te ferai jamais concurrence !

– Et quel garçon trouve donc grâce à tes yeux ? demandé-je, soulagée par sa réponse bien que persuadée de ne plus avoir la moindre chance avec lui.

– Brian, lâche-t-elle après une hésitation. Mais ça reste entre nous, je suis une grande fille, pas besoin d'intermédiaire… C'est bien d'accord !?

– Écoute, ça tombe très bien… j'ai horreur de jouer les marieuses, répliqué-je en riant.

– Merci, Stella… Je retourne voir Sebastian dans deux jours avec mon carton à dessins. Les infirmières sont cool, mais si je débarque tous les jours, je vais finir par les exaspérer.

– Pourquoi ton carton à dessins ?

– Depuis sa sortie du coma, il fait sans arrêt un rêve dans lequel apparaît toujours la même fille. Comme j'ai un bon coup de crayon, je vais tenter de faire un portrait en suivant ses descriptions.

– Je suppose que c'est Ever, soufflé-je, sonnée par la nouvelle.

Un frisson glacial me parcourt.

– Ça peut être n'importe qui, tu sais… tente-t-elle pour me rassurer.

– C'est vrai ! Tellement de canons se bousculent autour de lui ! ne puis-je m'empêcher de rétorquer d'une voix acide. Je suis désolée, Jenny. Je passe mes nerfs sur toi alors que tu n'y es pour rien. Je suis nulle.

– Attends un peu de voir comment les choses vont se passer quand il sera de retour au bahut, continue-t-elle, sans prendre note de mon attitude ni perdre sa bonne humeur. Ça va être l'émeute !

– Je n'ai pas l'intention de faire partie de ses groupies.

– Hey ! Alors là, je suis pas d'accord ! Quand on a vécu une histoire pareille, on ne baisse pas les bras au premier coup dur. Moi, à ta place, je ne lâcherais rien.

– Tu ne comprends pas que c'est bel et bien fini, soupiré-je sur un ton lui interdisant la moindre contestation. Et le fait qu'il se souvienne du prénom d'Ever, alors qu'il ne garde aucun souvenir de moi, prouve assez clairement que je n'ai pas représenté grand-chose pour lui. Alors si maintenant, en plus, il rêve d'elle…

De son vivant, je ne suis jamais entrée en compétition avec Ever, il est hors de question de commencer maintenant qu'elle est morte.

CHAPITRE 29

Cette nuit-là, Ever vient hanter mon sommeil aussi…

Le coupé rouge MG série Heritage, cadeau de mon père pour mes seize ans avec l'obtention de mon permis de conduire, file à vive allure en direction de la plage. Ses 145 CV rugissent au cœur de la paisible nuit de Floride où il glisse comme un ovni. Mon petit bolide se faufile nerveusement entre les rares voitures circulant à cette heure. Ever et moi avons tiré au sort pour savoir laquelle de nous deux aurait le privilège de prendre le volant de ce petit bijou. Je baisse la vitre pour aspirer un peu d'air frais.

Ever pousse encore le volume, et le dernier titre des Black Eyed Peas retentit, à m'en faire éclater les tympans. Finalement, on a sans doute bien fait de ne pas décapoter avant de partir…

– Pas si fort, dis-je entre deux haut-le-cœur. Houla… je crois que j'ai trop bu.

– Tu crois ? répète-t-elle en explosant de rire.

– Fais gaffe ! Tu roules trop vite, Ever... j'ai pas envie de finir la nuit au poste.

Pour une fois, ma merveilleuse amie m'écoute et ralentit.

– On aurait dû prendre un taxi...

– C'est bon, Stella ! me coupe-t-elle, agacée. J'ai levé le pied, arrête de flipper pour rien tout le temps ! Ce que tu peux être fatigante, parfois !

Je marmonne un vague acquiescement en jetant un bref coup d'œil sur mon amie. Totalement déchaînée, elle chante à tue-tête, et je prie en silence pour que notre route ne croise pas celle d'une patrouille de police. Je ne suis clairement pas la seule à avoir pris un verre de trop ! Je ferme les yeux en rêvant d'une aspirine, d'une douche bien fraîche et de mon lit.

À la sortie du pont, elle bifurque à droite pour rejoindre Coconut Grove, puis pile au feu qui vient de passer au rouge. Je suis moite, nauséeuse... Mon lit, vite !

– Essaie de ne pas réveiller mes parents quand on arrive, d'accord ?

– Promis ! Et toi, n'ouvre surtout pas la bouche si on les croise, répond-elle avec une moue dégoûtée.

Plus que quelques minutes et nous serons chez moi. Je prends un chewing-gum à la menthe dans la boîte à gants et en tends un à Ever. Si mon haleine est révélatrice de mon état, la sienne n'est sans doute guère plus accueillante. Nous mastiquons consciencieusement en nous concentrant sur la stabilité très relative de nos pensées.

Le feu passe au vert.

Ever appuie tranquillement sur l'accélérateur, et ma voiture démarre tout en douceur... Nous sommes à peine au milieu du carrefour, quand une lumière blanche m'aveugle soudain et m'oblige à détourner la tête. Des bruits de freins rugissent sur notre gauche, une odeur de caoutchouc brûlé emplit mes narines... L'instant suivant, quelque chose nous percute avec une telle violence que le pare-brise explose sous l'impact et déclenche les air-bags.

Mon père va me tuer ! pensé-je.

La route s'envole devant mes yeux. La voiture fait un tourbillon à quatre-vingt-dix degrés puis entame un effroyable backspin phase.

– Oh putain ! jure Ever, les mains crispées sur le volant.

J'ai à peine le temps d'apercevoir son visage blême qu'une douleur atroce me vrille le ventre. Puis c'est le silence total. Plus un seul bruit. Et je perds connaissance...

J'ouvre à nouveau les yeux. Je ne sais combien de temps je suis restée ainsi dans le noir. Ma vision est trouble. Il me faut un moment avant de pouvoir distinguer les choses autour de moi avec plus de netteté. Immobile, Ever se tient à quelques pas de moi. Elle regarde dans ma direction mais ne semble pas me voir.

– J'ai eu la peur de ma vie, dis-je d'une voix faiblarde. Tout va bien pour toi ?

Tout en m'approchant, je pousse un profond soupir de soulagement en constatant qu'elle ne porte aucune trace de blessure.

– T'as perdu l'usage de la parole ou quoi ? demandé-je avec un brin d'énervement, ce que je regrette aussitôt. Écoute, ça n'a pas l'air d'aller très fort... tu veux t'asseoir deux minutes ? insisté-je, inquiète. Tu as mal quelque part ?

Son mutisme commence à me faire flipper.

Elle tend alors le bras en silence, et je me retourne lentement. La petite MG, ou plutôt ce qu'il en reste, gît sur le toit, encastrée dans un lampadaire. Un énorme 4 × 4 noir, à l'avant embouti mais sur ses roues, lui, est stationné à quelques mètres de là, en plein milieu du carrefour.

– Il dira qu'il pensait avoir le temps de traverser avant que notre feu ne passe au vert, m'explique Ever d'une voix blanche, en ouvrant la bouche pour la première fois.

Un homme descend d'un camion qui se trouve de l'autre côté de la route et s'approche lentement de la décapotable en secouant la tête. Je plisse les yeux, car ma vue se brouille à nouveau. Le silence qui nous enveloppe est brusquement interrompu par les sirènes des ambulances qui approchent.

Je fronce encore un peu plus les yeux.

Les secours commencent à s'affairer autour d'un corps inerte allongé sur le trottoir... il me semble les voir de loin. De haut. Ils s'éloignent de plus en plus et me paraissent... ridiculement petits.

– Oh non !

Je me rends compte que je flotte plusieurs mètres au-dessus du sol. Littéralement en lévitation, avec Ever à mes côtés.

– On... on est... mortes ? bégayé-je, affolée, en la fixant. On est vraiment mortes ?

– Non, c'est juste moi, révèle-t-elle avec un calme surprenant. Regarde.

Je baisse les yeux. Des hommes sortent un corps disloqué de ma MG, le déposent sur une civière et le recouvrent d'un drap blanc. Il porte la petite robe minimaliste rose fuchsia de mon amie, mais il lui manque un escarpin...

Un froid intense s'insinue en moi. Je me mets à hurler. Ever me regarde. Elle n'a pas peur. Elle me sourit tristement.

– N'oublie pas de vivre nos rêves, me dit-elle en s'éloignant. Rappelle-toi notre promesse.

Je me réveille en sursaut, le corps en sueur et la respiration haletante.

Mon cauchemar est de retour.

Je file à la salle de bains pour me rafraîchir et boire un verre d'eau. On peut difficilement faire pire comme début de journée.

CHAPITRE 30

J'arrive au lycée l'estomac vide et les oreilles encore vibrantes des remontrances de ma mère. Dès que je trouve Jenny, je lui raconte ma nuit.

– Je comprends mieux ta tête de zombie, dit-elle en entrant dans la salle de cours.

– Merci pour la tête de zombie… Sympa, la copine ! Ta tisane serait vraiment la bienvenue, rétorqué-je en la suivant.

– Il me manque certains ingrédients, il faudra que tu patientes un peu. Tu pourras tenir ?

– J'espère.

La matinée défile à travers le brouillard que j'ai laissé s'insinuer à nouveau entre le monde et moi depuis ma désastreuse entrevue avec Sebastian. La seule nouveauté est que j'autorise désormais la voix de Jenny à le pénétrer. À la cafétéria, le sujet principal des conversations est bien sûr le retour imminent de Sebastian. Comme je ne suis pas censée le connaître, personne n'est étonné que je ne participe pas à la discussion. Seul Brian me jette sans cesse des coups d'œil intrigués, mais il semble avoir compris le message et ne me pose plus aucune question. Heureusement pour lui, d'ailleurs, car je ne suis absolument pas d'humeur à lui répondre.

Tel un bonbon acidulé surexcité, Alexandra propose de faire une fête pour le retour du héros, et Jenny me glisse à l'oreille en pouffant :

– Tiens, tiens… Quelle surprise ! Cette gourde siliconée lui court après depuis des mois.

Elle invite tout le monde, même moi, *la nouvelle*. Je la remercie, toute la force de mon hypocrisie répondant à la sienne, en précisant qu'ayant d'autres occupations, il n'était vraiment pas certain que je vienne. Ce dont elle se fout royalement, bien évidemment. Jenny me balance un coup de pied sous la table, tandis que Mark paraît surpris et peiné par ma réponse. Je décide de recentrer le sujet sur le principal intéressé. Toute cette attention me déplaît au plus haut point.

– Il revient quand au lycée, alors ?

– Hier soir, au téléphone, il m'a dit qu'il sortirait de l'hosto à la fin de la semaine, nous informe Brian. Il reprend les cours le lundi suivant.

– Alors, enchaîne Alexandra, toujours aussi égocentrique, je vais prévoir ma fête pour dans trois semaines !

– C'est peut-être un peu tôt, intervient Jenny. Laisse-lui le temps d'atterrir quand même !

– Tu veux rire ! Il a trop de temps à rattraper, la contredit Miss Popularité, certaine de son coup. Je suis persuadée qu'il sautera sur l'occasion pour relancer la saison des grandes fêtes.

– C'est surtout sur toi que tu voudrais qu'il saute… lance mon amie, goguenarde.

Les rires fusent tandis qu'Alexandra décoche son regard le plus noir à Jenny, qui lui retourne son plus beau sourire. L'heure ayant sonné, nous retournons en cours dans un joyeux chahut. Mark me questionne sur mon intention de ne pas assister à la soirée.

– Je ne vois pas pourquoi je viendrais. Cette pimbêche ne peut pas me souffrir, et je t'avouerais que c'est totalement réciproque.

– D'accord, mais tu n'es pas obligée de t'occuper d'elle ! Il y aura plein de monde à cette soirée. Allez, faut que tu viennes ! D'abord, parce qu'on va s'amuser, et ensuite, parce que j'aimerais beaucoup t'y voir.

Jenny marche juste quelques pas devant nous, et je me demande un instant si elle entend notre échange… avant de la voir ralentir subtilement et de surprendre un léger frémissement de ses épaules, signe qu'elle contient un nouveau fou rire…

– Je suis déjà avec quelqu'un, Mark. Je ne veux pas que tu te fasses de fausses idées.

– Vraiment ? Oh… Je pensais que tu m'avais raconté des bobards, la dernière fois. On ne te voit jamais avec personne. Qui est-ce ? Quelqu'un du lycée ?

– Non ! Il n'est pas d'ici, répliqué-je en haussant la voix, agacée par sa remarque. Il vit à Miami. Tu ne risques donc pas de me voir très souvent avec lui, effectivement, mais on passe un temps fou sur Skype. C'est aussi pour ça que j'ai passé un week-end là-bas, il me manquait trop. Je suis raide dingue de lui.

– Oh ! Je ne savais pas… Pardon si je t'ai paru trop entreprenant… bafouille-t-il.

Je suis furieuse, maintenant, et son regard désappointé ne suffit pas à me calmer.

– Je ne vois pas comment tu aurais pu savoir… Tu n'es pas devin, que je sache !

Et sans un mot de plus, je le plante là pour rejoindre Jenny, qui m'attend dans la salle de cours. Je m'installe à côté d'elle et déballe mes affaires sans un mot, encore sous le coup de la colère.

– Je n'ai pas manqué une miette de ta petite conversation avec Mark, dit-elle avec bonne humeur. Je sais que je suis trop curieuse, mais qui est donc ce mystérieux soupirant de Miami ? Moi, je suis devin, je te rappelle, et je n'en vois aucune trace…

– Je n'ai trouvé que ça pour faire passer le message, dis-je en baissant la voix car le professeur commence à nous observer en fronçant les sourcils. Tu crois que j'ai été assez claire ?

– Ah ben, là… S'il n'a pas compris, c'est qu'il est vraiment bouché, ou irrémédiablement accro, s'esclaffe-t-elle en baissant la tête pour ne pas se faire surprendre.

À la fin des cours, aucun besoin d'éviter Mark, il ne m'attend pas. Maintenant que je suis calmée, je m'en veux d'avoir été aussi rude avec lui. Il a toujours été sympa, et ce n'est pas sa faute s'il a le béguin pour moi… Ces choses-là ne se commandent pas.

Je rentre à la maison en songeant que, dans quelques jours, Sebastian sera de retour au lycée. Quelle sera son attitude à mon égard ? Sera-t-il heureux de me revoir ou va-t-il m'éviter ? La réponse me paraît tellement évidente… Si un garçon, aussi craquant soit-il, m'avait raconté une histoire pareille il y a quelques mois de cela, je serais immédiatement partie en courant et en criant sauve qui peut !

Une petite voix me souffle instantanément que je ne suis qu'une sale menteuse. Si Sebastian m'avait tenu le même discours, je lui aurais laissé une chance de me convaincre, sans la moindre hésitation.

Mais je ne suis pas une bombe atomique, et surtout, j'ai une rivale de taille : Alexandra. Toutefois, ce qui me perturbe le plus, c'est que Sebastian se souvienne juste du prénom d'Ever. Pourquoi le sien ? Et rien du tout en ce qui me concerne… Pourquoi toujours elle ? Ça ne changera donc jamais ?! Même morte, elle arrive encore à me couper l'herbe sous le pied.

J'ai une boule dans la gorge. Mon image s'estompe dans la vitre, recouverte par une pluie de larmes, versées une fois encore sur Ever, sur Sebastian… sur moi.

***

Jenny a effectivement un superbe coup de crayon. Le portrait qu'elle a dessiné de la belle anonyme sortie des songes de Sebastian est… superbe ! Bien sûr !

Et comme je le redoutais, il s'agit d'Ever. Bien sûr !

À peine sortie de l'hôpital, elle s'est précipitée à la maison pour vérifier notre théorie. Reconnaissante, je lui montre une photo de ma meilleure amie. Aucun doute possible, la ressemblance est incroyablement frappante.

– Avoue ! Je suis plutôt douée, non ?! frime Jenny en avalant une poignée de chips.

– Ta carrière est toute trouvée. Et donc, il rêve toujours d'elle ?

– Oui, toujours. C'est plutôt des passages éclair, et ensuite, il se réveille. Il m'a longuement interrogée sur elle, mais je ne pouvais pas lui répondre tant que ce n'était encore qu'une inconnue pour moi.

– Maintenant, tu es au courant, dis-je, attristée qu'elle l'obsède tant.

– Il faudra vraiment que tu lui expliques qui elle est. C'est important pour son équilibre aussi, tu sais… Je me demande ce qu'il en pensera. Votre rencontre est si… étrange.

– À ton avis ?

– Je n'en ai aucune idée, avoue-t-elle en terminant le paquet de chips et en cherchant quelque chose du regard. Tu n'aurais pas un truc à grignoter ?

J'éclate de rire et me lève avec elle pour aller chercher un nouvel en-cas :

– Je ne sais pas comment tu peux manger autant et rester aussi mince.

On file à la cuisine où Jenny se prépare un hot-dog. Pendant une heure, on papote. De tout, de rien… mais nos principaux sujets de discussion restent tout de même Sebastian et Brian. Après son départ, je prends mon bouquin de bio, bien décidée à ne pas accumuler de retard par rapport au reste de la classe et à me mettre sérieusement au travail. Mais je n'ai vraiment pas la tête à étudier. Je suis, moi aussi, obnubilée par Ever.

Jenny m'a raconté qu'elle surgissait sans cesse dans les rêves de Sebastian, pourtant, au réveil, il ne garde que le souvenir de sa silhouette et de son visage. Rien de plus. Je m'efforce de trouver une explication logique et rationnelle à tout cela, mais la soirée passe et je n'ai pas la plus petite ébauche de réponse. Ever tente-t-elle de me dire quelque chose ou cherche-t-elle simplement à venger sa mort en détruisant ma seule source de bonheur depuis l'accident ? Elle était mon amie, comment pourrait-elle se montrer aussi cruelle ?

Et si j'avais été à sa place ?! Si j'étais morte à cause de son mauvais choix… qu'aurais-je envie de lui faire, moi ? Qu'aurais-je envie de lui dire, de lui hurler ?

Je me mets soudain à sangloter… Oh Ever, si tu savais comme je m'en veux !

J'aurais dû te forcer à m'écouter, pour une fois. J'aurais pu me montrer enfin un peu plus forte et t'envoyer sur les roses… Insister encore pour prendre un taxi, et même te confisquer la clé de la voiture, comme j'ai été tentée de le faire. Parce que, normalement, c'est à cela que servent les amies… les vraies ! À vous dire quand vous vous trompez, quand vous faites le mauvais choix. Elles sont là pour ça aussi, non ? Alors, pourquoi je ne l'ai pas fait, hein ?!

À sa place, je ne suis pas certaine que je ne lui en voudrais pas… je ne suis pas certaine que je pourrais vraiment lui pardonner. Et elle, serait-elle capable de m'entendre ? En aurait-elle réellement envie…

Serais-je capable de cela, moi ? Si Ever me parlait…

Difficile, dans son état, me souffle une petite voix.

Mais aussitôt, un visage souriant apparaît pour intimer le silence à ma lâcheté. Celui de mon amie. Jenny ! Avec elle et son don de médium, j'ai peut-être une chance…

Pendant des années, j'ai laissé ma faiblesse me dissuader de tenir tête à Ever. Je n'ai pas envie de faire comme d'habitude. Aujourd'hui, je ne veux pas laisser ma culpabilité dicter ma conduite... ou me servir d'excuses une fois encore.

La question est de savoir si j'aurai le courage de me retrouver face à Ever…

Sebastian

Back home ! Je suis rentré ! Putain que c'est bon !

Retrouver Cheyenne au pied de mon lit chaque matin, mais quel kiff ! Mon lit, parlons-en, tiens ! La joie des nuits en diagonale sur un VRAI matelas, sans cette alèse pourrie...

Les bons petits plats de Maman, son VRAI poulet, sa purée de VRAIES pommes de terre... Et ses muffins à la myrtille !

Les soirées de Super Bowl avec Papa et Brian, à hurler comme des damnés, sans risquer de réveiller le service tout entier !

Ça fait du bien d'être là, avec eux.

Vivant.

Et pourtant... pourquoi est-ce que j'ai cette putain d'impression qu'il manque un truc, ici ? Et si elles avaient raison, toutes les deux... si les murs de l'appart essayaient de me raconter ce que la raison m'empêche d'admettre...

Bordel, elle est pas folle, ma petite sœur !

Je la connais, ma Kelly... alors pourquoi elle me fait cette fixette, là ! Pourquoi ?!

Je ne peux pas m'empêcher de taper « voyage astral » dans le moteur de recherche de Google... Et ma conclusion : soit Stella en tient une couche grave, comme ces milliers d'illuminés qui se baladent et vont papoter avec Mickael Jackson... soit je vais devoir revoir les bases de ce en quoi je crois... ou pas !

Hemingway... Ernest Hemingway a fait un témoignage qui abonde en son sens... il raconte que, blessé par un éclat d'obus pendant la Seconde Guerre mondiale, il a eu la sensation très nette de quitter son corps. Son âme ou quelque chose qui sortait de son corps, comme quand on tire un mouchoir de soie de sa poche... son âme, donc, se déploya autour de lui, puis revint et réintégra son corps. Mais il n'était pas mort... Ernest Hemingway, quand même ! Le journaliste, écrivain, correspondant de guerre, et surtout, l'homme qui a reçu le prix Pulitzer raconte un truc pareil... Putain, j'y crois pas ! Le mec n'a pas eu peur de balancer ça à la face du monde, et même de l'écrire. Pas sûr qu'à sa place j'aurais fait la même chose...

Bon, je ferais mieux d'aller me coucher. Demain, c'est retour au bahut. Je vais la revoir... ça me permettra de me faire une idée plus réaliste sur elle.

Stella Forest... Qui es-tu, belle Stella ? Une barge que je dois fuir ? Une magnifique nana avec bien trop d'imagination ? À moins que tout cela ne soit que la vérité... Et là...

Non ! C'est moi qui crains, là... !

CHAPITRE 31

Un à un, les jours passent.

Et aujourd'hui, je vais revoir Sebastian.

Dans la cuisine, heureusement désertée par mes parents, j'avale avec difficulté quelques céréales et un jus de fruits. Brusquement, je me précipite à la salle de bains où j'arrive *in extremis* pour vomir mon petit déjeuner si durement ingurgité. Dans le miroir, le visage livide de la fiancée de Frankenstein m'adresse un pathétique sourire.

C'est juste catastrophique !

Je n'ai qu'une envie : retourner me cacher sous ma couette. Ne voir personne, et surtout pas lui. Malgré tout, j'inspire un grand coup et m'asperge d'eau fraîche. Pour redonner de la couleur à mes joues blafardes, j'applique un soupçon de blush, saisis mon sac de cours et m'offre LE sprint de la journée pour attraper mon bus.

Jenny m'attend en faisant les cent pas devant le lycée.

– J'ai cru que tu allais sécher les cours, m'avoue-t-elle en grignotant un bagel.

– J'y ai pensé. Mais à devoir sauter dans le vide, autant le faire tout de suite. On verra bien ce qu'il reste après.

– Je t'aime presque autant que ton optimisme, tu sais ! Allez, on se retrouve en littérature.

Avec une petite pirouette, elle m'envoie un baiser soufflé et file rejoindre sa classe. D'un pas traînant, je pars de mon côté. Encore une heure, la dernière, celle du condamné, comme la dernière cigarette…

Aujourd'hui, je suis heureuse de mon choix de seconde langue étrangère, le mandarin, car je sais que je n'y croiserai pas le héros que tout le monde attend depuis des jours : Sebastian.

– Alors… que signifie l'expression : étancher sa soif en regardant des prunes imaginaires, « Wang mei zhi ke », claironne mademoiselle Xiaogang de fort bonne humeur, pour débuter le cours.

J'ai la désagréable et pénible sensation qu'elle ne s'adresse qu'à moi. Je plonge les yeux dans mon bouquin.

– Mlle Forest, une idée ?

– Satisfaire ses désirs en se nourrissant d'illusions, dis-je en pensant que la maxime me convient parfaitement.

– Très bien ! s'extasie-t-elle, ravie. Cela renvoie à l'histoire du stratège Cao Cao, qui parvint à faire avancer ses troupes dans le désert en les persuadant de la proximité d'un verger de pruniers.

Et les minutes défilent… vite, beaucoup trop vite. La sonnerie retentit pour moi comme le glas. C'est l'heure de rejoindre la salle de littérature. L'heure de me retrouver à nouveau face à Sebastian…

Quand je passe la porte de la classe, je découvre avec une certaine stupéfaction le professeur et tout un groupe d'élèves qui l'encerclent déjà et le mitraillent de questions. Je les regarde en me disant qu'ils ressemblent en tout point à des abeilles vrombissant autour d'un pot de miel… mais surtout, je l'observe, lui. Tout sourire et parfaitement à l'aise au milieu de toute cette agitation, il répond avec gentillesse aux questions des uns et des autres. Je m'assois à ma place habituelle et Jenny me rejoint rapidement. Le prof, une main sur l'épaule de Sebastian, s'adresse alors à lui en me fixant :

– Pendant ton absence, Sebastian, nous avons accueilli une nouvelle étudiante, arrivée tout droit de Miami. Je souhaiterais te la présenter.

– Ce n'est pas nécessaire. Les présentations ont déjà été faites.

– Ah ?! Vous avez fait connaissance ce matin ?

Du coin de l'œil, j'aperçois Alexandra qui sursaute. Celle-là, elle ne s'y attendait pas en se levant ce matin ! Jenny aussi a remarqué sa réaction et pouffe dans son sac. Je me liquéfie sur ma chaise.

– Non, non, répond calmement Sebastian en me fixant – *tout comme les deux tiers de la classe, surpris par sa réponse* –, j'ai rencontré Stella il y a plusieurs jours de ça, durant mon séjour à l'hôpital.

Je suis tendue comme un arc, un poids terrible oppresse ma poitrine. Mais je le regarde moi aussi droit dans les yeux.

Allez ! Fais-toi plaisir, pensé-je. *Si tu savais... j'ai enduré bien pire !*

– Stella est venue me rendre visite à plusieurs reprises pendant mon coma, commence Sebastian, tout sourire. Mais aussi, après mon réveil.

Je le maudis. Le monstre prend son temps, il veut apparemment faire durer le supplice, avant de porter l'estocade. Je serre les poings avec rage. Mon regard lance des éclairs meurtriers dans sa direction.

– Et on peut savoir pourquoi ?! clame Alexandra, irritée. MÊME MOI, je n'avais pas accès à ta chambre, alors je ne vois pas comment elle a pu faire !

Un silence écrasant règne dans la classe. Mark me fixe avec stupeur. Chacun attend la réponse de Sebastian. Quelques chuchotements s'élèvent derrière moi… Une énorme bouffée de chaleur m'envahit. Prête pour la mise à mort, je lève le menton avec courage. Quelques larmes contenues flottent maintenant dans mon regard.

– Stella rend visite aux malades de l'hôpital en tant que bénévole… lâche-t-il sans me quitter des yeux, mais soudain soucieux devant mon expression.

– Eh bien, reprend notre professeur de littérature, il est fort dommage que certains d'entre vous ne prennent exemple sur cette demoiselle. Bien…

Maintenant, au travail ! Sebastian, tu peux rejoindre ta place.

Mon corps se relâche d'un seul coup. Je peux sentir le regard mauvais d'Alexandra me transpercer la nuque et réponds en haussant les épaules à l'air étonné de Brian, et celui, un brin jaloux, de Mark. J'essuie mes mains moites sur mon jean en laissant échapper un soupir de soulagement. J'ai tout autant envie de sauter au cou de Sebastian pour le remercier que de le massacrer pour le sale quart d'heure qu'il vient de me faire passer et qu'il semble avoir singulièrement apprécié. Il m'adresse un signe de la tête et un coup d'œil inquiet, auxquels je réplique par un faible sourire destiné à le rassurer.

Je me demande s'il compte de nouveau s'amuser ainsi avec moi, comme un chat avec sa souris ?

Ou cherche-t-il juste à me faire comprendre qu'il gardera le secret ?

Sebastian

Pourquoi, mais POURQUOI, j'ai sorti cette histoire de bénévole, moi ? Depuis quand je me mets à inventer des alibis aussi débiles pour quelqu'un que je ne connais pas... ?

Je comptais faire comme si je la voyais pour la première fois et ne rien dire, et puis... j'ai croisé son PUTAIN de regard... Sérieux, ça devrait être interdit des yeux pareils !

Ça y est, elle me refait le coup ! Non, mais c'est quoi ce regard de malade... ?! BANG ! J'ai l'impression de me recevoir le palet en pleine poitrine.

Quel con ! Elle va me prendre pour un pauvre débile d'avoir débité une histoire pareille... Remarque, ma belle, je suis encore loin du compte après l'histoire que tu m'as sortie à l'hosto.

Et hop ! Touché ! Un point partout, palet au centre, dirait le coach.

CHAPITRE 32

Dans le couloir, les questions fusent de toute part, et Sebastian s'applique patiemment à satisfaire la curiosité de tous. Il enjolive, avec un plaisir évident, l'histoire romantique de la bénévole et du malade. Et quand Alexandra me reproche de ne pas avoir révélé à tout le monde que nous nous connaissions, il rétorque à ma place que, au moment de son coma, j'étais loin de savoir qui il était réellement.

Il a vraiment réponse à tout.

– De plus, les bénévoles sont tenus au secret professionnel, insiste-t-il, et ne sont donc pas autorisés à divulguer le nom des personnes à qui ils rendent visite, ni la moindre information les concernant. Il me semble qu'on leur demande même de rester aussi discrets que possible sur leur action bénévole. C'est bien ça ? demande-t-il en saisissant ma main. J'ai peut-être oublié certains détails, ce serait normal.

– Ta mémoire est… excellente, balbutié-je en retirant vivement ma main de la sienne, perturbée par la sensation de picotements ressentie.

Je regrette aussitôt mon geste hâtif. Il me dévisage puis fixe ses doigts, l'air complètement déboussolé…

Sebastian

C'est quoi ENCORE, ce truc de dingue !

Quand j'ai touché sa main… juste là ! Ça m'a… ça m'a… Merde alors ! Je n'arrive pas à mettre un mot dessus…

C'est comme si je traversais un champ de force… « notre champ de force étincelant »… ça me vient d'où, ça ?!

Tu me fais quoi, Stella Forest… Tu me fais quoi… ?

Oh merde, voilà la bimbo de service qui remet ça… T'es mignonne, Alexandra, mais quand tu secoues la tête, ça fait un bruit d'évier ! On te l'a jamais dit ?!

Zeeeen… Profite de ce que la vie met à ta portée, Logan…

***

– Je ne suis pas bénévole à l'hôpital, susurre Alexandra en saisissant l'occasion pour agripper Sebastian. Mais si tu as besoin d'aide pour quoi que ce soit, je suis dispo.

– On ne voit pas du tout le genre de services que tu pourrais proposer, Alex… ironise Jenny en lui adressant un sourire lumineux. Ce ne serait quand même pas du genre payant, mais totalement illégal, si ?!

– Tu es… commence Alexandra, en se jetant rageusement sur mon amie.

– Hop là ! coupe Jenny en l'évitant d'une pirouette. Je sais, je sais… Je suis une chieuse, mais une ADORABLE chieuse, non ? dit-elle en se mettant à l'abri derrière Sebastian.

– C'est vrai, je confirme ! s'esclaffe ce dernier. Allons, calme-toi, Alexandra ! Pas la peine de te donner en spectacle !

Il prend alors Jenny dans ses bras et murmure quelque chose à son oreille qui les fait glousser tous les deux. À cet instant précis, l'envie de me retrouver à la place de mon amie transperce ce qu'il me reste de cœur. Les quelques secondes où sa peau a touché la mienne me manquent déjà tellement. Depuis ce matin, en dépit de l'énorme attention dont il est entouré, il a eu un mot gentil pour chacun, même pour ceux qui ne font visiblement pas partis de son cercle d'amis. Avec son statut de joueur star dans l'équipe de hockey – et son physique à tomber –, il n'avait pourtant pas besoin de cet accident pour attirer l'attention. Beaucoup auraient pris la grosse tête pour moins que ça. Pas lui ! Ici aussi, dans le monde réel, son côté protecteur est bien présent. Même en pleine lumière, il se débrouille toujours pour mettre l'autre en valeur, comme avec cette histoire de bénévole. Mais surtout, je me souviens de lui de l'autre côté… l'intensité et l'émotion de ses yeux quand il les posait sur moi. Tous ces moments passés ensemble, durant lesquels il était d'une sincérité désarmante et si touchante. Bien loin de l'image du sportif populaire à laquelle on pourrait s'attendre. Sa gentillesse, sa douceur et son extraordinaire volonté d'y croire – même dans les heures les plus noires –, sa force de ne jamais baisser les bras…

– Alors ? insiste Alexandra en s'accrochant à lui comme un post-it.

Loin de se laisser abattre par la remarque de Jenny, elle l'entreprend à nouveau en lui parlant de sa soirée. Elle veut s'assurer que la date lui convient bien, mais il n'a pas le temps de répondre. Le début de l'heure suivante interrompt leur conversation et, en se dégageant prestement, il s'échappe en haussant les sourcils de façon comique dans notre direction. Jenny éclate de rire et me souffle :

– Tu vois, tu as encore toutes tes chances, elle l'exaspère déjà !

Comme d'habitude, Jarvis commence son cours de fort mauvaise humeur. Mark, assis à mes côtés, m'ignore superbement. M'en veut-il encore ? Jarvis n'en finit pas d'épiloguer sur le phénotype macroscopique qui dépend du phénotype cellulaire, lui-même induit par le phénotype moléculaire.

J'envoie Jarvis et sa biologie au diable. Je me mets à rêvasser en admirant la nuque de Sebastian, installé juste devant nous, entre Brian et Jenny.

Soudain, la sonnerie de mon portable retentit dans la classe attentive et silencieuse, annonçant l'arrivée d'un message. Totalement paniquée, j'essaie de l'atteindre aussi vite que possible pour l'arrêter, mais avec le bordel qui règne dans mon sac, c'est peine perdue. Deux tables derrière moi, Post-it ricane.

– Forest ! aboie Jarvis en faisant volte-face et en fonçant sur moi tel un chien enragé. Votre téléphone !

La mine décomposée de Jenny, qui vient de se retourner vers moi, m'indique qu'elle est l'expéditrice du message et qu'il ne serait pas de bon ton qu'il tombe entre les mains du professeur.

Merde !

Pendant un court instant, j'envisage de ne pas le lui donner – je plaiderai le droit au respect de ma vie privée –, mais son visage écarlate et son regard furibard m'en dissuadent. Je le lui tends donc, devinant qu'il n'est certainement pas d'humeur à apprécier la prose du texto. Je capte au passage le regard désolé et vaguement en colère que me lance Sebastian, qui me scotche littéralement. Il me sourit comme pour me redonner courage.

Waouh !

Sebastian

Ohooo ! Là, tu fais très fort, Stella…

Garder son portable allumé pendant un cours de Jarvis… ça craint ! Ça frôle la tentative de suicide !

J'avais oublié combien il peut hurler, celui-là... Quel con ! Il a pas changé, toujours aussi chiant !

Oh ! Mais il va se calmer, là... oui ?!? J'aime pas le regard enragé qu'il lance vers toi, ma belle... J'aime pas du tout...

Jarvis, BORDEL ! T'as de la chance d'être un prof, crois-moi... Mais de toute façon, on ne parle pas aux gens comme ça ! Et encore moins à une fille

Retenez-moi Je... je vais me le faire, putain !

***

Une violente rafale ouvre alors à la volée une des fenêtres de la salle. Quelques feuilles de cours s'envolent. Alors que Jarvis va se saisir du téléphone, mon bras, pris d'une impulsion soudaine et incontrôlable, part dans la direction opposée, et mon portable se retrouve projeté sur le sol, à quelques mètres de lui. Je suis maudite...

– Oh... je suis désolée !

– Plus un mot ! hurle-t-il en récupérant l'appareil que cette pétasse d'Alexandra vient de ramasser en toute hâte.

Il jette un œil au téléphone, le fourre ensuite dans sa poche et m'ordonne, ainsi qu'à Jenny, de passer dans son bureau à la fin de la journée. Le cours se poursuit dans un silence si remarquable que je pense un instant lui demander de me remercier pour ce miracle, mais je décide finalement de garder cette réflexion pour moi. Le règlement interdisant d'avoir nos portables allumés durant les heures de cours, je sais déjà qu'il me sera confisqué pendant une semaine. Cela me paraît amplement suffisant.

Le fait que l'incident se soit passé en biologie, matière dans laquelle je suis loin de briller, n'arrange pas mon cas, surtout avec un professeur tel que Jarvis.

À la cafétéria, Sebastian et Brian, à la surprise générale, décident de déjeuner de leur côté. Jenny en profite pour me demander des explications sur mon geste malheureux.

– Mon bras est parti tout seul comme si quelqu'un l'avait brusquement poussé.

– Ça s'est déjà produit, ce genre de truc ?

– Non, c'est la première fois. Soit mon corps s'emballe à la simple vue d'un sourire de Sebastian, soit… je ne sais pas.

Les questions se bousculent dans ma tête tandis que je regagne ma salle de cours après la pause déjeuner. J'en oublie de demander à mon amie quelle était la teneur de son message. À la fin de l'après-midi, je me dirige vers le bureau de Jarvis. Jenny est déjà là.

– Je ne perdrais pas mon temps à vous relire le règlement, commence-t-il en nous faisant signe de nous asseoir. Le doyen s'en chargera, et il est évident que vos parents seront informés de cet incident regrettable. Je m'abstiendrai aussi de discourir sur le contenu du message incriminé, qui ne présente aucun intérêt. Si ce n'est celui de l'écriture cryptée.

Quatre heures de colle, telle est sa sentence.

Quatre heures de biologie ! Je suis dégoûtée… jusqu'à ce qu'il ajoute que, durant lesdites heures, il souhaite que nous lui enseignions le code linguistique des textos. Devant nos regards ahuris, un rictus – qui équivaut sûrement à un sourire dans son langage corporel propre et parfaitement inadapté – déforme son visage. Nous sortons de son bureau sans avoir prononcé un seul mot, et bien sûr, sans nos portables.

– Je rêve, lâche Jenny, interloquée, en étouffant un rire. À mon avis, il n'a rien compris au message… et heureusement pour nous ! Je ne suis pas certaine qu'il aurait apprécié mes savants calculs.

– Tes savants calculs ?

– Depuis ton arrivée au lycée, j'ai l'impression que les facultés de discernement d'Alexandra, entre autres choses, se mettent une à une hors-service. Alors, je m'interrogeais sur le temps qu'il faudrait à ses quelques neurones pour assimiler l'information, la faire remonter ensuite jusqu'à la masse spongieuse qui lui tient lieu de cerveau, et comprendre enfin qu'elle n'a plus aucune chance avec Sebastian.

– Telle que je la connais, je doute fort qu'elle envisage, même un seul instant, l'idée de ne pas parvenir à ses fins.

– C'est justement ce qui me rend toute joyeuse. J'ai trop hâte de voir sa tête quand elle comprendra qu'elle est hors-jeu ! Ce sera une première pour elle, et je veux être là pour assister à ce grand moment, conclut mon amie avec un sourire éclatant.

En attendant, ça va être dément de donner des leçons de texto à Jarvis.

Dans le bus, je me dis que, finalement, j'ai bien fait de me lever ce matin. Ma journée ne s'est pas si mal passée. Et pour la première fois de ma vie, j'aurai presque plaisir à me rendre en heures de colle.

Sebastian

– Quand j'ai dit que j'étais tombée sur un empaffé de première... je ne pensais pas avoir raison à ce point !

Mais je viens de me prendre une baffe magistrale, là !? Merde, ça fait mal... vraiment mal ! Elle est folle, ou quoi ?!

Je me frotte la joue en lançant un regard furax à... la blonde de mes rêves, là... enfin non, à la blonde déjantée qui apparaît dans mes rêves, plutôt, parce qu'elle est loin d'être la fille de mes rêves en ce moment...

Ever... Oui ! C'est ça, cette foldingue s'appelle Ever. Ça me revient, maintenant.

– Non, mais t'as un problème, ma grande !? Va falloir te calmer !

– Si j'ai un problème ? Je rêve... Le monsieur me demande si j'ai un PROBLÈME ?! Mais c'est toi, mon problème !

– Tu commences à me gonfler, Ever... alors arrête de HURLER comme une hystérique

– Bien... ! Très bien... ! Tu te souviens de mon prénom, c'est déjà ça... On peut donc en déduire que certaines zones de ton cerveau fonctionnent encore correctement... et de quoi d'autre te souviens-tu, alors ?

– Mais enfin, à quoi tu joues, là ? C'est parce que je n'ai pas voulu consommer la marchandise ? Tu ne supportes pas de te prendre une veste ?

– Donc tu n'as pas oublié ce petit épisode-là non plus... tu m'étonnes ! Un mec reste un mec, hein... Et te souviens-tu de la demande que je t'ai faite ? Ne pas oublier de parler à Stella *Tu t'en souviens de ça, DUCON ?!?*

– OUI Ducon s'en souvient parfaitement

– Alors pourquoi tu ne l'as pas fait ?!?

– ...

– Quand je dis que je suis tombée sur un empaffé de première... j'ai vraiment tiré le gros lot...

– Je n'ai pas parlé à Stella ?

– Non, tu ne lui as pas parlé... Ohooo merde, tu t'en souviens même pas, c'est ça... ? Alors là... on n'est pas dans la merde !

CHAPITRE 33

Couchée dans mon lit, ce soir-là, j'hésite à rendre visite à Sebastian. Le désir de le voir est fort… tenace. Pourtant, autant ça ne me gênait pas avant son réveil, autant maintenant j'ai la désagréable sensation que je serais une intruse. Une sale voyeuse ! Sans doute aussi ai-je peur de ce que je pourrais découvrir en débarquant chez lui… Je n'ai aucune idée de ce qu'il fait, là… ni même s'il est seul, en famille ou avec ses amis – ou pire encore, en charmante compagnie…

Le sommeil me surprend enfin à l'aube, après des heures d'insomnie.

– Tu as une mine effroyable, s'inquiète ma mère quand j'arrive dans la cuisine.

– Merci. Ça fait toujours plaisir pour bien démarrer la journée, marmonné-je en attrapant le verre de jus d'orange qu'elle me tend.

– Tout va bien, chérie ?

Elle m'observe un instant avec attention, puis devant mon mutisme, dépose un pancake tout chaud dans mon assiette. Je devine sans peine, à ses mains crispées et son sourire figé, qu'elle est stressée.

Et ce n'est pas bon signe.

– Oui. Tout va bien, Mam, répliqué-je, à mon tour sur le qui-vive, et en espérant ne pas subir de bon matin un de ces interminables interrogatoires. J'ai du mal à m'endormir en ce moment, c'est tout.

– Je sens bien que tu es tracassée…

Allez… C'est parti ! J'avale mon jus et me lève en vitesse sans toucher à mon assiette.

– J'ai pas le temps, Mam. Je vais être en retard.

– Stella, réplique-t-elle en m'attrapant le bras quand je passe rapidement près d'elle. Tu ne manges rien, tu fuis dans ta chambre dès que tu rentres du lycée… Et maintenant, par-dessus le marché, tu as une tête de…

Je me dégage d'un coup sec de sa poigne un peu trop ferme, saisis le pancake encore tiède dans mon assiette et le fourre dans ma bouche en mastiquant devant elle d'un air exaspéré. Alors que je me dirige à nouveau vers la porte, la colère monte en moi comme la lave en fusion dans un volcan.

– Une tête de quoi ?! D'alcoolique ? crié-je, furieuse, sachant parfaitement à quoi elle pense, et donc, le peu de confiance qu'elle m'accorde.

– Je n'ai pas dit ça, réfute-t-elle, mais je ne te reconnais plus, en ce moment.

– Tu sais quoi, Mam… tu n'es pas la seule, avoué-je d'une voix soudain brisée, en songeant à Sebastian. Mais rassure-toi, je ne bois pas et je ne me drogue pas. Je suis clean.

– Parle-moi, alors ! Tu sais très bien que tu peux tout me dire.

– Tout ? murmuré-je, un instant, pleine d'espoir… avant de changer d'avis, d'attraper mon sac et de filer en courant jusqu'à l'arrêt de bus.

Une fois posée, le regard dans le vague, je laisse mes idées se calmer et mon cœur s'apaiser, tout en picorant les restes du pancake que j'ai emporté avec moi. Durant quelques secondes, j'ai ressenti un irrépressible besoin de me jeter dans ses bras, comme lorsque j'étais petite fille et qu'elle savait si bien me consoler. Mais la gamine que j'étais alors a disparu, broyée par la mort d'Ever.

Plongée dans mes pensées, je manque mon arrêt et dois courir depuis le suivant pour ne pas arriver en retard…

Décidément, cette journée démarre en beauté…

CHAPITRE 34

Aux abords du lycée, je ralentis l'allure pour ne pas avoir à doubler Alexandra qui papote avec Brittany et Rebecca, quelques pas devant moi. Elles captent soudain toute mon attention en prononçant le nom de Sebastian.

Tiens donc ! Je ne suis pas la seule qu'il obsède, on dirait... pensé-je.

– Mais quand même, Alex… T'as pas l'impression qu'il bloque un peu sur Stella ? est en train de suggérer Rebecca.

– Cette petite chose insignifiante ?! répond Post-it d'un ton méprisant. Tu plaisantes, j'espère ?! Non, aucun risque !

Alors comme ça, cette pétasse me considère comme *une petite chose insignifiante* !

Je trépigne, et l'envie de me jeter sur elle pour lui faire bouffer son cache-oreilles m'aveugle quelques secondes… Cette fille a vraiment le don de me mettre hors de moi. OK, je ne suis peut-être pas blonde et je n'ai pas la poitrine d'une bimbo, mais je suis loin d'être repoussante !

Dès que je croise Jenny, je lui raconte la discussion que je viens de surprendre.

– Je viens d'un coup de décider que je vais y aller, à sa super-soirée.

– Génial ! Et moi, j'ai enfin reçu de quoi faire ma tisane miracle. Adieu tes insomnies, tu vas retrouver ta mine d'enfer en une nuit, top chrono ! Notre chère Alexandra va se prendre une claque de fo-lie !

– Je veux simplement lui faire comprendre que me sous-estimer serait une grave erreur. Après, je n'ai pas du tout l'intention de draguer Sebastian.

– Bien sûr, bien sûr… répond mon amie, les yeux rieurs. On va juste se trouver des tenues démentes et faire un malheur !

À midi, Brian et Sebastian nous rejoignent à la cafétéria, et cette fois-ci, ils s'installent à notre table. Alexandra se débrouille pour s'asseoir près de Seb et lui demande, avec un sourire à faire fondre tous les glaciers de l'Alaska, s'il sera présent à sa soirée. Je tends l'oreille.

– C'est en petit comité ou tu as décidé de nous sortir le grand jeu ? interroge-t-il en jetant un regard sur moi.

– On fait ça en grand, qu'est-ce que tu crois !? J'ai invité tout le monde.

Elle pose une main insistante et manucurée sur son bras, et soudain, l'envie de lui arracher un à un ses ongles en résine fluo me titille.

– En tout cas, Stella hésite encore… lance innocemment Jenny à Alexandra, qui se rembrunit en entendant mon prénom.

– Tu ne vas pas venir ?! me demande Sebastian, inquiet.

Je lève les yeux et son regard océan s'accroche au mien : comme autrefois. Comme s'il se souvenait de moi, de nous… Il me sourit, une vague de chaleur parcourt mon corps, alors que je m'apprête à répondre.

Sebastian

BANG ! Et je me prends encore ce putain de palet en pleine poitrine... Mais c'est quoi, ce truc avec son regard !?

En parlant de regard... J'ai pas loupé celui que Mark pose sur toi, ma belle Stella... C'est drôle, je ne sais pas pourquoi, mais j'ai les poings qui me démangent comme si... comme si... comme si d'un coup je voyais ses lèvres qui se posaient sur le bout de ton nez... ! Pourquoi j'ai cette image dans la tête ?! Ça te rappelle un truc, Stella ?!

Merde ! Fait chier, là ! Vraiment... Ça me soûle ces espèces de flashs que j'ai, dès qu'elle est dans le coin...

Faut que je retourne voir les toubibs, j'ai des picotements dans les bras, maintenant, en plus de ce foutu mal de crâne... Ce n'est pas le moment de tomber malade, je viens juste de reprendre l'entraînement... L'équipe compte sur moi... le coach me ferait une attaque...

Ouais, pas certain que ça soit une si bonne idée de retourner voir le toubib, si c'est pour me retrouver sur le banc de touche avec Brian, pas question !

En attendant, comme dirait le coach, faut que j'assure mon jeu. Je ne vais pas te laisser passer la ligne bleue et marquer le point à ma place, Mark.

Ah ça non ! Tu peux toujours rêver !

***

– Tu es sûrement trop occupée avec ton bénévolat, n'est-ce pas ? m'interrompt Alexandra tout sucre tout miel, avant même que je ne puisse prononcer le moindre mot. Je ne voudrais pas priver ces pauvres malades de ta présence.

– C'est tellement gentil à toi de m'avoir invitée que je ne peux refuser, répliqué-je sur le même ton. Tu sais, les patients dorment aussi, le soir…

Tu vas voir de quel bois je me chauffe, sale garce !

Et je poursuis, avec un clin d'œil à Sebastian :

– … et puis, il faut bien s'amuser de temps en temps, tu ne crois pas ?!

J'ai surtout l'intention de te montrer à quoi peut ressembler une petite chose insignifiante quand elle s'en donne la peine, pensé-je, hilare, en la voyant se décomposer.

– On va passer une soirée géniale… répond Sebastian d'une voix veloutée et sexy.

La sonnerie de reprise des cours retentit. Au milieu du brouhaha, je le vois se lever en bousculant légèrement Alexandra et se diriger vers moi d'un pas tranquille.

– Je suis ravi que tu viennes à cette soirée, murmure-t-il en se penchant à mon oreille. Maintenant, il me tarde vraiment d'y être.

Il s'éloigne en compagnie de Brian, et je reste figée sur ma chaise. Dois-je réellement réfléchir au sens de ses dernières paroles ? Alexandra me lance un regard noir, auquel je réponds sans peine par un sourire radieux.

Round n° 1 : Stella 1 – Post-it 0

Totalement sourde à Jenny qui me conseille de reprendre mes esprits et de me bouger pour ne pas être en retard en cours, j'analyse mes réactions. Jamais un garçon ne m'a fait un effet pareil. Le contact de sa peau, sa voix, son parfum… suffisent à me faire complètement perdre la boule.

– T'es gravement atteinte, dis-moi ! constate Jenny, après avoir supporté mes soupirs et mes divagations pendant tout le cours d'histoire.

– Hum… c'est grave, Docteur ?

– Oui, mais ça se soigne ! « *Le seul moyen de se débarrasser de la tentation, c'est d'y céder. Essayez de lui résister, et votre âme aspire maladivement aux choses qu'elle s'est défendues.* » Ce n'est pas de moi – tu t'en doutes, hein ! C'est d'Oscar Wilde.

– Tu m'épates, là !

– Je ne lis pas *QUE* la page des potins, s'offusque-t-elle en pouffant. Non… en fait, je suis tombée sur cette citation en faisant des recherches pour un devoir de littérature. Il m'arrive aussi de bosser, tu sais ! Et là, je trouve que ça résume très bien le sujet qui nous occupe.

À la maison, ce soir-là, un mot sur la table de la cuisine m'apprend que mes parents sont à un concert de bienfaisance et rentreront tard. Ma mère a rajouté en post-scriptum : « *Nous devons parler !* » Super ! Juste au cas où j'aurais bouffé l'info depuis ce matin…

Je suis soulagée d'avoir au moins gagné ce léger répit. Elle reviendra à la charge, c'est clair ! Mais au moins, pas ce soir. J'avale la moitié d'un donuts et fais chauffer de l'eau. Quand la bouilloire se met à siffler, je prépare en chantonnant ma tisane *Bonne Nuit Stella,* en suivant à la lettre les recommandations de Jenny : pas plus de deux cuillerées à soupe du mélange.

Pendant qu'elle infuse, je file prendre une douche. Puis j'enfile mon jogging préféré – le tout vieux, troué à certains endroits, mais dans lequel je me sens trop bien.

Je vais enfin passer une bonne nuit ! Sans cauchemar.

La sonnerie du téléphone retentit dans la maison silencieuse. Je descends en courant à la cuisine pour répondre. Je me sers au passage une tasse de tisane et en prends une gorgée en râlant.

Foutez-moi la paix ! C'est vraiment pas le moment !

– Quoi !?! m'écrié-je en décrochant, sûre d'entendre en retour la voix inquiète de ma chère maman.

– Stella ?

Mon cœur rate un battement, et je m'étouffe en avalant de travers.

– Sebastian ? couiné-je en tentant de contenir une quinte de toux.

– Salut ! Jenny m'a donné ton numéro. J'espère que tu ne lui en voudras pas ?

– Non non ! murmuré-je en m'écroulant sur une chaise, furieuse de l'effet qu'il arrive à me faire, simplement en étant au bout du fil.

– Je viens de finir mon entraînement de hockey. Ça te dirait de venir prendre un verre avec moi ? Je suis au Cheers.

– Prendre un verre… hum… je ne bois pas…

Mon palpitant pulse maintenant à une cadence frénétique. Je suis totalement à l'ouest.

– Mais tu te nourris, j'espère ? demande-t-il avec un sourire dans la voix.

Le sifflet de la bouilloire me fait sursauter et me sort de ma léthargie.

Merde, je l'ai oubliée sur le feu…

Le Cheers est juste à quelques rues de la maison, et mes parents ont prévu de rentrer tard.

Je ne resterai qu'une heure ! Grand max…

– On peut grignoter un truc, si tu as faim, insiste-t-il.

– D'accord, je te retrouve là-bas.

Je raccroche précipitamment et monte les marches quatre à quatre. Tout en enfilant mon jean, je me répète que j'ai pris la mauvaise décision. Mais c'est plus fort que moi, ça ne me fait même pas ralentir. Après avoir essayé cinq tee-shirts, une chemise, deux pulls et encore un tee-shirt, je suis enfin prête.

Une envie irrésistible me pousse vers Sebastian.

Respire, Stella ! Ressspire ! Sinon, vu ton état, il va te prendre pour une dingue... si ce n'est déjà le cas.

CHAPITRE 35

L'air glacial calme à peine mes hormones en folie. Il ne me faut que quelques minutes – je cours comme une malade tout le long – pour arriver au 84 Beacon Street. La salle est pleine à craquer, et la musique, à son maximum. Je regarde autour de moi sans le trouver et me dirige vers l'escalier pour rejoindre l'étage quand je l'aperçois tout au fond de la salle, assis tranquillement dans un box devant un soda.

Je le reluque sans vergogne une poignée de secondes avant de le rejoindre. Blades, l'ours brun mascotte de l'équipe de hockey de Boston, orne son tee-shirt noir tout simple. Il est juste… sublime ! Ma respiration s'accélère. En me voyant approcher, slalomant dans la foule, il me fait de grands signes de la main. Malgré la musique, j'entends mon cœur cogner dans ma poitrine.

– Salut, dis-je en m'installant sur la banquette face à lui, et je fonds en croisant son regard.

OMG ! Y a vraiment des regards qui vous clouent au siège bien plus efficacement que le démarrage à deux cent à l'heure d'une Ferrari…

– Hello ! Qu'est-ce que tu veux boire ?

OMG ! Et y a vraiment des voix qui vous donnent très très chaud, d'un coup...

– Un Coca, répliqué-je, la gorge très très sèche, en laissant glisser mes yeux sur ses cheveux encore humides. Mais je peux aller le chercher !

Et j'en profiterai pour me rafraîchir un peu au passage...

– Bouge pas, ordonne-t-il en se levant. J'y vais, ça sera plus rapide.

– Avec des glaçons, le Coca... beaucoup de glaçons, s'il te plaît ! rajouté-je en triturant nerveusement mes mains sous la table.

T'inquiète ! Aucun risque que je bouge, pensé-je en bloquant sur son corps musclé qui se faufile vers le comptoir. *OMG ! Il a un corps... un corps... C'est fou comme il fait trop chaud, ici ! J'ai l'impression qu'ils ont mis la clim sur la position sauna, tout à coup.*

Il revient quelques minutes plus tard avec mon Coca et une barquette de fish and chips. Et en profite pour s'installer à côté de moi, tranquille...

– J'ai toujours super faim après l'entraînement, souffle-t-il, la voix rauque, en me dévorant des yeux.

OMG ! Moi aussi, j'ai une faim de loup !

Toutefois, je me vois mal lui avouer tout de suite quel genre d'appétit me consume. Bien que son regard me donne l'impression qu'il partage mon point de vue...

– Je ne savais pas que tu avais repris le hockey, dis-je avant d'avaler une longue – très longue – gorgée de Coca glacé. Ce n'est pas un peu rapide après ton coma ?!

– Non, les toubibs étaient d'accord. Je dois juste être prudent… et tu peux me croire, le coach me couve comme son propre poussin. C'est même désespérant !

Je ne peux m'empêcher de lâcher un petit rire.

– T'es bien loin de l'idée que je me fais d'un petit poussin jaune, dis-je alors en dessinant ses muscles d'un regard appuyé, puis je reprends, plus sérieuse : Mon père adore ce sport. J'ai assisté à de nombreux matchs avec lui quand j'étais toute jeune, et j'ai souvent vu des joueurs quitter la glace sur le brancard. Ton entraîneur sait ce qu'il fait !

– C'est vrai. Il y a des risques, mais je suis accro à l'adrénaline. Quand tu es attaquant et que tu passes la ligne bleue avec le palet… Tchac ! Tu prends ta dose… Et si tu marques, c'est le pied !

Quand nous étions de l'autre côté, entre deux mondes, j'avais déjà remarqué combien il aimait se surpasser physiquement. Ce besoin d'être toujours au maximum de ses capacités. J'ignore si ce trait de caractère est lié au fait d'être sportif, néanmoins c'est en lui. Et son discours me prouve que c'est également plus fort que lui.

– C'est à cause d'un mauvais coup au hockey que tu as fini dans le coma ? demandé-je, en me souvenant tout à coup qu'il ne m'a jamais donné la raison de son hospitalisation.

– Non.

Je tressaille, sa réponse a claqué comme un coup de fusil et je le sens mal à l'aise.

– Pardon, dis-je d'une petite voix, je ne voulais pas être indiscrète et te rappeler de mauvais souvenirs.

– Tu ne l'es pas, m'assure-t-il avec un regard tendre. Je… nous…

Il hésite un court instant et jette un regard incertain sur la salle, avant de reprendre :

– Nous n'en avons jamais parlé, tous les deux, quand j'étais dans le coma et que tu me rendais visite ?

Un petit frisson me transperce. Je ne sais pas ce qu'il pense réellement de tout ça. Et encore plus, s'il me croit. Je n'ai pas envie de lui donner l'image d'une folle, même s'il est un peu trop tard maintenant pour nourrir de telles considérations. Pourtant, s'il m'a proposé de le rejoindre au Cheers, c'est sans doute parce qu'il ne ferme pas totalement la porte à mes explications, non ? De nous deux, il est celui qui a toujours été d'une totale sincérité, lorsque nous évoluions de l'autre côté.

Et je sais très bien pourquoi je ne lui ai jamais demandé de s'expliquer avant…

– Non, Sebastian, nous n'en avons jamais parlé. Sûrement parce que je n'avais pas envie que tu me poses la même question…

Il me fixe un long moment.

– Tu ne risques rien à me parler, tu sais, lâche-t-il d'une voix hésitante.

Dans ses yeux, je retrouve la même intensité, la même émotion que j'y lisais avant sa sortie du coma. Et je le crois. Avec lui, je ne risque rien.

Il m'explique ensuite que, ce soir-là, après un match remporté de haute lutte, il est allé fêter la victoire avec son équipe dans un bar proche de la patinoire. Fatigué, il a voulu rentrer plus tôt que les autres. En rejoignant sa voiture, il a surpris des jeunes qui s'en prenaient brutalement à un clochard et leur a fermement ordonné de le laisser tranquille. Il s'est alors retrouvé seul face à quatre gars déchaînés. Sa crosse de hockey dans les mains, il a fait front un bon moment. Puis il a reçu un choc violent derrière la tête… et après, plus rien !

– Je me suis réveillé à l'hôpital. Grâce à ton baiser, paraît-il ? conclut-il d'un ton plus léger et avec un petit sourire.

Heureusement, le clochard avait filé dès le début de la bagarre et prévenu la police. C'est sans doute sa présence d'esprit et leur arrivée qui lui ont sauvé la vie.

– C'est surtout toi qui as sauvé la vie de cet homme !

En entendant les sirènes, ses attaquants ont déguerpi. Ils sont apparemment toujours dans la nature, les recherches de la police n'ont encore rien donné.

– Je ne suis pas un héros. Mais je ne pouvais quand même pas monter tranquillement dans ma voiture et rentrer chez moi en faisant comme si j'avais rien vu.

Pourtant, c'est ce que beaucoup auraient fait, ne puis-je m'empêcher de songer.

– Tu ne regrettes pas de t'en être mêlé ?

Il fronce les sourcils et réfléchit un instant avant de me répondre :

– Non, même après ce qui m'est arrivé... Bien sûr, je préférerais ne plus jamais me retrouver dans cette situation, pourtant, si je devais le refaire, je le referais ! Mais avant de foncer, cette fois, j'appellerais les flics.

– J'espère vraiment que tu auras la présence d'esprit de le faire, oui...

– Promis, me souffle-t-il d'une voix si basse et avec un regard si brûlant que j'en ai le cœur chamboulé. Je ne tiens pas à passer à côté de tout ce que la vie me réserve désormais...

Ainsi, non seulement il est à tomber, mais en plus il est courageux. Pas étonnant que toutes les filles du lycée lui courent après. Sans me quitter des yeux, il se penche vers moi et prend ma main, et pendant une fraction de seconde, je m'attends à l'habituelle explosion d'étincelles, comme de l'autre côté. Mais rien... Pourtant, ma respiration s'accélère brusquement. La chaleur de sa paume s'insinue tout doucement dans la mienne, remonte le long de mon bras, de mon épaule... abandonnant sur son passage une longue traînée de picotements délicieux. J'écoute l'écho de mon cœur. Persuadée qu'il bat assez fort pour couvrir la musique et le bruit des conversations autour de nous. Certaine, en tout cas, que lui aussi l'entend. Parce qu'il bat si fort, tellement fort, que j'en ai du mal à respirer. Comme lui. Il entremêle mes doigts aux siens. Je ferme un instant les paupières. Quand je les rouvre, il a toujours ce regard plein de douceur – une douceur dont je veux profiter encore quelques secondes, avant que ne vienne mon tour…

Il me contemple d'un air grave et me demande d'une voix tendre :

– Tu m'as dit que ton amie Ever était morte… Tu veux me raconter ce qui s'est passé ?

Mon histoire est sordide, cependant je n'ai pas envie de lui mentir. Il doit savoir qui je suis, réellement, sans artifice. Je commence à lui raconter. Je ne lui fais grâce d'aucun détail. La confession est loin d'être facile, et des larmes s'échappent rapidement de mes yeux baissés. Beaucoup de larmes… Il ne m'interrompt pas. Quand j'hésite, il m'encourage et me réconforte d'une pression sur la main. Je ne décèle aucune trace de mépris ou de pitié dans ses yeux lorsque j'ose enfin le fixer à nouveau. Non, rien de tout cela. Juste de la compassion. Et beaucoup de tendresse.

Il ne me juge pas. Alors, je continue… je vais jusqu'au bout. Et à la fin, je me perds dans son regard. Il se penche vers moi et caresse ma joue.

– J'aimerais trouver les mots pour t'aider, murmure-t-il. Ta culpabilité n'y changera rien, tu sais… Ever t'a persuadée de la laisser prendre le volant, tu aurais peut-être dû refuser, en effet, mais que se serait-il passé, alors ? Tu serais morte à sa place, ce sont tes parents qui vivraient l'enfer de ton absence et je ne t'aurais jamais rencontrée. Dans la vie, il faut savoir tirer des leçons de ses erreurs, la tienne a été de te laisser convaincre trop facilement… À compter de ce jour, tu ne dois plus jamais laisser quelqu'un te dicter ta conduite, même si tu l'aimes. En dehors de ça, tu as le droit d'être heureuse, et je suis certain que ton amie serait de mon avis.

Waouh, quel discours ! Sa sincérité ne fait aucun doute quant à ce qu'il vient de m'affirmer. Et le simple fait qu'il en soit si totalement convaincu me donne envie de le croire… me donne un peu d'espoir…

Son regard toujours plongé dans le mien, il se rapproche encore, sa cuisse se colle contre la mienne. Son corps tout entier me soutient. Son parfum et sa chaleur m'enrobent comme une caresse. Je sais enfin pourquoi je suis dans l'incapacité à me détacher de lui, alors que lui ne garde aucun souvenir de nous deux. Oui, maintenant, je sais pourquoi je ne le peux pas. Pas après avoir entendu cela, ressenti cela. Parce que, dans la réalité, ce qui nous lie est encore plus incroyable que de l'autre côté. Et parce que dans notre monde, celui des vivants… Ever n'a pas sa place.

– Je sais que tu ne te souviens de rien et que ce que je t'ai raconté à l'hôpital peut sembler complètement dingue…

Je le sens frémir contre moi, et cela me fait hésiter. Cette fois, il arrête de me regarder. Je sais bien que, pour lui, nous venons à peine de nous rencontrer. Seulement, ce n'est pas la même chose pour moi. J'ai des souvenirs avec lui. Tous plus merveilleux les uns que les autres. C'est difficile de faire comme si tout cela n'avait jamais existé. De tout oublier. Et puis surtout, je n'en ai aucune envie.

– Qui pourrait croire à une histoire pareille, n'est-ce pas ? Mais toi, Sebastian… est-ce que tu y crois ?

Un ange passe. Il ne me regarde toujours pas. Son silence est pire que la réponse qui ne vient pas. Pourtant, il finit par lâcher :

– Je ne sais pas. C'est la seule réponse honnête que je puisse te donner pour l'instant, Stella…

Il plonge de nouveau ses yeux dans les miens. Des yeux emplis de tristesse. Pour lui ou pour moi ? Et je regrette soudain de lui avoir posé cette question et d'avoir gâché ce moment entre nous. Mais comment pourrais-je lui en vouloir d'être sincère, même si cela fait affreusement mal ? Plus question maintenant de lui parler des rêves qu'il fait au sujet d'Ever, et de gaspiller la moindre seconde que je passe en sa compagnie.

– … mais ce dont je suis sûr, poursuit-il d'une voix chaude, c'est que j'aime être avec toi…

Il passe ses doigts sur ma joue dans une caresse qui me donne envie de fermer les yeux et de prolonger cet instant à l'infini…

– Je sais que je viens à peine de te rencontrer, continue-t-il, pourtant, j'ai l'impression de te connaître depuis toujours… c'est complètement dingue ! Tu me hantes…

Il me fixe avec une ardeur indéfinissable. Sa main se pose sur ma nuque et m'attire doucement vers lui.

– Et j'ai eu envie de t'embrasser à la minute où je t'ai vue à l'hôpital. Avant même que tu n'ouvres la bouche et ne prononces le moindre mot… comme si je t'attendais depuis des siècles…

Son dernier mot finit dans un souffle léger sur mes lèvres. Son baiser est passionné. Fiévreux. Mais aussi débordant de tendresse, comme s'il voulait noyer ainsi tous mes démons. Et à la seconde où nos langues se rencontrent, j'oublie tout…

Dix verres de Coca et deux hamburgers plus tard… le serveur vient nous apporter l'addition et nous annonce qu'il va devoir fermer.

QUOI ?! Oh merde !

Je jette un œil sur la salle et remarque qu'elle est presque vide. N'y croyant toujours pas, je regarde le cadran de ma montre.

– Oh non ! Il est presque minuit ! dis-je, affolée, en pensant à mes parents qui sont sûrement rentrés.

– Je te raccompagne.

Étrangement, le retour dure à peu près trois fois plus longtemps que l'aller. Pourtant, il est encore trop rapide à mon goût.

– J'aurais aimé rester avec toi toute la nuit, souffle-t-il en me retenant un instant par la main à l'entrée de notre allée. C'est douloureux de devoir te quitter…

Il s'approche de moi, le souffle court, si proche que je peux sans effort inhaler son parfum avec délice. J'ai encore envie de sentir sa peau contre ma peau, ses bras autour de moi, sa bouche sur la mienne. Des picotements de plaisir me parcourent. C'est un supplice exquis…

Quand soudain, un hurlement retentit derrière moi.

CHAPITRE 36

– Stella !

Nous sursautons tous les deux, comme des enfants surpris en train de faire une grosse bêtise. Mon père se précipite vers nous comme un ouragan, suivi de près par ma mère en larmes, furieuse elle aussi.

Et merde !

– Où étais-tu ? Ça fait plus d'une heure que nous essayons de te joindre, hurle-t-elle d'une voix stridente. Nous étions fous d'inquiétude.

– Dommage, murmure Sebastian à mon oreille, avant de s'écarter lentement.

Il y a un bref instant de silence.

– C'est ma faute, avoue-t-il alors, sa main emprisonnant toujours la mienne. J'ai invité Stella à prendre un verre et le temps est passé trop vite. Ne lui en veuillez pas ! Je suis le seul fautif. Je suis vraiment navré.

– Pas autant que nous, jeune homme, répond mon père en le fusillant du regard. Tu aurais dû nous téléphoner, Stella ! C'était la moindre des choses.

– Je ne pouvais pas… murmuré-je. On m'a confisqué mon portable au lycée. Je suis désolée, on n'a vraiment pas vu le temps passer.

– Vous pratiquez le hockey ? demande brusquement mon père, soudain plus détendu en remarquant le logo de l'équipe de Boston sur le blouson de Sebastian.

– Oui, Monsieur. Les Bruins, attaquant chez les juniors. Je me présente, pardon… Sebastian Logan, conclut-il en lui tendant la main.

Je m'autorise un bref instant de soulagement.

Ma mère ne dit rien, mais tique en entendant le prénom. *Merde…* Elle vient de comprendre que c'est le garçon dont je leur ai parlé le soir de mon arrivée au lycée, et sur lequel on avait échafaudé des tas d'hypothèses loufoques. Je vois bien qu'elle est toujours furieuse, même si sous contrôle… pour le moment.

Sebastian s'éloigne à regret sur un glacial au revoir maternel, quelque peu atténué par celui de mon père, sans doute plus chaleureux grâce au hockey.

Je suis mes parents à l'intérieur, rêvant à mon baiser manqué. Le calme ne dure pas bien longtemps. Sitôt la porte claquée, ma mère se déchaîne.

Comment ai-je osé sortir sans les prévenir ? Et pourquoi m'a-t-on confisqué mon portable, d'abord ? Et est-ce que j'ai vu l'heure, enfin ?! Je ne pouvais pas laisser un mot avant de partir ?

Les questions fusent les unes derrière les autres, sans que j'aie le temps d'y répondre. Je décide de la laisser se calmer en gardant les yeux baissés.

– Tu es totalement irresponsable, lance-t-elle enfin.

Je tente alors de lui expliquer pourquoi mon téléphone a fini dans les mains de mon enseignant, mais toujours remontée à bloc, elle m'interrompt en me détaillant avec suspicion :

– Et qu'est-ce que vous avez bu, pendant tout ce temps ?

– Du Coca ! Seulement du Coca, Maman ! Qu'est-ce que tu imagines ?! Tu crois que je n'ai pas compris la leçon avec la mort d'Ever ?! Je m'en veux chaque heure de chaque jour depuis que je me suis réveillée dans ce putain d'hôp…

– STELLA, à qui crois-tu donc parler !?

– Oh ça va, Mam… Comment croyez-vous que j'aie pris la nouvelle quand vous me l'avez annoncée, hein ?! Qu'est-ce que vous espériez… Je n'en dors plus depuis des mois ! Aujourd'hui, ENFIN, pour la première fois depuis l'accident, je me suis sentie bien… au point d'en oublier l'heure, c'est vrai ! PARDON Mais bon sang, je pensais que ce genre de chose ne m'arriverait plus jamais ! J'ai enfin oublié, juste le temps d'une soirée, l'infâme culpabilité qui me ronge, et dans laquelle VOUS me maintenez, malgré tous vos grands discours ! Oui oui, VOUS, pas la peine de me regarder comme ça… La preuve, Mam… tout ce qui t'intéresse, là, c'est de savoir si j'ai bu de l'alcool

– Stella ! Ça suffit, me coupe mon père.

– Vous ne comprenez rien ! rétorqué-je, des larmes plein les yeux. Quand je buvais, vous n'avez jamais rien remarqué, et maintenant que je suis sobre, vous n'êtes pas plus clairvoyants. Depuis toujours, vous êtes à côté de la plaque ! Il serait peut-être temps de vous en rendre compte.

– On ne peut pas comprendre ce que tu vis si tu ne nous dis rien, continue-t-il à me reprocher, d'une voix acerbe.

– Pendant des années, ton boulot a eu la priorité sur moi, et maintenant, tu voudrais qu'on parle ?! C'est peut-être un peu tard, tu ne crois pas ? Si tu me connaissais au moins un peu, nous n'aurions pas besoin d'avoir ce genre de conversation. Tu saurais que tu peux avoir confiance en moi !

– Vraiment ?! Te faire confiance ?! réplique-t-il en me fusillant du regard. Comme je te faisais confiance lorsque vous sortiez, Ever et toi… ?

– Tu rigoles… ? Mais à cette époque-là non plus, ce n'était pas de la confiance, Papa ! C'était juste du désintérêt… tu mélanges tout, sifflé-je avec dépit.

Je grimpe l'escalier à toute vitesse sans attendre de réaction de sa part et m'enferme dans ma chambre à double tour, après avoir violemment claqué la porte, leur signifiant ainsi qu'il est préférable de ne pas revenir à la charge, en tout cas pour aujourd'hui.

Cette nuit-là, je n'ai aucun besoin de la tisane de Jenny pour m'endormir. Toutes ces émotions m'ont épuisée, et à peine la tête posée sur l'oreiller, je sombre dans un sommeil lourd et sans rêves.

Sebastian

Et la voilà qui arrive... Celle qui hante mes nuits, mes rêves... Je commence à m'y faire, c'est cool... comme quoi, on s'habitue vraiment à tout, hein, mon vieux Seb ?!

Bon, en même temps, j'ai aucun contrôle sur tout ça... et encore moins sur elle ! De toute façon, ce n'est pas vraiment le genre de nana sur qui un mec pourrait avoir la moindre influence...

Maiiiiiiis je commence vraiment à la trouver sympa – faut croire que je suis vraiment atteint – et je crois bien qu'elle aussi m'apprécie... En tout cas, je n'ai plus droit à Ducon, Empaffé de première et autres gentillesses... ou presque...

– En fait, je ne sais pas ce qui me manque le plus depuis que je suis ici, commence Ever en approchant, comme si notre conversation de la nuit dernière ne s'était jamais arrêtée et en se coulant dans mes bras. Ma famille, Stella ? Eux, oui ! Si tu savais combien ils me manquent ! Enfin oui, tu sais... c'est ce qui est cool dans le fait de discuter avec toi... Tu sais ce que je ressens ! Mes amis me manquent aussi, un bon hamburger, un

shot de tequila... Eh oui, on peut pas dire que j'ai tellement retenu la leçon, et alors ? Pour ce que ça va changer à ma situation... Mon appareil photo ! Oui, mon appareil me manque terriblement ! J'adorais prendre des photos, tu sais... surtout quand les gens ne me voyaient pas. Comme ça, je pouvais les prendre par surprise... C'est seulement là qu'ils sont vraiment eux-mêmes, que tu peux arriver à voir derrière leur masque...

– Leur masque ?

– Oui ! On porte tous un masque, Seb... plus ou moins épais, mais on se cache tous derrière quelque chose. Et parfois, on rencontre une personne devant laquelle on a envie de faire tomber ce fameux masque... Stella, c'est la seule pour qui j'ai laissé tomber le mien...

– Pourquoi Stella ?

Elle hésite, et son regard part très loin... perdu. Il va certainement la rejoindre.

– Je ne sais pas... peut-être parce qu'elle a immédiatement vu en moi ce que personne d'autre ne percevait, pas même mes parents. Peut-être parce qu'elle m'a donné son amitié inconditionnelle. Tu sais, je pouvais tout lui demander – ce qui était vrai dans le sens contraire aussi, mais elle l'a jamais su parce qu'elle ne m'a jamais rien demandé, cette andouille ! Peut-être aussi parce qu'elle était la seule à toujours me dire la vérité, même celle qui fait mal, celle qu'on n'a pas envie d'entendre... Mais surtout parce qu'elle était la seule à savoir que tout en moi n'était que

cinéma, spectacle, pure esbroufe et que, derrière la splendide façade, le fric, la popularité et tout le reste, se cachait une gamine complètement terrorisée, une fille qui avait une frousse énorme, de tout... Elle a toujours su que j'étais bien loin de celle qu'ils voyaient tous – qu'ils avaient envie de voir, qu'ils avaient surtout besoin de voir –, et pourtant, elle m'aimait.

– Oui, c'est vrai ! C'était la même chose entre nous... Avec elle, j'ai pu vraiment être moi, en fait... juste moi. Pas le fils idéal, le super pote, l'élève studieux...

– On veut toujours tellement être ce que les autres attendent de nous, on s'y efforce tous les jours, tous autant que nous sommes, et à la fin... on ne sait même plus qui on est ! Stella sait faire disparaître tout ça, parce qu'elle ne demande jamais rien en retour de son amour ! Et toi, Sebastian... qu'est-ce qu'il y a derrière ton masque ? Es-tu vraiment ce mec qui collectionne les nanas, le super pote, le frère génial, le fils idéal ? Es-tu réellement ce mec pour qui l'amour n'est qu'un truc imaginé par une fille pour vous faire chier avant d'arriver jusqu'au lit ? Es-tu logique et raisonnable au point de refuser tout ce qui t'arrive – Stella, moi... toutes ces choses inexplicables. Penses-tu que ton amie Jenny est folle, tout comme Stella ou comme ta sœur ?

– Bordel, Ever, arrête ! Bien sûr que je crois Jenny...

Eh ! Mais elle vient de me frapper, là ! Je me disais bien que la trêve ne pouvait pas durer...

– Me prends pas pour une blonde, Ducon ! Tu fais SEMBLANT de la croire, parce que tu l'adores. Tu penses que cette petite bizarrerie lui donne une singularité plutôt sympa. Mais au fond de toi – et il serait de temps que tu l'admettes –, tu ne crois pas plus que ça à son don et... au reste. Et c'est pour cette raison que tu es coincé ici avec moi !

– Mais non, putain ! Quand je suis ici, avec toi, j'y crois ! Je t'assure !

– Oui, peut-être... Mais à la seconde où tu retrouves la vie réelle, tu doutes... et tu effaces tout ! Tu refuses de faire confiance aux signaux que ton esprit t'envoie, c'est tellement plus confortable de rester dans le rang, de ne pas s'en écarter... Tu ne veux pas faire tomber le masque, Sebastian ! Tu t'y accroches... et tu vas finir par tout gâcher !

CHAPITRE 37

Je descends de bonne heure, espérant ainsi ne pas croiser mes parents. Sur le comptoir de la cuisine, un verre de jus d'orange et un pancake tout chaud m'attendent. Ma mère a déposé un petit mot à côté : *Je t'aime...* et je souris en déchiffrant les pattes de mouche de mon père à la suite de son écriture ronde : *Pareil... mais tu es consignée à la maison jusqu'à la Saint-Valentin.* Je bois mon jus en vitesse et, l'esprit plus léger, je me dirige vers l'arrêt de bus en grignotant mon pancake.

En cours de bio, Jenny laisse sa place à Sebastian. Nous n'échangeons pas un mot, sachant que Jarvis m'a dans sa ligne de mire, mais la conscience aiguë que j'ai de sa présence me fait vibrer au moindre frôlement de nos corps. Jenny – et *étonnamment*, elle n'est pas la seule – ne rate aucun de nos gestes.

– J'espère que tu n'as pas eu trop de problèmes avec tes parents, hier soir, chuchote-t-il dès que le professeur se retourne pour noter une formule au tableau.

Les quelques secondes durant lesquelles il se penche vers moi suffisent. Son parfum m'enveloppe et le contact fugace de sa main sur la mienne me laisse pantoise. Je me retiens – je ne sais comment – de lui sauter dessus. Dans mon dos, j'entends Alexandra qui s'étouffe… et ne peux m'empêcher de jubiler.

– J'ai connu pire, taquiné-je avec un sourire. Plus de sortie, jusqu'à la Saint-Valentin…

Il me dévisage longuement, sourit et rapproche son tabouret. Si près que nos bras et nos cuisses se touchent. Une espèce de courant électrique me transperce et je retiens un gémissement entre mes lèvres.

– Ça ne me dérange pas d'attendre… m'affirme-t-il, la voix rauque. De t'attendre, toi… même si, parfois, j'ai une drôle de sensation…

Pendant qu'il jette rapidement un œil sur la classe pour s'assurer que personne ne nous entend, mon regard tombe sur Alexandra, qui me dévisage, l'air furax.

Round n° 2 : Stella 2 – Post-it 0

– Quelle sensation ? chuchoté-je, intriguée.

Ses yeux fouillent mon visage pendant que le silence s'installe entre nous.

– Un truc bizarre… complètement dingue… comme si… c'est difficile à expliquer, confus. Comme si je t'avais déjà attendue et que j'avais peur que tu ne viennes pas ou que tu ne reviennes plus…

Il fronce les sourcils comme s'il était surpris et agacé par les mots qui viennent de franchir ses lèvres. J'ai envie de céder à la tentation de lui expliquer – de lui crier – que cette sensation n'est que la réminiscence de la peur qu'il éprouvait de l'autre côté. Mais je ne dis rien par crainte que mon aveu ne l'éloigne de moi. J'ai l'impression que son esprit vagabonde à des lieues d'ici, quand soudain, il ajoute :

– Si tu pouvais retourner dans le passé et changer une chose – une seule – que ferais-tu ?

Que ce soit de l'autre côté où ici, dans la réalité, quand je suis avec lui, je me sens bien. Je vais mieux. Et là, maintenant, je suis terrorisée à la simple pensée de ne plus partager ce genre de moments avec lui. Pourtant, si la possibilité m'était offerte de changer le passé…

– Si j'avais cette chance, j'attraperais Ever par la peau des fesses pour la pousser dans un taxi…

Oh oui, si je pouvais retourner dans le passé, je m'opposerais à Ever. Je ne me cacherais pas derrière ma faiblesse. Je l'affronterais.

– Et nous serions à Miami, toutes les deux, en ce moment…

J'ai un sourire mélancolique en songeant aux conséquences d'une telle décision. Car rien n'est plus terrifiant ni douloureux que l'idée de ne plus être avec lui.

Moi, si je pouvais retourner dans le passé, j'aimerais garder en mémoire tout ce qui s'est produit pendant mon coma, murmure-t-il en effleurant ma joue du bout des doigts. J'aimerais me souvenir de tout, de toi, de nous…

Les jours suivants, Sebastian prend l'habitude de s'asseoir avec moi à chacun des cours que nous avons en commun, et nous nous interrogeons mutuellement sur nos vies. Les films que nous aimons. La musique. Les livres. Les endroits où nous sommes allés en vacances… Nous profitons de chaque instant pour nous bombarder de questions. Plus les jours passent, plus grande est notre attirance. Plus intense est notre désir… pourtant, il ne tente plus jamais de m'embrasser.

Je ne sais plus que penser.

– En fait, je ne suis qu'une amie, pour lui, confié-je à Jenny un matin, dépitée.

– Je le connais suffisamment pour t'assurer du contraire, réplique-t-elle avec assurance. JE suis une amie pour lui… toi, ça n'a rien à voir !

– Qu'est-ce qu'il attend, alors ? Tu crois que mes VA le mettent mal à l'aise ? Qu'il me trouve trop *spéciale* ?

– Vous ne parlez jamais de ça ensemble ?

– Non ! T'es folle ou quoi ?! Pas après la discussion que j'ai eue avec lui au Cheers ! Et aurais-tu oublié celle au sujet de ton don lorsque tu l'as vu à l'hosto à sa sortie du coma ?!

– Non, je n'ai pas oublié, marmonne-t-elle.

– Alors, comment le pourrais-je ? Et puis, le fait qu'il n'ait plus aucun souvenir de tout ça – à part Ever – ne me donne pas vraiment envie de dialoguer à ce sujet.

– Écoute-moi bien, Stella. Sebastian et moi, on est amis depuis des années, et jamais il ne m'a fait de remarque pourrie au sujet de mon don. Il m'aime pour ce que je suis, avec ma différence. Je ne vois pas en quoi la tienne le gênerait.

– D'accord, il ne t'a jamais fait de remarque pourrie au sujet de ton don. Mais est-ce que ça veut dire pour autant qu'il est prêt à assumer d'être en couple avec une nana – on parle de sa petite amie, là… pas juste une copine, ou même sa meilleure amie – qui dit faire des VA ? Hein ?! Comment peux-tu en être certaine ?

– OK, tu marques un point. Mais toi, est-ce que ça te dérangerait vraiment s'il n'y croyait pas ?

Sa question me percute de plein fouet et me laisse muette. J'aimerais penser que cela n'a aucune importance. Après tout, ma propre mère ne me croit pas. Alors, qu'est-ce que ça peut bien faire qu'il me croie… ou pas ?

Depuis notre baiser passionné, Sebastian m'a invitée à le rejoindre au Cheers à deux reprises. Oui, mais voilà… en représailles – ils appellent cela une « punition constructive »… Admettons ! – à la suite de ma sortie clandestine et de mes heures de colle, et comme notifié si gentiment par mon père, mes parents m'ont jusqu'ici interdit d'y remettre les pieds.

À chaque nouveau refus, Sebastian me dit que ce n'est pas grave, que la punition finira bien par être levée un jour. Le 14 février n'est plus si loin, maintenant !

Ce soir encore, Jenny, Brian et Mark doivent l'y rejoindre. Quand j'apprends qu'Alexandra ira aussi, je supplie mes parents de faire une exception, mais ils restent intraitables. Plus de sortie jusqu'au mois prochain. Mortifiée, je décide de m'y rendre tout de même, sans pour autant transgresser leurs ordres. Je n'ai pas l'intention de désobéir, mais quand on a à sa disposition un moyen de transport aussi pratique que le mien, pourquoi s'en priver ? Mon dernier VA remonte à plusieurs jours, car je n'en ressentais plus la nécessité. Jusqu'à ce soir.

J'avertis juste Jenny que je passerai les voir… à ma façon.

Mes amis sont tous là lorsque je me positionne confortablement au-dessus de leur groupe. Je reconnais aussi quelques joueurs de l'équipe de hockey. Je vois Brian détailler d'un air triste ses anciens camarades de jeu. Sebastian m'a expliqué que, victime d'une lourde blessure au genou en fin de saison dernière, Brian était dorénavant sur le banc de touche, et cela, pour une période indéterminée. Effectivement, il garde encore de cet accident une légère claudication qui montre qu'il n'est pas encore prêt à remonter sur la glace. Mais ce soir, son air absent montre bien que cette décision lui coûte énormément, malgré la gentillesse dont l'entourent tous ses anciens coéquipiers.

Comme prévu, Post-it est là également. Très court vêtue, elle est installée à côté de Sebastian et lui murmure je ne sais quoi à l'oreille, profitant de chaque occasion pour le toucher.

Je suis verte de rage ! Je me rue sur elle et, totalement déchaînée, lui balance mon poing dans la figure… et je passe, bien entendu, littéralement à travers elle. Hors de moi, je fais une nouvelle tentative. Puis une autre, et encore une autre. Je suis *vraiment* pitoyable.

– Fait chier !

Bien sûr, personne ne m'entend. M'en fous, ça soulage !

Soudain, je me calme et souris froidement en me souvenant de la nuit où Sebastian m'a lancé un coussin à la figure et du désordre qu'il avait mis dans sa chambre…

Pendant que je continue à brasser du vent, persuadée que je peux arriver à faire la même chose, Post-it se rapproche encore. Son visage n'est maintenant qu'à quelques centimètres de celui de Sebastian, qui ne semble pas mécontent de l'intérêt qu'il provoque.

Toi, tu perds rien pour attendre, Casanova !

Je ne suis plus simplement furax, je suis une véritable tornade de hurlements et de rage. Et alors que je n'y croyais plus, je sens enfin une résistance, une surface ferme et solide percute ma main de plein fouet…

– Oh zut ! s'écrie Alexandra, dégoulinante. *Son verre s'est malencontreusement renversé sur son chemisier.*

– Ohooo… pas de chance, dit Jenny en levant les yeux vers le plafond avec un sourire et en m'adressant un clin d'œil au hasard. Tu as besoin d'un coup de main ?

Ne sachant comment se rendre utile, Sebastian lui tend des serviettes en papier.

– Non, c'est bon ! C'est pas la peine… répond-elle en se levant brusquement.

Je n'ai pas vraiment atteint la cible espérée… pourtant, quand je la vois partir aux toilettes, ruisselante de soda, j'attaque dans les airs une petite dance de la victoire, incroyablement joyeuse.

Round n° 3 : Stella 3 – Post-it 0

Le plaisir de l'avoir ainsi mouchée est immense, même s'il n'y a vraiment pas de quoi être fière. S'en prendre à une personne, même si c'est la pire des pétasses, alors qu'elle n'a aucun moyen de se défendre ne fait généralement pas partie de mes habitudes. Mais là, elle l'a bien cherché et je ne suis pas près de me calmer en pensant à l'attitude de Sebastian. Ce petit frimeur se laisse allègrement draguer par cette garce, dès que j'ai le dos tourné.

Alors que je m'apprête à exercer mon nouvel art sur lui aussi, le Cheers s'assombrit soudain, comme si quelqu'un venait d'éteindre la moitié des lumières d'un coup. Je n'entends plus de musique non plus. Toutes les conversations se sont tues.

Un silence absolu et pesant s'abat sur moi…

CHAPITRE 38

Je me retrouve subitement en pleine obscurité. Je pense d'abord que le pub tout entier a été plongé dans les ténèbres et m'inquiète pour mes amis. Mais je comprends très vite que je me trompe. Je ne suis plus au Cheers… je suis… ailleurs… Le problème ?! Je n'ai pas la moindre idée de l'endroit où je viens d'atterrir…

Merde !

Par rafales, les explications de Jenny sur le bas astral me bombardent sans complaisance. Suis-je perdue quelque part dans ce monde intermédiaire ? Là où se trouvent les vibrations les plus basses produites par les pensées, paroles et actes de colère, de haine, de vengeance, de meurtre…

Oh merde !

Suis-je quelque part dans cette dimension occupée par les gardiens des ombres, les veilleurs ? Ceux qui se disent les protecteurs du côté obscur, mais qui par intimidation tentent d'attirer à eux des êtres incarnés – comme moi – pour en faire des esclaves chargés de basses besognes… afin de servir les intérêts d'entités plus puissantes ? Ou ailleurs encore ? Là où se trouvent les passeurs d'âmes ? Ceux qui aident les âmes perdues – ce que je ne suis pas ! En tout cas, pas encore... – et leur montrent le chemin vers la lumière ? Ou suis-je arrivée encore ailleurs...

Oh merde ! Merde ! Merde !

En dépit de la terreur qui engourdit mon cerveau, j'ai conscience d'entendre des murmures derrière moi... des murmures mélodieux ?! Semblables à une mélopée...

Ça devrait plutôt être un bon signe, non ?

Quelques secondes ou minutes s'écoulent avant que je ne parvienne à reprendre mon souffle. Il me semble entendre une voix masculine dans le lointain. Toutefois, elle possède une intonation désincarnée qui me paralyse et provoque de désagréables picotements dans ma nuque. Un frisson glacial descend le long de ma colonne vertébrale, alors qu'un vent léger se lève et se transforme rapidement en bourrasque, envoyant mes cheveux voltiger dans tous les sens. Il mugit dans l'espace. Je plaque fébrilement mes mains sur mes oreilles pour les protéger de son souffle assourdissant. Puis, aussi brutalement qu'il est apparu, le tumulte cesse. Je sens un froid plus vif, plus pénétrant encore que tout ce que j'ai pu connaître auparavant s'abattre sur moi. La température vient brusquement de chuter d'au moins vingt degrés.

– Oh… chuchoté-je, frigorifiée, en découvrant que je ne suis plus totalement plongée dans la nuit ténébreuse.

Le voile opaque qui m'avait rendue presque aveugle a disparu. Je jette des coups d'œil furtifs à droite et à gauche. J'entends les battements de mon cœur affolé. Ma respiration est saccadée. Je sens une indicible oppression m'écraser la poitrine.

Et soudain une ombre surgit. Gigantesque. Elle se rapproche dangereusement de moi. Ma tête commence à me faire très mal et ma vue se brouille. C'est à ce moment-là que je les remarque.

– Oh merde ! je lâche d'une voix blanche de terreur en sentant les poils de mes bras se hérisser.

Ce sont comme des formes noires. D'énormes papillons de nuit. Des ombres qui voltigent et tournent tout près de moi. Je plisse les yeux dans la pénombre. J'essaie de mieux les distinguer, mais elles se dérobent dans un incessant va-et-vient. J'ai du mal à respirer. Je suis tétanisée par la peur, et j'ai beau visualiser ma chambre de toutes mes forces pour y retourner… je n'y parviens pas.

Merde ! Merde ! Merde !

Je ne perçois que des images confuses et imprécises. Mon mal de crâne empire. J'essaie le salon, la cuisine, même la chambre de mes parents. Rien à faire. Je n'y arrive pas. Comme si mes souvenirs étaient flous et embrouillés. Les ombres se rapprochent de plus en plus. Quelque chose explose en moi et une peur irrationnelle m'étreint.

Respire, Stella ! Respire ! Et surtout, calme-toi !

Je suis secouée par des tremblements des pieds à la tête. Difficilement, je parviens à repousser la panique qui me submerge. Puis à détacher mon regard de ces fugaces silhouettes étranges et ténébreuses.

Voilà, c'est ça ! Continue comme ça !

Je persévère dans mes efforts à visualiser ma chambre… mon bureau… mon lit défait… chaque petit détail qui pourrait me ramener chez moi… mes livres posés sur le sol… les photos d'Ever et moi…

Soudain, et pendant une seconde, c'est à nouveau comme si un abîme avait tout aspiré autour de moi. Je ne ressens plus rien, ni le froid, ni le vent, ni même moi. Juste le néant. Puis, aussi vite qu'elle est apparue, cette manifestation étrange cesse. Les lumières du Cheers, le bruit des voix et de la musique, les visages… tout revient brusquement. L'air pénètre à nouveau doucement mes poumons.

Haletante, et terrorisée, je disparais en une fraction de seconde pour regagner mon lit.

CHAPITRE 39

Le lendemain, Jenny arrive à la maison en début d'après-midi avec un sac de voyage énorme, qu'elle traîne péniblement derrière elle.

– Tu ne crois pas que c'est un peu beaucoup pour une nuit ? s'esclaffe Mam, amusée.

– Je préfère être prévoyante. Et comme je ne vois Stella qu'en jean au lycée, j'ai pensé qu'un peu de variété dans sa tenue ne ferait pas de mal.

Ma mère et moi échangeons un clin d'œil complice. C'est vrai que je ne l'ai pas volée, celle-là… Mam dépose un léger baiser sur ma joue, avant de nous désigner l'étage. Elle est ravie que Jenny passe le week-end à la maison. Du coup, mes parents ont exceptionnellement levé mon interdiction de sortie. Nous pouvons donc nous rendre ce soir à la fête organisée en l'honneur de Sebastian.

Il faut dire que Jenny a été particulièrement persuasive, et sa plaidoirie sur ma nécessaire intégration sociale était absolument bouleversante, bien que quelque peu surprenante…

***

– … Voyez-vous, monsieur et madame Forest, changer de lycée en cours d'année est déjà une épreuve en soi, mais si vous ajoutez à cela le fait de changer de ville – et même d'État –, je vous laisse imaginer le choc… – à tous les points de vue, d'ailleurs, même thermique ! Les premiers jours de son arrivée à l'Excel Academy n'ont vraiment pas été faciles… Nous l'avions même surnommée Fantômette…

– Fantômette ? l'avait coupé mon père avec un sourire un peu triste.

– Oui Monsieur, Fantômette ! On n'avait jamais vu quelqu'un raser les murs d'aussi près, et surtout, être capable de passer des heures entières sans prononcer le moindre mot… Pas un seul mot, un truc énorme ! On s'est même demandé si elle ne cherchait pas à battre une sorte de record, pour figurer dans le Guinness…

***

Laissant Mam dans sa cuisine, occupée à nous concocter le meilleur banana bread de la planète, j'aide Jenny à gravir les escaliers avec son sac gigantesque…

– C'est vraiment gentil à toi, Jenny ! C'est vrai que je ne fais aucun effort… avoué-je avant d'ouvrir en grand la porte de mon dressing… mais ce n'est pas par manque de fringues.

– Waouh ! s'exclame mon amie en découvrant la multitude de vêtements et de chaussures qui couvrent mes étagères. Mais enfin, pourquoi tu ne portes que des jeans et des baskets ?!

– Solution de facilité… et envie d'être le plus discrète possible.

– Même avec un sac sur le dos, tu ne passerais pas inaperçue. Tu ne te rends pas compte de l'effet que tu as sur les mecs, c'est dingue… mais c'est ce que j'aime chez toi. TROP MORTELLE, la jupe en daim ! Et les bottes ! Oh, j'adore… On va cartonner ce soir, chérie !

Elle farfouille dans ma penderie avec un évident plaisir. Puis vient l'interminable séance d'essayage – mon dressing entier y passe –, suivie de l'indispensable pose de vernis et d'un inévitable brushing. Pendant que mon masque hydratant pose, j'observe Jenny qui s'épile les sourcils, tout en dévorant la seconde part du banana bread tout chaud que Mam nous a monté. Je viens de passer un magnifique après-midi – empli de fous rires et d'amitié – qui m'a remémoré les bons moments passés avec Ever et que je ne veux surtout pas gâcher. Pourtant, je ne souhaite pas cacher les événements de la nuit précédente à Jenny. Alors, tout en retirant délicatement le masque de mon visage, je lui raconte dans le détail ma soirée au Cheers.

– Merde s'exclame-t-elle en se laissant tomber sur le lit. Tu as dû avoir la peur de ta vie !

– Tu m'étonnes ! J'ai même cru pendant un moment que je n'arriverais pas à rejoindre mon corps… tu crois que c'est possible lors d'un VA ?

Sourcils froncés, elle saisit la dernière portion de banana bread et prend tout de même le temps de la déguster avant de lâcher :

– Certains disent que rencontrer des entités négatives et terrifiantes n'est qu'une création chimérique de notre esprit…

– Il y a quelques mois, je t'aurais sans doute conseillé de consulter un psy, si tu m'avais raconté un truc pareil, la coupé-je avec un sourire. Sauf qu'il s'est passé beaucoup de choses depuis, et que toi-même, tu en as vécu certaines. Et tu n'as pas répondu à ma question. Alors ? Tu penses que c'est possible ?

– Je l'ignore. Je n'ai jamais rien entendu de tel, mais… je ne suis pas experte en la matière, non plus !

Elle se lève d'un bond et m'enlace.

– Je ne crois pas qu'un truc pareil puisse se produire, chuchote-t-elle à mon oreille dans l'intention évidente de me rassurer. Mais il vaudrait mieux ne plus faire de VA, désormais, juste au cas où ! C'est peut-être le moment pour toi de passer à autre chose…

CHAPITRE 40

À vingt-deux heures, nous sommes fin prêtes. Mon père nous dépose chez Alexandra, après nous avoir fait promettre une bonne centaine de fois de prendre un taxi pour le retour, *condition non négociable*. Il ne repart qu'après s'être assuré que nous avons bien franchi la première porte de sécurité du building. Nous donnons nos noms au concierge, et après vérification de nos identités, il nous accompagne jusqu'aux ascenseurs, seul moyen de rejoindre le dix-septième étage.

Les basses d'une musique Dance filtrent à travers la porte. Un dernier coup d'œil sur nos tenues, puis Jenny appuie sur la sonnette.

– Prête ?

– *L'insignifiante petite chose* passe à l'attaque, déclaré-je en pouffant. Tous aux abris !

– Je sens que je vais adorer cette soirée…

La porte s'ouvre, et nous entrons sous l'œil médusé de Rebecca.

– Remets-toi, Becca, ce n'est que nous ! lance Jenny.

Un sourire éclatant sur le visage et ravie de l'effet produit, j'emboîte le pas à Jenny et pénètre dans le couloir.

À Miami, j'ai toujours fait de mon apparence une priorité, peut-être même un peu trop, mais depuis l'accident, mon allure est devenue le cadet de mes soucis. Alors ce soir, Rebecca découvre une Stella totalement différente de celle qu'elle a toujours croisée au lycée. Ma jupe courte en daim, couleur crème, dévoile et met en valeur mes jambes bronzées. Mes bottes à talons me grandissent et affinent encore ma silhouette de danseuse. Ma chevelure lissée et laissée en liberté encadre un visage qu'elle voit pour la première fois maquillé. D'après Jenny, j'ai le look d'un top model, mais je ne suis pas totalement convaincue de sa pleine objectivité à mon égard.

– Alexandra va en prendre plein les yeux. T'es superbe ! me répète-t-elle, joyeuse.

Un DJ s'active aux platines dans un coin du salon, et derrière un luxueux buffet de petits-fours et de boissons, s'affaire un serveur en tenue. Je dois reconnaître que Post-it sait recevoir. Une banderole en graffitis souhaite un « Bon retour parmi nous » à Sebastian. Certains téméraires dansent déjà, peu nombreux, tandis que d'autres lycéens discutent par petits groupes, mais pour le moment, nulle trace du héros de la soirée. Brian nous aperçoit et se dirige vers nous, les yeux brillants, un verre de champagne dans chaque main.

– Eh bien… Une coupe pour les deux plus belles filles de la soirée, dit-il en nous lançant un coup d'œil admiratif.

Plus d'alcool ! Souviens-toi !

– Je préfère un Coca, s'il te plaît ! rétorqué-je en cherchant toujours Sebastian.

– Je vais t'en chercher un, acquiesce-t-il en dévorant Jenny des yeux.

Il a du mal à se détacher d'elle mais finit tout de même par tourner les talons. Elle sifflote en le regardant s'éloigner, accompagnant sa rengaine d'un regard de loup affamé.

– Il est trop mimi, affirme-t-elle en plongeant les lèvres dans sa coupe. Je me demande où est la maîtresse de maison ? J'ai hâte de voir sa tête, et pas seulement la sienne, d'ailleurs…

Brian revient avec ma boisson. L'envie de rire me prend quand Jenny lui murmure à l'oreille, un peu trop fort, que son jean lui fait des fesses d'enfer. Mal à l'aise, il se passe la main dans les cheveux en cherchant un sujet de conversation moins délicat. Quand il fait soudain un signe de la main, je me tourne et vois Sebastian entrer dans le salon, Post-it pendue à son bras. Dans une fluide minirobe noire au décolleté plongeant, Alexandra dévoile tous ses atouts. Un peu trop peut-être, d'ailleurs, sa tenue flirtant avec la limite de la vulgarité chic. La main posée sur le bras de son cavalier et le regard vorace, elle envoie un message très clair à toutes les filles présentes : « Chasse gardée : défense de toucher ! »

Eh bien, c'est ce que nous allons voir…

Quelques joueurs de l'équipe de hockey les entourent, un hourra tonitruant salue leur arrivée. Le DJ monte le son. Sebastian m'aperçoit à son tour et me détaille avec convoitise des pieds à la tête… Le sourire ravageur qu'il m'adresse m'électrise.

– Ce qu'il voit lui plaît visiblement beaucoup, me souffle Jenny. Je n'en dirais pas autant d'Alexandra, je ne serais pas étonnée qu'elle ne le quitte plus de la soirée.

– Eh bien, ce n'est que le début ! Il est temps de lui montrer de quoi est réellement capable *l'insignifiante petite chose*, dis-je en tendant mon verre à Brian.

– Boston-Miami : Le match commence ! explique Jenny, hilare, à un Brian interloqué.

Le regard de Sebastian toujours posé sur moi, je me dirige avec assurance vers le centre de la pièce, où je mets en pratique mes nombreuses années de danse. Je suis le rythme de la musique tout en me déhanchant avec souplesse. Bientôt, Sebastian n'est plus le seul garçon à me fixer.

Alexandra est verte de rage mais ne le lâche toujours pas. Mark s'approche de moi. Je le laisse m'enlacer avec hésitation, je ne voudrais pas lui donner de fausses idées.

– Je n'ai pas pu résister, mais je resterai à ma place ! promet-il, non sans noter que j'ai les yeux soudés à ceux de Sebastian. Tu bouges divinement bien.

– Je te retourne le compliment, répliqué-je en détachant mon regard de son ami et en découvrant qu'un groupe s'est formé autour de nous et nous encourage. Je suis certaine que toutes les filles de la soirée vont se bousculer pour danser avec toi.

J'avais déjà remarqué que Mark était élancé et musclé, mais là, emporté par le rythme de la musique électro, son corps évolue avec une séduction féline. Tout comme moi, il est évident qu'il prend beaucoup de plaisir à se défouler sur la piste… Bon, peut-être un peu trop en ce moment ! Je dois bien reconnaître que nous nous accordons parfaitement, pourtant je ne ressens pas le réel bien-être que me procure habituellement la danse. Il me glisse à l'oreille qu'il suit des cours de street dance depuis plusieurs années, et que si je souhaite rejoindre leur troupe, je serai la bienvenue. J'acquiesce à son invitation d'un air absent qui le fait sourire.

Les yeux de Sebastian ne nous quittent pas.

Ne *me* quittent pas…

Sebastian

Putain, j'hallucine ! C'est la même Stella, là ? La claque… !

Je crois que je deviens fou. Oui c'est ça ! C'est elle qui me rend fou… Non, mais regarde-la, mon gars ! Faut pas la laisser te filer entre les doigts…

Pour ça, faudrait déjà te débarrasser du pot de colle siliconé, là ! Voilà, va nous chercher un verre, parfait ! Et puis retourne à tes vernis à ongles…

Tu me fais quoi, Stella Forest... tu me fais quoi, putain ?!...

Maaaark ! T'es trop près là, tu... tu... Fais gaffe où tu laisses traîner tes mains pleines de doigts...

On va plus être potes, nous deux... Et puis c'est quoi, ce morceau à rallonge... Coupe la musique, le DJ, là... Allez, coupe !

CHAPITRE 41

– Je fais des envieux, remarque Mark en accentuant son sourire en coin.

– Tu crois ?

– Certain ! Stella… je sais bien qu'un seul ici a toute ton attention. De toute façon, c'est toujours la même chose avec lui… Il débarque, et avec les potes, on se fond dans le décor.

– Ah bon… et qui est donc ce grand gagnant ?

– À ton avis… répond-il en désignant Sebastian d'un signe de la tête. Je suppose que la Floride est bien loin de Boston, tout à coup, n'est-ce pas… ?

Je lui adresse un regard honteux et désolé, auquel il répond par un sonore baiser sur ma joue.

– C'est le jeu, Stella ! On ne gagne pas à tous les coups ! Surtout quand Monsieur la star des Bruins est dans la course… Merci pour cette merveilleuse danse et pour ton amitié. Et mon invitation à te joindre à notre troupe tient toujours !

Sous les sifflets et les acclamations, nous effectuons une petite révérence à la fin du morceau. Je profite du fait que Mark se retrouve immédiatement victime de son succès pour me dégager et rejoindre le buffet, quand un bras s'enroule fermement autour de ma taille. Au frisson que je ressens, je devine instantanément de qui il s'agit.

Round n° 4 : Stella 4 – Post-it 0

– Heureusement pour lui, Mark est un ami… parce qu'en vous regardant, je n'avais qu'une envie : lui casser les dents, me chuchote la voix suave de Sebastian, accentuant encore ma chair de poule. Mais j'avoue que le spectacle était magnifique.

J'ai peur de m'enflammer comme une allumette à son contact.

– J'ai pratiqué la danse pendant des années, murmuré-je à mon tour, affolée de désir simplement par la sensation de son bras autour de mes hanches. Je pense d'ailleurs que je vais reprendre, ça me manque beaucoup.

– Je serais capable de suivre des cours juste pour le plaisir de te serrer dans mes bras.

Tout en me glissant ces paroles à l'oreille, il m'entraîne sur la terrasse. Je le laisse faire sans aucune hésitation. La brusque différence de température me fait frissonner.

– Tu as froid ? s'inquiète-t-il en m'enlaçant, sans attendre une réponse de ma part.

Ma poitrine contre son torse, je sens des frémissements parcourir nos deux corps… comme s'ils se reconnaissaient, se retrouvaient après une trop longue absence. Son esprit ne se souvient peut-être plus de moi, mais son corps n'a pas oublié le mien. C'est une évidence !

La chaleur de ses mains dans mon dos transperce mon fin débardeur.

– Stella, mon étoile filante… murmure Sebastian, le souffle court et la voix rauque.

Son étoile filante… c'est comme ça qu'il m'appelait *de l'autre côté.* Je lève les yeux vers lui, et soudain toutes les frontières s'effacent… Je retrouve ce regard… celui qu'il avait pour moi dans l'autre dimension… ce regard qui m'a tant manqué et qui ne voit que moi…

Sa bouche survole mon front, ma tempe, ma joue… tout doucement. Une caresse si légère que j'ai peur de l'avoir simplement rêvée. Je tremble de me réveiller et de voir qu'il n'est pas là. Puis, plus doucement encore, sa bouche glisse sur mes lèvres… fugitive… sans s'attarder… puis revient… s'arrête…

Se souvient-il que nous n'avons jamais pu nous embrasser réellement dans l'autre dimension ? Se souvient-il de son désir pour moi ? Et de cette frustration à ne jamais pouvoir le satisfaire ? Se souvient-il de ce lien qui nous a unis là-bas ?

Se souvient-il de tout cela…

– Stella…

Il souffle mon prénom avec une infinie douceur, sa voix est comme une caresse. Sa bouche se pose avec délicatesse… et le temps se fige… quelques secondes qui durent une éternité… une éternité de désir… où j'oublie de respirer, où je ne goûte plus que ses lèvres, sa chaleur…

Un soupir s'échappe. Le sien ? Le mien ? Son corps est tendu et se plaque avec plus de force encore contre le mien. Je m'agrippe à ses épaules en l'attirant toujours plus près.

– J'aime sentir tes mains sur moi, Stella ! Ne t'arrête pas… Ne t'arrête surtout pas…

Une passion intense se glisse dans chaque parcelle de mon corps, de ma peau. Mes mains glissent lentement de ses bras à sa taille et vont se nicher dans le creux de ses reins, avec un naturel déconcertant. Sebastian se cambre davantage. Un son rauque, doux, sort de sa bouche. Son corps est une cage qui emprisonne le mien et dont je n'ai aucune envie de m'échapper. Au contraire, je souhaite de tout mon cœur y être condamnée à perpétuité.

Quand son regard brûlant croise le mien, il déclenche une irrépressible vague de désir.

– SEBASTIAN ! peste Alexandra en déboulant alors sur la terrasse derrière moi. Je m'en veux d'interrompre une scène aussi touchante, mais tout le monde te réclame.

– On vous rejoint très vite, marmonne-t-il après quelques secondes de silence, tout en me souriant, sa main caressant toujours mon dos. J'ai besoin de discuter avec Stella encore un peu.

Je suis bouleversée. J'ai les jambes flageolantes. Je tente de reprendre ma respiration. J'ai aussi très envie qu'il continue à me parler de cette façon, sa main traçant un chemin le long de ma colonne. À voix basse, il me souffle qu'ils peuvent bien tous aller au diable.

Mais Post-it ne l'entend pas de cette oreille... On ne se méfie jamais assez des véritables garces, telles que cette pétasse !

– Ohooo... Oh mais oui, c'est normal ! J'oubliais... minaude-t-elle soudain en s'approchant de nous lascivement. Bien sûr... avec le petit copain de Stella, ça ne va pas être évident. Vous devez avoir des choses à décider... Bien sûr, oui...

Le corps de Sebastian se raidit.

– Tu parles de quoi, là ? demande-t-il en s'écartant un peu et en abandonnant mon regard pour la fixer intensément.

– Eh bien... Allons, Sebastian, tu sais certainement que Stella a déjà quelqu'un, non ?! Un garçon auquel elle tient d'ailleurs énormément, d'après Mark. À tel point qu'elle a déjà passé certains week-ends à Miami pour le retrouver. Elle ne t'a rien dit ?! Oh... Dis-moi, Stella... Mark ne m'a pas raconté de salades, j'espère ?

– Tu as dit ça à Mark ?! me demande Sebastian, choqué, en s'éloignant encore un peu plus.

Le ton de sa voix et la façon dont il me regarde me déplaisent immédiatement. Tout cela est en train de mal tourner...

– Alors, Stella ? susurre Alexandra, tel un serpent venimeux. Mark est un menteur ?

– Non, il n'a pas menti, avoué-je en me maudissant d'avoir raconté ce stupide bobard. Mais je...

Laisse-moi t'expliquer, Sebastian, ce n'est pas ce que tu crois.

Je veux saisir son bras, mais il se dégage avec une brusquerie qui me surprend. Je reste tétanisée quelques secondes. Juste assez pour voir Alexandra, un sourire de triomphe sur le visage, retourner à l'intérieur.

– Vraiment ? Que dois-je croire, alors ?! Encore des histoires débiles, comme celles que tu m'as racontées à l'hôpital, de voyages dans une autre dimension et de rencontres pendant mon coma, lâche-t-il d'une voix vibrante de colère. J'ignore encore pourquoi…

Il m'observe un long moment avant de poursuivre :

– Non, je sais très bien pourquoi je t'ai laissée me raconter toutes ces salades…

Je devine ce qui va suivre, avant même qu'il ne parle.

– Après tout, je ne vois pas pourquoi j'aurais refusé ce que tu m'offrais si gentiment sur un plateau. J'aurais vraiment été trop con !

Ce n'est pourtant pas son immonde insinuation qui me fait le plus mal. Non ! Ce qui me déchire le cœur à cet instant, c'est tout ce que je devine, dissimulé derrière ses mots.

– Tu ne m'as jamais crue, n'est-ce pas ? lui demandé-je alors d'une voix submergée par la colère et l'humiliation. Malgré toutes les preuves, malgré ce que t'a dit ta sœur et le don de Jenny, tu as toujours pensé que ce n'était qu'un mensonge…

tu n'as même pas essayé… d'ailleurs, tu ne t'en es pas caché. En fait, depuis le début, tu me prends vraiment pour une cinglée ! Mais assez bien foutue pour intéresser le sale petit connard que tu es et s'envoyer en l'air avec toi, n'est-ce pas ?! Une de plus à mettre au palmarès, déjà long, de la star du lycée ! C'est ça, hein ?!

Il hésite un long moment avant de me répondre d'une drôle de voix :

– À ton avis, Stella ?! Qu'est-ce qu'un *connard* comme moi peut bien avoir envie de faire avec une fille comme toi…

– Va te faire foutre !

Il recule un peu sans me quitter des yeux. Nos regards restent reliés l'un à l'autre comme si nos corps étaient en total désaccord avec nos paroles et ne souhaitaient pas rompre ce lien ténu… Le seul qui nous rattache encore. J'ignore combien de temps nous restons ainsi. Immobiles. Silencieux. Je vois passer une expression peinée sur son visage. Cependant, elle disparaît aussi vite qu'elle est venue. J'aimerais retourner en arrière… d'une heure, une semaine, plusieurs mois…

Soudain, j'ai l'impression qu'il va dire quelque chose. Il ouvre la bouche, se passe la main dans les cheveux, mais finalement, il décide de rester muet. Il hausse les épaules, tourne le dos et disparaît.

Quand je reprends enfin mes esprits, je suis seule sur le balcon et j'ai froid… terriblement froid. Que vient-il de se passer, là, au juste… ?!

Round n° 5 : Stella 0 – Post-it 1

Frissonnante, je regagne le salon à la recherche de Jenny. Je me faufile parmi les invités lorsque j'aperçois Sebastian au milieu de ses amis, Post-it à nouveau ancrée à lui. Je l'observe un instant. Je suis juste à quelques pas quand il remarque ma présence. Son regard me transperce, maintenant chargé d'incompréhension et de colère. La musique est assourdissante. Je reconnais soudain le morceau qu'Ever chantait la nuit de l'accident, et je me fige sur place. J'entends la voix de mon amie qui résonne dans mes oreilles, de plus en plus fort. Comme dans un brouillard, j'entrevois Jenny qui essaie de se frayer un chemin jusqu'à moi. Quelqu'un me bouscule… je me rattrape de justesse à Rebecca.

– Ça va, Stella ? demande-t-elle gentiment. On dirait que t'as vu un fantôme…

– Oui, ça va, ça va… Merci Becca.

Les mains moites, je la regarde s'éloigner. Je tourne la tête et fouille la salle du regard, mais Jenny a disparu de mon champ de vision.

– À Sebastian ! hurle alors une voix, suivie par beaucoup d'autres.

Tout le monde scande son prénom. Alexandra lève son verre et porte un toast, pourtant je n'entends rien. Mes oreilles bourdonnent. Comme dans un film au ralenti, j'observe cette garce qui s'approche de Sebastian, prend fermement son visage entre ses mains, puis l'embrasse à pleine bouche sans qu'il cherche à la repousser. Tout se mélange dans ma tête. Sebastian embrassant Alexandra. Sa bouche sur la sienne. Sur la mienne. Je ne peux détacher mon regard de leurs corps enlacés. Alexandra glisse les bras autour de son cou et murmure quelques mots à son oreille. Il lui répond brusquement, et elle se détache de lui à regret. Je la vois attraper Brittany par le coude et rejoindre le serveur. Je n'ai pas bougé. Le regard de Sebastian croise à nouveau le mien. Je fais demi-tour, récupère ma veste et mon sac, et je quitte l'appartement sans me retourner.

Round n° 6 : Post-it 2 – Stella K.O.

CHAPITRE 42

Dans le hall de l'immeuble, j'envoie un texto à Jenny pour la prévenir que je l'attends en bas. Je m'installe dans un fauteuil en espérant qu'elle a entendu son téléphone et ne sera pas trop longue à me rejoindre.

Dix minutes plus tard, personne… J'hésite entre remonter la chercher ou prendre un taxi, seulement je ne me vois pas plus rentrer seule et donner des explications à mes parents que prendre le risque de croiser à nouveau Sebastian ou Alexandra en retournant dans l'appart.

Alors je reste là, sous l'œil fatigué du concierge.

– Désolée, je viens juste de lire ton message, s'excuse précipitamment Jenny en débarquant cinq minutes plus tard, la mine soucieuse, main dans la main avec Brian.

Je peux voir sur son visage qu'elle est déjà au courant.

– Je n'ai pas envie de gâcher votre soirée, dis-je. C'était juste pour te prévenir que je laisserai la porte de la maison ouverte. Je vais prendre un taxi…

– ON va prendre un taxi ! me coupe-t-elle. Et ON rentre ensemble, comme prévu.

Brian acquiesce et reste avec nous pour attendre la voiture. Le baiser qu'il échange avec Jenny avant qu'elle ne grimpe à mes côtés ne laisse planer aucun doute sur le brusque changement de leur relation.

– Je suis contente pour toi, tu sais… murmuré-je d'une voix cassée par la peine, même si je n'en donne pas l'impression en ce moment.

– Je sais, m'assure-t-elle en prenant ma main. T'inquiète… Ça va s'arranger.

Sebastian

Bordel ! Pourquoi je suis allé rouler une pelle à l'autre pétasse…

Ouais, pourquoi… Franchement, je te croyais plus malin que ça, mon vieux Seb !

Putain, mais quelle soirée de MERDE !

Bon, avant tout, faut surtout que j'arrive à dormir… Oui, c'est ça… Faut que j'arrive à dormir…

Et il faut aussi que je voie un toubib pour ces picotements et ces migraines… Oui, et puis pour tous ces foutus rêves…

Qu'est-ce qui m'arrive… ? Bordel, mais qu'est-ce qui m'arrive… ? Comment j'ai pu laisser la situation déraper à ce point-là ? C'est bien la première fois que je perds le contrôle à cause d'une fille…

***

Quatre jours plus tard, rien ne s'est arrangé.

Depuis la soirée, Sebastian ne m'adresse plus la parole et m'évite autant qu'il peut. Tout comme moi. Brian et Jenny insistent sans cesse pour aller lui parler. Persuadés tous les deux que nous ne pensions pas un mot de tout ce que nous nous sommes dit. Ce dont je doute concernant Sebastian. C'est pourquoi je le leur interdis avec force. Si quelqu'un doit lui parler, c'est moi et personne d'autre.

Toutefois, pour cela, encore faudrait-il que je me retrouve seule un moment avec lui… Ce qui ne risque pas de se produire, car Alexandra mérite plus que jamais son surnom de Post-it, suivant Sebastian comme son ombre et profitant de chaque occasion pour se coller à lui. Et puis, encore faudrait-il que j'aie envie de lui parler…

En entrant dans la classe, ce matin-là, je perçois vaguement que Jarvis est d'une humeur de dogue, comme d'hab.

– C'est impensable ! fulmine-t-il. Il manque toujours du matériel. C'est inconcevable de devoir travailler dans de telles conditions !

Perdue dans mes pensées quand je passe devant lui, je ne l'entends pas m'ordonner sèchement d'aller chercher des éprouvettes à l'intendance.

– Mademoiselle Forest ! hurle-t-il alors. Daignerez-vous enfin porter attention à mes paroles, ou faut-il que je me charge moi-même d'aller chercher ces fournitures ?

– Désolée, répliqué-je en faisant demi-tour.

– Et pressez-vous ! On a perdu assez de temps. Monsieur Logan, allez-y aussi ! Il me faut deux caisses, vous ne serez pas trop de deux pour les rapporter.

Je quitte la salle, non sans avoir remarqué les mimiques aussi silencieuses que peu discrètes de Jenny, m'intimant l'ordre de profiter de ce tête à tête imprévu pour parler à Sebastian, et le regard noir de Post-it, assise juste derrière elle. Peut-être devrais-je suivre le conseil de Jenny et mettre fin à cette ambiance pesante qui n'a sans doute pas lieu d'être… ? Dans le couloir, Sebastian marche rapidement, la mine crispée et dure, pressé d'expédier la corvée. Les mains moites et la gorge sèche, je ne sais par où commencer.

– Sebastian, dis-je en posant ma main sur son bras pour l'arrêter. C'est important, il faut que je te parle. Laisse-moi t'expliquer…

– Je croyais pourtant avoir été clair à la soirée, dit-il en se dégageant et en accélérant le pas. Tout comme tu l'as été.

Je suis presque obligée de courir pour rester à sa hauteur, et j'insiste à nouveau pour qu'il m'écoute juste quelques minutes. Il stoppe et se tourne vers moi si brusquement que je le percute. Il me balaye d'un regard froid puis me pousse contre le mur. C'est le silence total dans le couloir. Nous sommes seuls, comme je le souhaitais, mais je suis tout à coup bien moins sûre de mon coup.

Ses mains saisissent mes poignets et une d'elles les bloque au-dessus de ma tête. Je ne peux m'empêcher de tressaillir. Mon corps a un besoin irrépressible de ses caresses. Au regard qu'il pose sur moi, je comprends qu'il perçoit l'émoi qu'il a déclenché, et qu'il n'est pas non plus insensible à notre proximité.

– Depuis ta visite à l'hôpital, je ne pense qu'à toi, tu m'obsèdes, murmure-t-il en glissant sa main libre le long de ma gorge. Ton histoire incroyable… sur mon coma et notre rencontre… Je ne sais pas ce qui s'est passé, mais j'ai vraiment eu envie de te croire. Vraiment ! À un point que tu ne peux même pas imaginer. Dès que tu es proche de moi, je ressens quelque chose de particulier… je ne sais pas ce que c'est, mais c'est… vraiment puissant !

Ses mots me consument, mes pensées s'embrouillent… Je perds les pédales, et mon corps vient se presser contre le sien avec ardeur, à ma plus grande honte et sans aucune retenue.

– Je ne t'ai jamais menti, Sebastian. C'est peut-être dur ou même carrément impossible à croire, mais je ne t'ai dit que la vérité, rien de plus…

C'est alors que toutes les fenêtres du couloir s'ouvrent avec violence, et une multitude de feuilles aux couleurs chatoyantes envahissent l'espace où nous nous trouvons. Sebastian ne semble même pas s'en rendre compte. Ses yeux bouillonnent de rage contenue et de désir brûlant.

– Pourtant, tu n'as pas nié quand Alexandra t'a accusée d'avoir un petit ami à Miami ?

– Je n'ai raconté cela qu'à Mark… et pour cause ! Il me draguait avec de plus en plus d'insistance, et je n'ai trouvé que cette excuse bidon pour l'obliger à rester à sa place…

Je songe alors que nos sujets de colère divergent profondément. Pour lui, c'est l'idée que j'ai pu lui mentir sur la présence d'un éventuel petit ami. Alors que moi, c'est le fait qu'il ne m'ait jamais crue qui me blesse profondément…

– C'est le premier truc qui m'est venu à l'esprit…

– Vraiment… ?

Je ne réponds pas. Alors, il me pose une nouvelle fois sa question. Et je rends les armes, désespérée de son manque de confiance.

– Si tu doutes pour le reste, Sebastian, pourquoi ne le ferais-tu pas pour ça aussi ?

Je comprends enfin que rester avec lui s'il ne me croit pas serait voué à l'échec. Je ne veux pas faire semblant. Et encore moins oublier tout ce que nous avons vécu de l'autre côté. Ou ne pas pouvoir en parler par crainte d'une remarque de sa part.

– Je me contrefous de tes expériences hors de ton corps, Stella, quelles qu'elles soient, lâche-t-il d'une voix rauque. Ce n'est pas le plus important…

– Tu as tort ! C'est important ! Plus que tu ne le crois, le coupé-je en tentant de le repousser et de libérer mes poignets. J'ai besoin d'être *réellement* celle que je suis quand nous sommes ensemble.

Pas une autre. Juste moi. Je ne veux pas que tu me forces à porter un masque…

Quelque chose passe dans ses yeux et le fait tressaillir.

– Juste moi ! crié-je en me dégageant et en reculant. Pas une pouffiasse de bimbo comme Alexandra ! Ni une nana que tu penses juste bonne à baiser et à interner !

Le tumulte autour de nous s'apaise instantanément. Ma voix résonne dans le couloir à nouveau silencieux, jonché de feuilles mortes, alors que je file en direction du bureau des fournitures.

– Nous manquons d'éprouvettes pour le cours de bio, lancé-je d'une voix rageuse en déboulant tel un taureau dans la pièce.

– Ce n'est pas une raison pour être impolie, Mademoiselle ! Attendez ici, je vais chercher le matériel.

De mauvaise grâce, l'employée se lève de son siège, lisse sa jupe puis se dirige d'un pas nonchalant vers une porte qu'elle ouvre lentement, avant de disparaître.

CHAPITRE 43

Sebastian me rejoint alors que l'intendante cherche toujours bruyamment les éprouvettes dans la pièce adjacente. Je garde les yeux résolument fixés sur un tableau en face de moi, jusqu'au retour de la jeune femme. Sur son chariot sont posés deux cartons. Nous prenons chacun le nôtre et retournons en classe sans échanger le moindre mot. Je suis toujours furieuse et ne peux m'empêcher de lancer un regard noir à Jarvis quand, forcément, celui-ci nous fait remarquer que nous avons été bien longs. Les éprouvettes sont distribuées, et je regagne ma place. Jenny hausse un sourcil intrigué en découvrant ma mine crispée.

À la cafétéria, je m'installe avec mon amie à une table isolée des autres. Sebastian et Brian font de même. Post-it tente de s'incruster avec eux, mais elle se fait sèchement éjecter et retourne bredouille auprès de Rebecca, ce qui m'arrache un sourire malgré tout.

À la fin des cours, je laisse Jenny rentrer avec Brian. En aparté, elle me promet un compte rendu détaillé de tout ce qu'elle pourrait apprendre, mais je lui rétorque que je ne veux rien savoir. Qu'il aille au diable ! Je préfère que mes amis ne s'en mêlent plus…

Je me dirige vers l'arrêt de bus lorsque je croise Mark.

– Stella, ça te dirait de m'accompagner au studio de danse ?

– Maintenant ?

– Oui, c'est à vingt-cinq minutes d'ici en voiture. Je me suis dit que tu aimerais peut-être venir voir comment ça se passe. Je te raccompagnerai chez toi ensuite.

– Ça m'a l'air sympa, mais là maintenant, c'est pas possible. Je dois vraiment rentrer…

– Très bien… reprend-il, un peu déçu. Alors je t'envoie tous les renseignements ce soir par mail. Et si ça te tente, tu me fais signe ! D'accord ?!

– OK.

En arrivant chez moi, je suis toujours furieuse. Je ne sais pourtant plus trop si ma colère est dirigée contre Sebastian ou contre moi-même. Comment ai-je pu me tromper à ce point… ? Mauvais choix, mauvais choix… J'ai l'impression que c'est tout ce dont je suis capable !

Dans la soirée, je reçois le mail de Mark avec l'adresse de son studio de danse, les tarifs et les horaires. L'idée est vraiment tentante. Je redescends aussitôt à la cuisine en parler à ma mère. Elle aussi pense qu'une reprise d'activité me ferait le plus grand bien, toutefois je suis obligée de consentir à ce qu'elle soit mon chauffeur. Le studio est de l'autre côté de la ville, et à l'heure où se terminent les cours – dix-neuf heures –, il est exclu pour elle que je rentre seule en bus, surtout en hiver avec la nuit. Je cède en marmonnant tout de même que je ne suis plus une gamine. Ma mère réplique avec un grand sourire narquois que je n'ai pas d'autre choix, puisque mon permis ne me sera restitué que dans plusieurs mois encore…

La belle affaire ! De toute façon, je ne suis même pas certaine de pouvoir, ni de vouloir, conduire à nouveau.

En attendant le sommeil, roulée en boule autour de mon traversin, je laisse mes pensées dériver vers Sebastian puis vers Ever. Je serre sa peluche un peu plus fort contre moi…

Ma vie est complètement partie en vrille depuis l'accident. En cet instant, je donnerais tout pour revenir en arrière. Pour que tout soit comme avant. Avant la mort d'Ever. À l'époque où j'étais heureuse et insouciante.

J'ai la sinistre sensation que retrouver une vie paisible m'est définitivement interdit.

Je me réveille aux aurores, l'humeur aussi grise que le ciel de Boston. Une neige glacée tombe sur la ville, j'aimerais qu'elle recouvre tout. Y compris moi.

Ben voyons... tu ne croyais quand même pas qu'elle allait te foutre la paix indéfiniment... ?! T'as eu quatre nuits de répit, mon grand ! Avoue... tu croyais que c'était gagné, hein... ?!

Mais enfin, c'est trop demander qu'elle débarque plus dans mes rêves, dans ma tête... J'ai plus personne à qui délivrer son putain de message, alors qu'elle dégage, merde !

Ah, d'accord... Vu son sourire rayonnant, à coup sûr, elle est déjà au courant... et à coup sûr, je vais encore en prendre plein la gueule... et à coup sûr, elle jubile... Forcément !

– T'es contente... tu prends ton pied, Ever ?

– Mmm... pas encore, mais c'est une proposition déguisée ? T'es en pétard, mon petit Empaffé de première ? Ton amour-propre en a pris un coup, hein !? Ça fait mal ! Ton petit cœur souffre très fort, dis-moi ?

– Non ! Toi, dis-moi... Dis-moi pourquoi j'ai une nana comme toi qui pourrit mes rêves !? Hein ?! Pourquoi il a fallu que je tombe sur une chieuse pareille ?! Je ne pouvais pas en récupérer une qui soit aux petits soins... Tu sais, genre celles qui se baladent en petite tenue...

– Ouiiiii ! Je vois tout à fait ce que tu veux dire ! La nana dont tous les mecs rêvent, la bombe atomique qui les fait tous baver, et surtout, qui est l'affaire du siècle au lit...

– Ben oui, quoi ! Quitte à rêver, ou quoi que ce soit d'autre, autant que j'en profite un peu au lieu de me coltiner une hystérique.

– T'aimerais que je sois cette nana, Sebastian ?

– Tiens, j'ai pas droit au Ducon ou Empaffé de première, cette fois ?! Ever, c'est bon, là...

– T'avais pourtant tiré le gros lot, mais visiblement, t'as préféré aller chasser la salope... Dis-moi, ça t'a pas trop gêné de rouler une pelle à cette pétasse d'Alexandra juste sous les yeux de Stella ? T'es vraiment irrécupérable...

– Elle s'est foutue de moi ! Elle a déjà quelqu'un, ta super copine, Ever... et elle espérait pouvoir jouer sur les deux tableaux ! Elle m'a menti, pour ça comme pour le reste...

– Elle t'a menti pour quoi ? Pour ses VA ? Pour votre rencontre ? Pour les sentiments que vous avez partagés ? Mais quel gros débile ! Elle a menti à qui, DUCON ? À Mark, crétin, pour qu'il la lâche ! Et toi, en bon macho, tu fonces droit dans le panneau de la bimbo de service ! T'es trop nul, mais tu le sauras jamais... puisque dans quelques minutes, à ton réveil, tu vas nous faire ton classique « reset » d'usine ! T'es le seul à pouvoir t'aider. Moi, j'attends juste que tu ouvres les yeux... et surtout, prends ton temps... j'ai l'éternité devant moi ! OUPS... Décidément, je suis irrésistible...

CHAPITRE 44

En croisant Mark dans le couloir du lycée, je l'informe qu'il peut compter sur une nouvelle recrue au sein de sa troupe de danseurs. Son air ravi me fait chaud au cœur. Comme je n'ai pas de voiture, il propose de me servir de chauffeur à la sortie des cours. J'accepte en lui expliquant que ma mère se chargera du retour.

Jenny et Brian arrivent ensemble. Je ne sais lequel des deux est le plus rayonnant.

– Devinez ?! lance Mark, tout enjoué. J'ai convaincu Stella de s'essayer avec moi à la street dance.

– Oh, tu ne m'avais pas dit que tu comptais reprendre la danse… s'étonne Jenny. Mais c'est cool !

Je me contente de lui faire une grimace en haussant les épaules.

Stella Forest ne prévoit pas toujours tout…

– Ça va te changer du modern jazz et du classique, continue Mark, mais je suis sûr que tu aimeras. Et puis, la troupe est vraiment sympa !

Soudain, un regard océan, indéchiffrable, intercepte le mien. Gênée par son insistance, je me sens obligée de justifier ma décision :

– J'ai décidé ça hier soir.

– Félicitations, mon vieux ! lance alors Sebastian en gratifiant son camarade d'une tape un peu trop virile sur l'épaule, puis pivotant vers moi : J'ai pu te voir à l'œuvre, Mark s'est trouvé une *bonne* partenaire.

Il a volontairement appuyé sur le mot « bonne », mais je suis heureusement la seule à saisir le double sens de ses paroles. Le désir de lui balancer mon poing dans la figure me submerge, cependant, impassible, je lui tourne le dos et file à mon cours de mandarin sans rien ajouter.

Fière de mon self-control ! Et soulagée d'avoir cette heure de répit.

Sebastian

Bien joué, Seb ! Tu fais fort, là... Tu l'as pratiquement traitée de pute devant tous vos copains. T'as vu ses yeux ?! Putain, elle a bien failli t'en coller une, et celle-là, tu l'aurais pas volée, mon gars !

Tout ce que t'as gagné, c'est qu'elle vient de disparaître... comme une étoile filante... Allez ! Ça recommence. Mais pourquoi j'ai toujours cette image en tête ! Ça devient flippant...

Et ce con de Mark qui pavane, fier comme un coq au milieu de sa basse-cour... ALORS LUI, IL ME FAIT CHIER !

Et puis merde ! Après tout, qu'est-ce que j'en ai à foutre qu'elle prenne des cours de street dance, hein... ?!

Des cours de danse avec Mark... dans SES bras...

Oh non, ça recommence ces foutus picotements... c'est pas vrai ! Ça va s'arrêter à la fin, oui !?

***

Malheureusement, je me retrouve à côté de Sebastian dans tous les autres cours. Autant j'ai adoré cette proximité à son retour de l'hôpital, autant maintenant, elle m'est insupportable. Nous ne nous adressons pas la parole et gardons un maximum de distance entre nous.

À l'heure du déjeuner, n'ayant aucune envie de subir sa présence, je préviens Jenny par texto : « Je mange dehors. Besoin d'être un peu seule. S. » J'achète un hot dog au vendeur ambulant du coin de la rue et m'éloigne du lycée.

Cent soixante jours...

Toute la journée, mon corps endure une véritable torture physique, heure après heure. Tendu et contracté, il ne se relâche qu'aux interclasses, dès que Sebastian s'éloigne. J'aimerais tellement que Jenny reprenne sa place à mes côtés, mais après avoir jeté un coup d'œil sur elle et Brian, je ne me sens pas le droit de lui demander un tel sacrifice.

Je ne me détends enfin qu'une fois assise dans la voiture de Mark.

Perdue dans mes pensées, je remarque à peine le paysage urbain qui défile, et quand on se gare, je me rends compte que je n'ai pas ouvert la bouche de tout le trajet.

– On est déjà arrivés ?!

– Eh oui, Fantômette.

– Je suis nulle comme passagère. Tu ne m'en veux pas ?

– T'en fais pas, répond-il avec un franc sourire et en attrapant son sac. Je n'aime pas les filles qui parlent pour ne rien dire.

– Dans ce cas, tu as été servi…

– Viens, je vais te présenter aux autres. Ensuite, on aura juste le temps de se changer et de grignoter un morceau. Le cours commence dans moins d'une demi-heure.

Je ne retiens que trois prénoms – Steve, Lauren et Cathy – sur les quinze personnes qui forment le groupe. Freddy, le professeur, a travaillé pendant plusieurs années à New York dans une troupe réputée, me raconte Lauren en enfilant sa tenue. Il a même participé à certaines tournées de Madonna.

– Les places dans ses cours sont rares et très convoitées, poursuit-elle d'un air entendu tout en attachant ses cheveux.

– À ce point-là ?! m'étonné-je. Mark ne m'a rien dit…

– Sûrement pour ne pas te faire peur, en déduit-elle gentiment, avant de me prendre la main avec un sourire. Il a un super carnet d'adresses, et quand il repère un élément prometteur, il se démène pour l'aider. L'année dernière, grâce à lui, deux d'entre nous ont dansé dans un clip.

– Oh… Eh bien, je ne sais pas si…

– C'est une sacrée chance de suivre ses cours, même s'il est intraitable dans le travail, nous coupe alors Cathy. Autant te prévenir : Mark lui a garanti que tu étais une bonne danseuse, et il va vouloir s'en assurer. En général, les auditions n'ont lieu qu'en août, et il n'accepte jamais personne en cours d'année. Tu dois avoir un sacré talent pour que Mark s'obstine autant. Ça fait des jours qu'il s'acharne à convaincre Freddy.

Effectivement, Freddy commence par vérifier mon niveau, dès ma sortie du vestiaire. Je reste calme et sûre de moi, je n'ai rien à perdre. Je ne viens ici que pour me défouler et reprendre une activité… sans pression ! Après quelques échauffements, j'enchaîne les combinaisons de pas qu'il me dicte, sous l'œil bienveillant des autres danseurs.

– Tu avais raison, Mark, constate enfin Freddy au bout d'un quart d'heure, puis il lance le cours en claquant des mains. Allez, tous en place ! Vous avez désormais une nouvelle camarade de jeu !

Et le cours débute. Je n'ai plus pratiqué depuis des mois, mais je parviens quand même à garder le rythme. Deux heures plus tard, je suis en nage, haletante, chaque muscle de mon corps hurlant de douleur. J'applaudis Freddy en même temps que les autres et m'écroule sur le parquet de la salle de danse.

– Bon, ce n'était pas trop mal, Stella. Tu es rouillée, mais je pense que tu peux rattraper le niveau du groupe très vite en bossant dur. On te voit au prochain cours ?

– Oui, avec plaisir !

Comme prévu, ma mère m'attend sur le parking, et sans doute depuis un bon moment déjà. Je me traîne jusqu'à la voiture, exténuée.

– Alors ? demande-t-elle en démarrant.

Je vais encore avoir droit à un interrogatoire… toutefois, je suis d'excellente humeur, alors je calme volontiers ses inquiétudes.

– C'était génial ! Le prof est super et les élèves sont sympa. Ça m'a fait du bien… même si je sais que demain tous mes muscles me feront hurler. La danse me manquait.

– C'est vrai que tu sembles épuisée, ma puce.

– Je suis complètement lessivée, avoué-je en étouffant un bâillement. Mais j'y retourne jeudi. C'est trop bon…

– Tu veux y aller deux fois par semaine ?!

– Oui, affirmé-je d'une voix lasse, les yeux fermés, bercée par le roulis de la voiture. J'ai besoin de me défouler, et puis il faut que je rattrape le niveau des autres. Si tu ne peux pas venir me chercher, ce n'est pas grave, Mark me raccompagnera.

– Non, ça ne pose pas de problème, c'est juste que j'ai peur que ce soit un peu trop pour commencer…

Je me redresse sur mon siège, et soudain tendue, je réplique, un peu trop vertement sans doute :

– C'est ce qu'il me faut. J'en ai besoin, Mam ! Je me rends compte maintenant que je n'aurais jamais dû arrêter. Je dansais tous les jours, tu te souviens… Là, ce ne sera que deux fois par semaine. Pour le moment…

Oui, j'en ai vraiment besoin.

CHAPITRE 45

Les journées au lycée sont de plus en plus difficiles. Heureusement, la danse est un excellent dérivatif à ma colère et à ma souffrance. Mes insomnies empirent, malgré la tisane de Jenny. J'ai tellement peur de replonger dans mes cauchemars que je ne m'endors qu'aux premières lueurs de l'aube. Il y a peu, j'avais un remède qui fonctionnait parfaitement ! Il me suffisait de faire un VA pour retrouver Sebastian de l'autre côté et de passer ma nuit avec lui…

Jenny et Brian font de leur mieux pour me remonter le moral, mais des cernes se creusent de jour en jour plus profondément sous mes yeux sans éclat, et j'ai déjà perdu quelques kilos. Deux soirs par semaine, j'obtiens les seuls moments de répit que m'accorde la vie, quelques heures durant lesquelles j'oublie tout – et je m'oublie moi-même –, pendant les entraînements au studio de Freddy.

Pour éviter autant que possible la présence de Sebastian, je déjeune assez souvent dehors, parfois avec Jenny et Brian, quelquefois avec Mark. Ayant deviné la cause de ma tension, mon ami demande finalement à sa voisine du cours d'histoire de changer de place avec moi.

Ce n'est pas réellement compliqué de la convaincre.

La réaction de Sebastian ne se fait pas attendre… Alors que je déballe mes affaires, je l'entends demander sèchement à Brittany ce qu'elle fait à ma place. Elle rétorque, avec des yeux énamourés, qu'elle n'a fait qu'accéder à la requête de Mark. Celui-ci est en train de me raconter avec une fierté non dissimulée les dernières bêtises de sa demi-sœur, âgée de cinq ans, quand Sebastian se plante devant nous, les traits crispés par la colère. Tout en l'ignorant royalement, je sors mes livres.

– On dirait que la danse vous a sacrément rapprochés, tous les deux ! lance-t-il d'une voix sourde et tendue.

– Tu fais fausse route, Seb ! répond Mark. Tu ferais mieux de retourner t'asseoir.

– J'ai plutôt l'impression d'avoir tapé dans le mille, au contraire… MON POTE ! Alors comme ça, tu ne peux plus te passer de Stella ? Il te la faut même à côté de toi en cours…

– Et si c'était sa décision, hein ?! rétorque Mark. Allez, arrête de te donner en spectacle… Le prof va arriver, Sebastian.

– C'est toi qui as voulu changer de place ?! s'offusque Sebastian en m'adressant un regard insistant.

Alors là, pour le coup, je ne trouve rien à répondre… bien trop surprise par sa réaction. Je m'attendais plutôt à le voir lui aussi soulagé par notre éloignement.

– Stella, réponds-moi ! persiste-t-il en attrapant ma main.

Je recule brusquement. Surtout, qu'il ne me touche pas ! Depuis des jours, je fais tout mon possible pour me contenir, mais SURTOUT, qu'il ne me touche plus jamais ! Sa chaleur encore présente sur ma peau, je croise les bras et m'enferme dans un silence buté.

– Laisse-la tranquille, Sebastian.

– Toi… Fous-moi la paix ! riposte ce dernier, entre ses dents. Là, c'est entre Stella et moi.

Mark et lui sont maintenant debout, face à face. Je vois bien que la situation va dégénérer, pourtant je n'arrive pas à articuler le moindre mot. Je jette un bref regard sur Sebastian… et la colère qui se dégage de lui me paralyse. J'ai les mains moites, les jambes tremblantes, je ne souhaite qu'une chose : qu'il retourne à sa place et me laisse en paix.

Qu'est-ce qu'il cherche, enfin ?!

– Laisse tomber, maintenant, poursuit Mark avec calme en ne bougeant pas d'un centimètre.

Une fois encore, il demande à son ami de retourner s'asseoir. Brian se lève à cet instant, à la demande de Jenny, pour tenter lui aussi de le raisonner. C'est alors que toutes les fenêtres de la classe s'ouvrent brusquement sous la poussée d'une puissante rafale, plus violente encore que les fois précédentes. L'une d'elles manque de peu Brian qui s'approchait de notre table. Cahiers et livres sont projetés en tous sens, le bureau et la chaise du professeur d'histoire se renversent sur l'estrade dans un effroyable vacarme.

L'enseignant entre alors et découvre, ébahi, sa salle de cours complètement sens dessus dessous. Certains élèves sont déjà occupés à ramasser le matériel, alors que d'autres tentent de refermer les fenêtres en force. Jenny n'a pas bougé, stupéfaite de la brutalité des événements. Elle me dévisage avec angoisse. Aussi subitement qu'il est venu, le vent mugissant disparaît et un silence interloqué tombe sur la classe.

Au milieu de ce chaos, personne ne remarque Brian qui, avec l'aide de John, ramène Sebastian à sa place. Je suis toujours sur ma chaise, incapable de réagir, trop étonnée par sa réaction, et plus encore par ce qui vient de se produire. Cela n'a duré que quelques secondes, mais les éléments se sont déchaînés avec une telle sauvagerie que j'ai soudain terriblement peur.

Et si c'était moi qui déclenchais toute cette pagaille ?! Je me souviens du cours de biologie, et de mon bras qui a eu cette réaction incontrôlée et étrange, des fenêtres qui ont claqué juste avant… et de la même réaction violente des éléments, dans le couloir, lors de ma dernière confrontation avec Sebastian !

Je me tourne vers lui. Il a rejoint sa place et semble dormir, maintenant, la tête posée sur ses bras repliés. Sa respiration est à nouveau calme… Il dort peut-être vraiment, en fait.

Sebastian

Je suis crevé ! J'ai l'impression de ne pas avoir dormi depuis… des siècles ! C'est sans doute ça qui explique… tout le reste.

C'est vrai, quoi ! Faudrait pas oublier que je me suis tapé un coma, moi ! Ça laisse des traces… J'ai peut-être repris l'entraînement un peu trop tôt aussi…

Non, arrête tes conneries, Seb ! Franchement, là… je doute ! T'es encore meilleur qu'avant sur la glace… Le coach est carrément scié, et les potes, n'en parlons pas ! Y a des moments, on dirait que le palet va tout seul dans les buts… comme s'il suivait un chemin invisible et évitait les obstacles de lui-même…

Un vrai truc de dingue ! Un truc juste pas possible… et le pire, c'est que j'ai l'impression que c'est moi qui le guide… avec ma tête !

Tout comme j'ai l'impression d'avoir fait exploser la classe avec ma colère, y a trente secondes… Comme dans le couloir avec Stella, et cette autre fois, avec Jarvis…

Comme si c'était possible, mon pauvre vieux ! Continue à raisonner comme ça, et tu vas filer direct chez les fous…

N'empêche... cette fois, il faut que j'en parle avec Jenny ! Peut-être qu'elle aura une explication rationnelle à me donner...

Ouais... rationnelle, pas certain. Mais il faut que je sache ce qui m'arrive...

Putain, j'ai mal au crâne ! Et son prénom qui tourne en boucle dans ma tête en frappant comme s'il voulait sortir ! Stella... Pourquoi tu m'obsèdes autant ?!

C'est pas la première nana que j'embrasse, quand même ! C'est pas non plus la première veste que je prends ! Mais elle, elle squatte mes pensées, elle parasite mon cerveau... OK, notre baiser a été torride... Non ! Mieux que ça, en fait ! Un truc de malade... un truc surréaliste ! Mais bon sang, c'était pourtant qu'un baiser !

Oh bordel, j'ai la tête qui va vraiment exploser...

CHAPITRE 46

À la pause de midi, je demande à Jenny de déjeuner avec moi… seule, et j'avoue être un peu étonnée que cela semble lui convenir tout à fait. Pour la première fois depuis notre rencontre, elle commande une simple portion de frites et un Coca.

– Tu ne te sens pas bien, Jenny ?! demandé-je, abasourdie par son manque d'appétit.

– Je n'aime pas ça, m'avoue-t-elle, tracassée. Ce qui se passe en ce moment, ce n'est pas… bon, Stella. Pas bon du tout…

– De quoi tu parles ?

– Ce qui s'est passé en classe ce matin, et aussi quand tu as envoyé valdinguer ton téléphone avec Jarvis… Tu te souviens de ce que je t'ai dit au sujet des VA, Stella… et des risques que cela te fait courir ?!

– Oui…

– Les esprits malsains, mauvais, qui peuvent tenter de s'introduire en toi pour puiser ton énergie, ou vouloir te suivre ici pour y foutre le bordel.

Bref, le genre de trucs à éviter à tout prix. Tu t'en souviens bien, n'est-ce pas ?!

– Oui, bien sûr ! Comme si je pouvais oublier un truc aussi dingue !

– Je crois qu'on est face à un de ces phénomènes… et qu'il est plus que temps de parler de tout ça à ma mère. Elle peut sans doute t'aider.

– D'accord !

En rentrant de cours, pour clore en beauté cette magnifique journée, je surprends ma mère au téléphone. Sans doute à cause de l'angoisse que je perçois dans sa voix, je reste en retrait et tends l'oreille. Je n'ai aucune idée de l'identité de son interlocuteur.

– Je ne sais plus quoi faire, se lamente-t-elle, assise sur le canapé. Elle ne va vraiment pas bien, je t'assure…

– …

– Je me demande s'il ne faudrait pas la faire hospitaliser de nouveau. Elle continue de croire à toutes ces histoires de voyage dans une autre dimension.

Belle perf, Stella ! Encore une fois, t'as fait le bon choix... Et un grand merci, Mam ! Demande-moi encore de te faire confiance !

Je regrette amèrement l'instant de faiblesse qui m'a poussée à me confier à elle, quelques jours auparavant. J'étais si mal – et elle, tellement pleine de sollicitude – que j'ai cédé devant son insistance et lui ai avoué de quelle manière j'ai rencontré Sebastian, plus tout ce qui s'est ensuivi. Le pire, c'est que j'ai cru qu'elle m'avait comprise. Grave erreur…

– Tu sais bien que je suis une adepte de l'astrologie et que j'ai l'esprit ouvert, mais là…

– …

– Tu crois ? Je vois d'ici la tête du médecin quand je lui expliquerai ce que Stella s'imagine vivre, rétorque-t-elle à son correspondant. Je n'ai plus la force d'affronter tous ces regards, toutes ces critiques… Je commence à peine à avoir à nouveau quelques amies ici, que vont encore penser les gens autour de nous ?!

Ainsi, c'est ta seule inquiétude, pensé-je, désabusée. *Peu t'importe que je sois folle, en réalité. Ce qui te tracasse principalement, c'est le jugement de tes amies. Il ne faut surtout pas que cela s'ébruite…*

J'en ai assez entendu… Je m'éclipse dans ma chambre sans écouter le reste de la conversation. J'essuie rageusement une larme en me demandant si elle m'enverra de nouveau faire un séjour en clinique psychiatrique, ou si mon père et elle décideront plutôt d'étouffer le scandale.

On dit qu'avec le temps, tout s'arrange… CONNERIES ! Rien que des conneries.

La douleur est toujours là et ne me concède que quelques rares accalmies. Chaque jour, c'est la même question, lancinante : *Pourquoi suis-je encore en vie, alors qu'Ever est morte ?*

Ce qui ne te tue pas, te rend plus fort. CONNERIES ! Je suis vivante, mais certainement pas plus forte !

***

Un statu quo s'est instauré entre Sebastian et moi. Parfois, je surprends son regard inquisiteur, toutefois je ne cherche surtout pas à en tirer la moindre conclusion. Je déjeune de nouveau à la cafétéria, mais à l'écart de sa présence. Si, par inadvertance, nous nous frôlons, nous reculons aussitôt, comme sous l'effet d'une décharge électrique.

Alexandra parade à ses côtés comme une reine. Elle est persuadée que l'indifférence de Sebastian à mon égard assure sa prochaine victoire.

Si elle savait combien je m'en fous !

Jenny a discuté de mon « cas » avec sa mère. Je suis officiellement son rat de laboratoire… Je m'en serais bien passée, mais lorsqu'elles arrivent ensemble à la maison, par un glacial après-midi du mois de mars, je me rends compte qu'à part elles je n'ai confiance en personne, et ce depuis bien longtemps déjà.

Elles sont les seules à me croire, réellement. Les seules qui pourront m'aider… peut-être.

Un bouquet séché de feuilles de sauge blanche allumé dans chaque main, Helen visite une à une les pièces de la maison, laissant un sillage de fumée grisâtre derrière elle. Puis elle dépose un cristal de roche brut dans ma chambre en m'expliquant qu'il a le pouvoir d'absorber certaines énergies malveillantes.

– Il faut que tu comprennes, Stella, insiste-t-elle, que lorsque ces entités s'accrochent à un être humain, c'est d'ordinaire parce qu'elles sont attirées par une sorte de résonance, qu'elles ressentent une certaine complicité entre elles et cette personne.

– C'est moi qui les attire ?!

– Ce n'est pas conscient. Mais cela arrive principalement avec des gens en proie à un intense désarroi, ou d'une grande faiblesse. Ouvrir une porte sur les autres mondes n'est jamais une bonne idée, surtout quand on ignore ce que l'on peut y trouver… et plus encore pour une personne totalement novice, comme toi. Ce n'est pas un endroit pour s'amuser…

– Je n'ai jamais pensé à m'amuser lorsque j'étais de l'autre côté, rétorqué-je. C'est juste que je m'y sentais mieux. Beaucoup mieux.

– Oui, et c'est tout à fait normal. Mais c'est aussi là le risque, si tu ne sais pas faire la part des choses. Ton don t'offre cette possibilité extraordinaire de voyager où tu le souhaites, dans notre monde, mais aussi dans des dimensions qui me sont pour la plupart inconnues. Tu peux en effet y entrer en contact avec d'autres personnes, des esprits bienveillants, et ce sont ces rencontres – même si tu n'en as pas toujours eu conscience – qui t'ont donné ce sentiment d'apaisement… de plénitude. Cependant, comme tu as pu t'en rendre compte lors de ton dernier voyage, certaines rencontres peuvent se révéler dangereuses…

– Est-ce que je risque de ne plus pouvoir réintégrer mon corps ?

La mère de mon amie exhale un soupir.

– Tu ne comptes pas t'arrêter, n'est-ce pas ?! lâche-t-elle, comme si elle connaissait déjà la réponse. Peut-être résisteras-tu dans les jours qui viennent, mais tu recommenceras… Je ne vais pas te mentir, Stella. Même si je ne peux pas le garantir à cent pour cent, je ne crois pas que cela puisse se produire. Toutefois, les autres dangers qui te guettent si tu persistes sur cette voie pourraient être bien pires que de ne pas réintégrer ton corps. Ne l'oublie pas !

Sebastian

Je dois commencer à m'habituer à elle...

Ouais, c'est ça... ! Tu n'arrives pas à la faire dégager de tes rêves, surtout... hein, mon vieux Seb ? Et c'est pourtant pas faute d'avoir essayé... Mais non ! Elle est là... toujours là... !

Et si j'arrivais jamais à me débarrasser d'elle... si j'étais condamné à elle... toutes les nuits ?! TOUTES LES NUITS ?! T'imagines le PUTAIN DE CAUCHEMAR !?!

– T'en fais une drôle de tête... murmure-t-elle. Ça ne va pas ?

– Je n'y comprends rien, Ever... rien de rien... Quand je suis là, je me souviens de tout, de tout !

De toi, de Stella, de ma belle histoire avec mon étoile filante... et dès que je me réveille, tout disparaît... y a plus rien... RIEN ! TU COMPRENDS !?!

– Non, je ne comprends pas, mais... dit-elle avec un sourire rayonnant qui me laisse supposer que Ducon et Empaffé ne vont pas tarder à réapparaître, j'entends très bien, par contre ! Je suis morte, pas sourdingue, D...

– Ducon, lancé-je dans un rire en la coupant. À moins que tu ne préfères Empaffé de première, dans cette situation ?

Elle éclate de rire... son rire est beau, comme elle... communicatif...

Et soudain elle s'arrête, regarde à droite et à gauche, et tout doucement, s'approche de moi. Elle ne rit plus, ne sourit plus... elle est...

Je m'approche tout doucement, moi aussi... Je sais ce qu'elle ressent... je le sais si bien... parce que j'étais là, moi aussi, plongé dans ce néant et seul... désespérément seul... seul à en crever... à en pleurer...

– Putain, Ever, je donnerais n'importe quoi, tu sais ! Tout ce que j'ai pour que tu...

Je l'enlace avec tendresse – Tiens, il n'y a pas d'étincelles, pas de champ de force entre elle et moi... – et je caresse ses cheveux. Ils sont doux... vraiment doux... Elle se rapproche encore un peu plus, et je la serre plus fort parce que je sais...

Cette solitude absolue... Ce désespoir perpétuel...

– Oh... Sebastian ! C'est tellement...

– Injuste, dis-je alors, parce qu'elle ne peut plus parler, prise de sanglots incoercibles. Oui. Je sais, Ever. Je me rappelle la peur qui me rongeait chaque jour, chaque minute, chaque seconde… Je me souviens de la colère de voir ma famille et mes amis souffrir, alors que plus personne ne me voyait, ne m'entendait… Je n'oublierai jamais les hurlements que je poussais encore et encore, sans que rien ne se passe ! Cette horrible sensation de disparaître. Ce néant… ce cauchemar sans fin… cette nuit éternelle… la perte de tout ! Ne plus rien sentir, ressentir…

– Et puis Stella est arrivée, me coupe-t-elle en levant son beau visage vers moi. Ton étoile filante…

Avec mon pouce, j'essuie doucement ses larmes. Oui, je me souviens si bien de tout… et de la chance que j'ai eue de la croiser.

– Stella. Sans elle, je ne sais pas où je serais aujourd'hui…

– Parfois – juste parfois, hein ! –, j'aimerais être à sa place, murmure Ever, le regard perdu. J'aimerais ne pas être morte. C'est tellement horrible, Sebastian, mais j'aimerais que ce soit elle ! Dans ces moments-là, je donnerais tout… tout pour retourner du côté des vivants. C'est… c'est plus fort que moi. Je sais que je suis morte, mais je ne veux pas… je ne veux pas ! Je voudrais juste vivre. VIVRE… VIVRE… Et avec toi, je suis un peu vivante, Sebastian, alors c'est pour ça que je reviens… Je sais que je pourris chacune de tes nuits, mais je ne peux pas rester là-bas !

C'est au-dessus de mes forces ! Ne me chasse pas, Sebastian, pas encore... S'il te plaît !

– Chuuuuuut, tout va bien, ma connasse préférée, je te garde... je te garde.

CHAPITRE 47

J'affectionne de plus en plus les moments partagés avec Jenny et Brian, ainsi que ceux que je passe en compagnie de Mark. Sans chercher à profiter de la situation, celui-ci a pris le parti de se comporter en ami, rien de plus, et j'apprécie vraiment ce comportement. Avec lui, et ce depuis le premier jour, le prénom même de Sebastian n'est jamais prononcé, son attitude jamais évoquée…

Certains pourraient prendre cela pour de la lâcheté ou de l'indifférence, voire de l'égoïsme, néanmoins, il m'accorde ainsi un espace inviolable, de paix… et j'ai la certitude qu'il le fait volontairement.

Je ne manque aucun cours de danse et suis maintenant totalement intégrée à la troupe.

Je commence presque à croire au retour d'une vie normale.

Toutefois, ce matin-là, je croise aux abords du lycée quelques regards qui m'indisposent. Je porte pourtant ma tenue passe-partout, version « grands froids » – jean, doudoune, baskets. Rien de voyant.

Je fouille dans mon sac et sors mon miroir, puis j'examine mon visage. Sans maquillage, normal, comme d'hab. J'ai cependant le sentiment oppressant que quelque chose cloche. Devant les grilles, je crois surprendre des sourires moqueurs et goguenards. À moins que je ne devienne parano ? Oui, c'est sans doute ça. J'attends Jenny encore quelques minutes, mais je dois filer avant son arrivée car mon cours de mandarin va débuter.

Retenue par un contrôle, j'arrive en retard en classe de littérature et lui fais juste un signe au passage, avant de m'asseoir à côté de Sebastian. C'est le seul cours, avec celui d'arts plastiques, où Mark n'a pu obtenir un échange de place. Jenny, si souriante d'habitude, a le visage fermé, et ses doigts enroulent et déroulent nerveusement une mèche de cheveux.

Aucun doute, elle est préoccupée.

Après un bref coup d'œil à Brian, et constatant que sa main repose tendrement sur la cuisse de mon amie, je conclus qu'il n'est pas en cause. Il me semble un instant qu'il évite mon regard, néanmoins je rejette aussitôt cette idée stupide.

Pourquoi m'éviterait-il, tout à coup ?

Pourtant, c'est plus fort que moi, je sens qu'il se passe quelque chose. Tous ces regards bizarres me ramènent plusieurs mois en arrière, à Miami…

Tout avait commencé comme ça, là-bas aussi. Au début, juste quelques coups d'œil, qui devinrent vite de plus en plus nombreux… Ensuite, les murmures sur mon passage, les remarques…

les critiques… les insultes… et finalement, les menaces.

J'inspire un grand coup pour évacuer ces douloureux souvenirs.

On se détend, Stella ! Tu n'es plus à Miami. T'es à Boston, et ici, tout est différent.

Un mouvement à mes côtés me fait tourner la tête vers Sebastian. Les yeux fixés droit devant lui, il semble passionné par le cours. J'applique immédiatement la règle tacite entre nous – l'indifférence – et détourne le regard.

Alexandra jacasse presque joyeusement avec Brittany pendant la majorité de la leçon et me lance à plusieurs reprises des regards – malveillants ? victorieux ? – tandis que je m'évertue à deviner ce qu'elle peut bien comploter. Sans succès. La sonnerie retentit, et alors que nous nous dirigeons vers la sortie, le professeur m'interpelle :

– Stella, pouvez-vous m'accorder une seconde, s'il vous plaît ?

Il attend patiemment que la classe se soit vidée – sans doute pour ne pas me mettre plus mal à l'aise encore devant mes camarades –, avant de reprendre avec un air profondément chagriné et concerné :

– Vos notes ont fortement baissé, ces derniers temps, Stella. Depuis votre arrivée, vous m'aviez accoutumé à de meilleurs résultats. Vous êtes tracassée ?

– Non, répliqué-je, pressée d'en finir.

– Si vous avez besoin d'aide, je peux vous épauler. Vous pouvez également prendre rendez-vous avec le bureau des étudiants. Nous sommes tous là pour cela, alors il ne faut pas hésiter !

– Je sais, Monsieur, mais ce n'est pas nécessaire, assuré-je, tout en pensant que certains enseignants ont vraiment la vocation. Je vais me ressaisir. Je vous assure. Merci.

Sous son regard préoccupé, je file rejoindre mes amis à la cafétéria.

Dès qu'elle m'aperçoit, Jenny me fait signe de la main.

Alors que je prends place entre elle et Mark, je suis frappée par l'impressionnante accalmie – avant la tempête ? – qui règne soudain autour de nous. Malgré le sourire que mon amie m'adresse, je comprends que quelque chose cloche vraiment. L'appétit coupé et assaillie par une envie dévorante d'être à mille lieues d'ici, je me force à avaler une feuille de salade. N'y tenant plus, mon amie prend une profonde inspiration et murmure à contrecœur :

– Des bruits courent dans le lycée depuis ce matin, Stella… Faut surtout pas que tu les écoutes, d'accord !?

Je me tourne brusquement vers elle, livide. Mais avant que je n'aie pu lui demander de quoi elle parle, le silence est finalement rompu par Alexandra qui m'interpelle, debout au milieu de la grande salle. Elle est absolument rayonnante, et à la voir si enjouée, une idée s'infiltre sournoisement en moi. Ça y est ! Elle a enfin atteint son but : Sebastian a dû tomber dans ses filets. Il faut dire que, depuis la soirée, elle n'a pas ménagé ses efforts. Je prends soudain conscience que, malgré tout, j'ai encore des sentiments pour lui. Je ne parviens pas à le chasser de mes pensées. Mon cœur se serre à l'idée de devoir les croiser ensemble chaque jour.

– Dis-moi, Stella… ?! me lance la garce à travers le réfectoire bondé, visiblement décidée à passer à l'attaque. Tu fais toujours dans le bénévolat ?

– Pardon ?!

Là, je dois reconnaître que sa question me prend totalement par surprise. Je remarque les regards curieux que certains lui adressent, Brittany et John en tête de liste. Apparemment, je ne suis pas la seule à me demander où elle veut en venir…

– Je te demande si tu continues tes visites bénévoles à l'hosto ?! Ou si tu as déniché un endroit plus… passionnant à hanter de ta présence, maintenant que Sebastian en est sorti ?

– Je ne vois pas de quoi tu parles, répliqué-je, tu…

– Stella, ne lui réponds même pas ! m'interrompt Jenny, furieuse. Tu nous fais chier, Alexandra ! Ça n'intéresse personne, tes conneries.

– Oh mais tu te trompes, Jenny ! Moi, je suis certaine que ce que j'ai appris hier va fasciner tout le monde ici, rétorque-t-elle d'une voix mielleuse. C'est vrai, quoi… C'était touchant d'apprendre que Stella avait rencontré Sebastian grâce à sa grande bonté d'âme ! N'est-ce pas, Rebecca ?

Rebecca plonge le nez dans son assiette et reste muette. Alexandra tourne toujours autour du pot, et tout comme la plupart des étudiants présents dans la cafétéria à cette heure, Brittany l'écoute avec attention.

L'air embarrassé de Brian me saute aux yeux.

Lui... il sait ce qui se passe !

CHAPITRE 48

– Oh ça va, maintenant ! m'emporté-je. Fais-toi plaisir ! Et qu'on en finisse avec tes conneries…

– Si tu insistes… Eh bien, voilà ! Stella a effectivement connu Sebastian pendant son coma, mais figurez-vous que ce n'est absolument pas dû au hasard ni à son prétendu bénévolat… non non ! En fait, j'ai appris que Stella cherchait depuis son arrivée au lycée à rencontrer notre beau Sebastian, piquée d'une vilaine curiosité. Alors pour ce faire, elle est allée le retrouver… en faisant un tout petit voyage. Mais pas en bus ou en voiture… Nooon, bien sûr ! Stella ne fait jamais rien comme tout le monde ! Elle s'est rendue à ses côtés… à l'aide d'un voyage astral. C'est bien ainsi que ça s'appelle, Stella ? Eh oui ! C'est incroyable, n'est-ce pas ?! Stella se balade hors de son corps… ironise-t-elle avec un plaisir évident.

Puis se tournant dans ma direction, les traits déformés par la haine et la rancœur, elle déverse tout son fiel, persuadée de tenir enfin sa vengeance :

– Pourquoi tu ne t'en sers pas plutôt pour faire un tour chez Jarvis et remonter tes notes de bio en jetant un coup d'œil sur les sujets d'interro ? Ah mais non… ce serait moins drôle, n'est-ce pas ?! Toi, tu préfères débarquer chez des inconnus, ou dans la vie de gens qui ne t'ont rien demandé, et y semer la pagaille !

Sous le choc de ce qu'elle vient de révéler devant presque tout le lycée, je me fige. Le sang se retire de mon visage. Je n'entends plus rien. Je suis totalement anéantie. Qui lui a raconté tout ça ?! Sebastian ? Jenny ? Impossible, Jenny n'a pu me trahir… Pourtant, cela ne peut être que l'un d'eux. Ou les deux ? Je dois savoir…

– Jenny… supplié-je.

– Non NON ! Je t'assure, regarde-moi, Stella ! Je n'y suis pour rien, répond-elle aussitôt avec sincérité, en me forçant à plonger mon regard dans le sien.

Et je la crois sans la moindre hésitation. Comment ai-je seulement pu l'envisager ?! Alors, c'est lui ?! Bien sûr… c'est tellement évident ! Pourtant, le souffle me manque, tant je ne m'attendais pas à le voir tomber si bas. Je me tourne vers Sebastian et le contemple avec stupeur et dégoût.

La force de son regard et chaque expression de son visage le jour de notre rencontre me reviennent en pleine figure avec la violence d'un ouragan. Je me souviens aussi de sa gentillesse au Cheers, de ses mains sur mes joues, de ses paroles réconfortantes…

Comment peut-il être tellement différent que celui que j'ai connu alors ?

– Tu n'es qu'un immonde salaud ! Mais tu as bien trouvé ton binôme, finalement… Alexandra et toi êtes vraiment faits l'un pour l'autre !

Je ramasse mon sac et m'apprête à quitter la table. Mes yeux sont secs, mes mains glacées, j'ai du mal à respirer. Il faut que je sorte d'ici. Vite. Sebastian se précipite et m'attrape le bras avec force.

– Ne me TOUCHE pas ! hurlé-je en me dégageant violemment.

– Stella, attends !

Jenny le fusille du regard. Post-it se dirige vers lui, tout sourire.

– Allons, Seb, laisse tomber ! Elle n'en vaut pas la peine, minaude-t-elle en s'agrippant à lui comme une sangsue. C'est une pauvre dingue. Une folle ! D'ailleurs, j'en ai la preuve… Regardez, annonce-t-elle fièrement à la ronde en haussant la voix à nouveau, son histoire est même parue dans le journal.

Ainsi, ça ne te suffit pas, garce ?! Tu poursuis la curée jusqu'à la boucherie !

Elle fouille dans son sac un instant et en retire un paquet de photocopies, qu'elle balance sur chacune des tables à la ronde. J'ai le temps d'apercevoir un des titres, et le sang quitte définitivement mon visage. Je n'ai pas besoin de lire ces articles pour en connaître la teneur exacte.

Chaque mot est encore gravé au fer rouge dans ma mémoire.

Sebastian se dégage de son emprise avec brutalité en l'injuriant d'une voix sourde. Mais forcément, Alexandra ne compte pas en rester là et ne m'épargne aucune humiliation. Vexée par la réaction de Sebastian, elle se lance, de sa voix suraiguë, dans la lecture détaillée de chaque chronique.

Ocean Drive magazine, 6 octobre

Ses proches craignent le pire...

Stella Forest, fille du célèbre avocat de Miami, Benjamin Forest, est enfin sortie du coma. Ses jours ne sont plus en danger. Elle vient d'être transférée dans la prestigieuse clinique privée du docteur Jones. La famille n'a fait aucune déclaration. On sait que cet établissement est spécialisé dans le traitement des addictions et des troubles mentaux chez les adolescents...

Miami Style, 8 novembre

Son retour vire au cauchemar...

Stella Forest, sortie de clinique il y a de cela cinq jours, dans la plus grande discrétion, vient d'être condamnée à un service communautaire de cinquante heures. Son permis de conduire lui a de plus été retiré pour une période d'un an[2].

2 Aux États-Unis, la limite fédérale pour acheter et consommer de l'alcool est de vingt et un ans. L'âge minimal pour commencer la conduite varie entre quatorze et dix-sept ans, selon les États. Les jeunes ont un permis

Victime de harcèlements réguliers, à la suite de son implication dans l'accident qui a coûté la vie à sa meilleure amie, la jeune fille ne sort plus de chez elle. Il semblerait que la famille songe à quitter la ville. Leur luxueuse résidence en bord de plage vient d'être proposée à la vente…

Je me dis que, dans une vie antérieure, j'ai dû être la pire des vermines pour mériter un tel traitement. Mark me prend gentiment dans ses bras et veut m'éloigner au plus vite de la cohue qui commence à se former autour des reportages, mais Sebastian me saisit par l'épaule.

– Elle t'a dit de ne plus la toucher, s'interpose mon ami en retirant sa main avec rage.

– Et moi, je t'ai déjà dit de ne pas me faire chier, Mark ! gronde Sebastian, ivre de colère.

Sans le moindre préavis, il charge son ami et le percute de tout son poids, le projetant violemment sur le sol. Il heurte le carrelage dans un bruit sourd. Une main serrée autour de la gorge de Mark, Sebastian se met à frapper ses côtes de son poing libre, sans discontinuer. La souplesse de Mark lui permet heureusement de se dégager rapidement. Il se redresse aussitôt, et lorsque Sebastian charge à nouveau, il parvient à le faire pivoter et le plaque contre le mur le plus proche. Sebastian lance alors un

---

plus ou moins limité ; impossibilité de conduire la nuit, de transporter d'autres personnes que leurs parents… Le cumul de plusieurs infractions pour un mineur peut entraîner, outre une suspension de permis pendant un an pour une première infraction, un service communautaire obligatoire et l'accès refusé à jamais pour certaines professions.

poing meurtrier en avant et percute sa mâchoire avec une telle force qu'il le fait reculer de quelques pas.

– FIVE FOR FIGHTING ! hurlent les joueurs de l'équipe de hockey.

Et soudain, sans qu'aucune fenêtre ne s'ouvre, cette fois, la tempête se déchaîne dans la pièce ! Les tables sont renversées et des verres se brisent. Les filles hurlent, c'est la panique la plus totale ! Et tout ça, à cause de moi… ?! Brian et John se précipitent pour séparer les rivaux, alors qu'au contraire les autres joueurs applaudissent et les encouragent. Sebastian est fou de rage. Autour des deux adversaires, les éléments se déchaînent, forçant le cercle de spectateurs à reculer sous l'assaut de violentes bourrasques.

Je tremble comme une feuille. J'ai du mal à respirer. Il faut que ça s'arrête… il faut que je me calme…

– C'est uniquement ta faute, espèce de désaxée ! grince Alexandra en pointant un doigt accusateur vers moi. Il faut te faire enfermer une bonne fois pour toutes !

Je m'autorise alors ce qui me démange depuis longtemps – depuis mon arrivée dans ce lycée, pour être tout à fait exacte. Sans un mot, de toutes mes forces, je lui balance ma main bien ouverte en pleine figure et la déséquilibre d'une gifle retentissante. La stupeur et sa chute la rendent enfin muette comme une carpe. Vautrée pitoyablement par terre, elle donne durant quelques secondes l'impression de s'asphyxier, la bouche grande ouverte.

Jenny ne peut retenir un rire tonitruant en lui lançant qu'elle récolte enfin ce qu'elle semait depuis des mois. Puis, décrétant que « Maintenant, ça suffit ses conneries à l'autre, là ! », elle se dirige au cœur de la tempête, s'interpose entre les garçons qui se battent toujours et balance son poing fermé dans l'estomac de Sebastian, qui se plie en avant sous l'effet de la douleur tout autant que de la stupeur. Aussitôt le chaos cesse autour des combattants, et les tables retombent lourdement sur le sol.

– C'est bon, t'es calmé !? grogne Jenny entre ses dents.

Il ne faut pas longtemps pour que la sécurité intervienne et rétablisse l'ordre dans la salle. Ils embarquent Sebastian, Mark, Brian et John jusqu'au bureau du doyen. Le surveillant général nous ordonne sèchement de rejoindre nos classes.

Jenny me rejoint en grimaçant et en se tenant le poing…

Sebastian

Bordel, mais qu'est-ce qui s'est passé ?! Qu'est-ce que j'ai fait ?! Je me reconnais plus... C'est pas moi, ça !

J'ai frappé mon pote ?! Mark, mon pote, depuis des années...

Mais pourquoi il s'en est mêlé aussi, ce con ?! Je voulais juste parler à Stella. Quand j'ai vu ses yeux, cette tristesse dans son regard... mon cœur a explosé !

Tu me fais quoi, Stella Forest... BORDEL, tu me fais quoi... ?!

Ouais ouais... Virez-moi si vous voulez ! J'en ai rien à foutre... J'en sais rien, moi, pourquoi y avait des chaises partout dans le réfectoire ! Enfin peut-être que si, mais comptez pas sur moi pour en parler...

Bla-bla-bla... Suspendu ?! Mais bien sûr ! Vous allez vous débarrasser de votre meilleur attaquant dans l'équipe !? Avec les matchs de qualif qui se profilent... Bla-bla-bla...

Voilà ! C'est bien ce que je disais... C'est le coach qui aurait explosé, là... Elle n'aurait jamais tenu la route, ton expulsion...

OK, on va faire de la peinture tous ensemble ! Comme de bons petits soldats... Allez, lâchez-nous, maintenant !

CHAPITRE 49

À peine rentrée chez moi, ce soir-là, je téléphone à Mark que je n'ai plus revu de la journée, pas plus que les autres, d'ailleurs. Il paraît qu'ils ont été renvoyés chez eux pour la journée, après que leurs parents sont passés les récupérer dans le bureau du doyen… forcément !

– Rien de cassé ? demandé-je, anxieuse.

– Non, ne te fais pas de soucis, Stella. J'ai juste le visage un peu amoché… J'espère que ça ne fera pas trop chuter ma cote de popularité auprès des filles.

– Je suis certaine du contraire. De mon côté, en tout cas, je peux t'assurer qu'elle a encore considérablement augmenté…

– C'est tout ce qui compte, alors ! Et toi… Comment ça va ?

– Moi ?! Oh Mark… je t'adore. Tu te bagarres à cause de moi, et c'est toi qui t'inquiètes de savoir comment je me porte ? Je suis désolée pour ce qui s'est passé, tu sais… Vraiment…

– Arrête, ça va pas !? Tu n'y es pour rien, me coupe-t-il. La seule coupable, c'est cette traînée d'Alexandra… Oh, j'ai appris que tu lui en avais retourné une sévère, d'ailleurs, félicitations ! Elle et Sebastian sont responsables de tout ça, Stella… certainement pas toi ! C'est vrai que la dernière fois que Seb et moi nous sommes battus ainsi remonte à très loin… Mais c'est pas une première ! Et puis, cet idiot a beau être un ami, il réagit trop bizarrement depuis quelque temps. Et c'est mon devoir d'ami, justement, de le rappeler à l'ordre quand il se conduit comme le dernier des crétins !

Je ne relève pas sa remarque et préfère lui demander comment s'est déroulée l'entrevue avec le doyen. J'espère de tout cœur que la sanction n'est pas trop lourde. Il hésite un moment avant de répondre.

– Ben… en fait, ça aurait pu. Mais il tenait absolument à savoir ce qui avait déclenché les hostilités entre nous. Rassure-toi, personne n'a parlé de… tu sais… Du coup, on se tape tous dix jours de plus d'intérêt général, mais…

– Merde ! Mark, je suis vraiment désolée… Je vais aller voir le doyen, dès demain matin ! Pas question d'en rajouter encore pour me couvrir. De combien de jours avez-vous écopés en tout ?

– Pas question, Stella. On savait tous ce qu'on faisait. La seule responsable de ce gâchis est cette pétasse siliconée ! On va tous faire tranquillement nos vingt jours de corvée de peinture dans le gymnase. De toute façon, les murs en ont bien besoin, ronchonne-t-il avant d'éclater de rire. Reste en dehors de cette histoire, Stella. Tu as bien assez souffert comme ça, d'accord ?

***

Le lendemain, les rumeurs concernant mes VA et la bagarre se sont bien entendu propagées dans tout le lycée. Des étudiants que je ne faisais que croiser auparavant viennent à ma rencontre et veulent savoir comment je pratique mes déplacements ; d'autres me demandent quelle substance j'utilise, pour la tester eux aussi ; et quelques-uns enfin trouvent mon histoire absolument géniale.

C'est juste ahurissant ! J'ai l'impression de replonger en plein cauchemar…

Heureusement, mon implication dans la bagarre n'ayant pas pu être confirmée auprès de la direction du lycée, mes parents sont tenus à l'écart de cette histoire, et la maison reste – avec le studio de dance – un havre de paix où je trouve, chaque soir, la force de continuer…

À peine quinze jours plus tard – comme l'avait promis Jenny – mon histoire ne fait plus la une parmi les étudiants, remplacée par quelque autre cancan… On m'a certainement attribué l'étiquette « d'illuminée », mais j'assume. C'est largement préférable à celle de « meurtrière » que certains m'avaient collée à la mort d'Ever.

Jenny a rompu tout contact avec Sebastian, mais elle en souffre et je me sens responsable de sa tristesse. Brian, coincé entre son pote et sa petite amie, a décidé de naviguer de l'un à l'autre. Mark, quant à lui, échange parfois quelques banalités avec son ancien camarade, mais ce n'est plus comme avant…

… avant que je ne déboule dans leur vie à tous et n'y sème la discorde, telle une avalanche dévastatrice dont le passage ne provoque que ruine et désolation. Là-dessus, au moins, Alexandra avait raison…

Le seul avantage de tout ce désastre est que cette garce m'accorde enfin une paix royale. C'est toujours ça de gagné ! Rebecca, à ma grande surprise, s'est enfin totalement détachée d'elle. Lors d'une pause déjeuner, elle me confie qu'elle croit vraiment à mon histoire et espère que tout finira par s'arranger entre Sebastian et moi. L'ayant presque toujours connue dans l'ombre d'Alexandra, je ne lui avais prêté jusqu'ici qu'une attention distraite. Maintenant, en y faisant plus attention, sa position me rappelle les liens puissants et ambigus que j'ai partagés avec Ever. Tout comme elle, je me cachais dans l'aura de mon amie, et l'image de ma dépendance, bien que librement consentie, me frappe aujourd'hui brutalement.

Avec sa mort, cette dépendance s'est muée en culpabilité, et c'est elle qui me tue à petit feu… Elle que je dois absolument combattre si je veux survivre à tout cela. Et pour y parvenir, il n'y a qu'une solution… Jenny ! Jusqu'à présent, je repoussais sans cesse l'occasion de communiquer avec Ever par son intermédiaire. Rien ne m'avait donné le courage de mettre un terme à ma pénitence, mais grâce au soutien de mes nouveaux amis, je me sens enfin assez forte pour tenter l'expérience.

– Stella, tu es sûre d'avoir bien compris que je ne peux en aucun cas te garantir le résultat que tu espères ? me rappelle Jenny, pour la centième fois.

– Oui ! Mais si c'est possible et que je ne tente rien, je m'en voudrai toute ma vie.

– C'est vrai. Tu ne peux pas fuir indéfiniment non plus. Surtout si tu as quelque chose sur le cœur…

– Absolument… et c'est pareil pour toi avec Sebastian, Jenny ! Ça fait des jours que tu l'évites, que tu ne réponds pas à ses appels… Quand vas-tu te décider à faire enfin la paix avec lui ?

– Heu… T'es mignonne… D'abord, on s'occupe de toi, OK ? élude-t-elle, songeuse.

– OK… mais compte sur moi pour revenir à la charge !

Je suis submergée par un étrange sentiment. Jenny et Ever vont enfin se rencontrer – d'une façon certes peu orthodoxe pour le commun des mortels, mais qu'importe –, et j'en suis heureuse !

– À moins qu'elle ne souhaite pas entrer en relation avec moi, me serine Jenny.

– Va savoir pourquoi, je n'ai personnellement aucun doute là-dessus. Qui sait même si elle ne t'attend pas déjà… ?

CHAPITRE 50

Le samedi suivant, Jenny vient passer la nuit à la maison. Je m'en veux un peu de la priver d'une soirée avec Brian, mais ma culpabilité disparaît totalement quand mon amie m'annonce en arrivant qu'il comptait de toute manière passer le week-end avec Sebastian.

Il me faut alors négocier avec acharnement pour qu'elle accepte de me laisser faire un VA. Je suis intimement convaincue de pouvoir ainsi voir Ever, moi aussi, et j'en ai besoin – VRAIMENT besoin –, au moins une dernière fois…

Pendant que ma sorcière bien-aimée entrera en communication avec ma meilleure amie, je quitterai donc notre dimension, malgré les risques auxquels je sais que je m'expose. Je promets de ne pas quitter la chambre, mon but n'étant pas aujourd'hui d'aller chercher quoi ou qui que ce soit, mais juste de revoir Ever.

Elle ronchonne encore mais finit par céder devant mon inébranlable résolution. Je lui explique ensuite en détail la façon dont je me mets en condition.

Je lui demande de ne pas s'alarmer si mon corps devient soudain très froid ou que les battements de mon cœur ralentissent.

– Ça ne marchera peut-être même pas, tu sais… Je n'ai encore jamais tenté l'expérience avec une personne à mes côtés, je ne suis pas certaine d'y parvenir.

– Pas de défaitisme, mademoiselle Forest ! Allez, on trouve une position confortable, un en-cas pour moi… tente d'ironiser Jenny, sans totalement parvenir à masquer sa nervosité.

– Prête ? lancé-je, dès que nous sommes toutes deux bien installées.

– Tu peux y aller, je ne bougerai pas de là.

– OK !

Toutes les lumières sont éteintes, mis à part une bougie. Le silence envahit l'espace peu à peu. Étendue sur le lit, je contrôle ma respiration et laisse toutes mes tensions s'évacuer une à une. Jenny est à mes côtés et calque sa respiration sur la mienne en psalmodiant tout bas. Elle appelle sûrement Ever. Je me détends encore. Totalement.

Puis, comme les fois précédentes, je m'élève en douceur dès que je suis complètement décontractée et vois mon corps immobile en dessous de moi. Je m'observe avec attention, allongée, comme endormie. C'est étrange… Jusqu'ici, lors de mes VA, je ne faisais absolument pas cas de mon enveloppe corporelle, uniquement préoccupée par mon besoin de fuir cette dimension. Je ne restais jamais ainsi à scruter cette coquille vide. Mais aujourd'hui, j'ai le temps…

Je me détourne enfin et caresse avec tendresse la chevelure de Jenny, qui s'interrompt immédiatement. Je ne sais pas si elle a senti quelque chose, mais elle se penche vers mon corps et scrute mon visage.

– Stella ? C'est toi… ? Ever ? rajoute-t-elle en levant le regard et parcourant la pièce.

– Non, Jenny… C'est juste moi, Stella !

Mais j'ai beau lui parler, elle ne perçoit pas ma voix, bien sûr ! Elle entend les esprits, et je n'en suis pas un… Je ne suis qu'une fille bizarre, qui voyage d'une dimension à une autre d'une façon un peu particulière.

Jenny continue d'appeler Ever.

Et là… une silhouette apparaît devant moi.

Ever…

– C'est… c'est bien toi, murmuré-je, effarée, en tendant la main vers elle.

Je m'inquiète une fraction de seconde… qui sait si elle n'est pas dangereuse ? Elle l'est en tout cas bien assez pour me mener droit à la folie définitive. Mais je me rends compte que je m'en fiche, en fait. En cet instant, ce que je vois est l'unique réalité que je désire appréhender. La seule dont j'ai vraiment besoin.

– Tu me manques tellement, Ever. Si tu savais…

– Je sais…

Sa voix ! Entendre sa voix. Réellement ! Et pas parce que je visionne une de nos vidéos, oh non !

L'entendre parce qu'elle me parle et se trouve là. Avec moi. Comme avant. C'est soudain une monstrueuse vague de bonheur et de souffrance indescriptible qui me submerge de toutes parts.

– … parce que tu me manques aussi, Stella, poursuit-elle. Mes parents, mes frères…

Je peine à respirer. J'ai mal – atrocement mal – pour elle. Pour eux. Parce que je sais aussi qu'il m'est impossible de ressentir vraiment sa douleur et la leur.

– Tout me manque… murmure-t-elle. Ma vie me manque…

Parce que je suis incapable de la soulager, maintenant. De retourner dans le passé et de réparer mon erreur.

– Je… j'ai essayé de te sauver…

– Non ! Tu m'as laissée mourir, Stella…

Je suffoque.

– Tu n'as pas eu le courage de me dire non ! Comme cela arrivait presque toujours, Stella. Tu aurais dû m'envoyer balader. C'est ce que tu aurais dû faire. Pourquoi tu ne l'as pas fait ?!

J'ai la sensation qu'une main glaciale comprime mon cœur. Que la mâchoire d'un étau me broie de l'intérieur. De plus en plus fort. Et qu'elle va parvenir à me briser.

– Et toi ? parviens-je enfin à dire d'une voix enrouée. Pourquoi tu n'as voulu en faire qu'à ta tête, comme d'habitude ? Pas une seule fois tu ne t'es demandé pourquoi aucune de nous ne s'opposait jamais à toi ! Tu crois que c'était facile ?!

Je me redresse. Des larmes amères et douloureuses coulent sur mes joues. J'ignore si Ever ressent la même déchirure que moi.

– Et tu oublies un peu vite que je l'ai fait. Et plus d'une fois, Ever. Je me souv…

– Pour prendre la défense de l'un ou l'autre, me coupe-t-elle, énervée. Toujours cette foutue manie de jouer les saintes… mais jamais pour toi ! Jamais pour toi !

La tête légèrement penchée sur le côté, elle me fixe de ses yeux magnifiques empreints d'une infinie tristesse et ajoute dans un murmure :

– J'aimerais être à ta place…

Ce moment est arrivé. Celui que j'ai cherché et repoussé avec autant de force. Le moment d'entendre la vérité – pas celle des autres, pas la mienne non plus, mais celle d'Ever. La seule qui compte.

– C'est un sentiment que je connais, murmuré-je à mon tour. Et je suis persuadée que je n'étais pas la seule à souhaiter être à ta place, à t'envier, à t'admirer, et certains jours, à te détester… Pourtant, depuis que tu n'es plus là, c'est comme si tu avais emporté la moitié de moi-même avec toi.

Son menton tremble. Ses lèvres remuent, toutefois elle parle si bas que je n'entends rien. Puis elle presse ses mains jointes sur son cœur… C'est notre code… Notre façon de nous dire : *Je t'aime.* Elle s'approche de moi, tend la main et la pose sur mon visage.

– Oui, j'aimerais être à ta place, dit-elle d'une voix éraillée, alors que je ressens une intense sensation de chaleur et de paix. Je t'en veux, Stella, mais pas autant qu'à moi. Pas au point de souhaiter te voir là. Parce qu'au-delà de toute cette colère, je t'aime…

Elle me fait une grimace, comme à l'époque de nos dix ans.

– Je t'aime, triple nouille ! Et tu me manques tellement, toi aussi !

Je ris à travers mes larmes. Pour la première fois depuis l'accident, je suis pleinement heureuse, sans honte et sans regret. Sa caresse m'a enfin rendu le droit à la vie, et au bonheur…

Sans aucune explication, je suis alors violemment arrachée à elle et projetée dans mon corps. Quand je reprends mes esprits, Jenny me secoue avec force. En me voyant ouvrir les yeux, elle me tient serrée contre elle quelques minutes, puis se laisse glisser sur la moquette, au pied de mon lit, visiblement épuisée.

– J'ai flippé comme une malade, gémit-elle, les yeux humides. Stella, ne me refais plus jamais ça, ou je te tue !

Puis elle me raconte l'heure qui vient de s'écouler… Je n'en reviens pas d'être partie aussi longtemps alors que cela m'a semblé si court. J'avais encore tant de choses à dire à Ever, à propos de nous. À lui demander, sur Sebastian. De l'arrivée d'Ever jusqu'à mon départ, Jenny a absolument tout entendu, aucun mot ne lui a échappé. Je comprends que j'ai mis plus de vingt minutes à réintégrer mon corps… alors que pour moi, ça a paru tellement rapide et brutal !

– Juste avant de partir – et c'était vraiment le plus important pour elle – elle m'a dit ceci : « Vivre nos rêves » et a supplié que tu tiennes enfin votre promesse. Ça te parle ?

– Oh oui ! Nous nous étions promis que, même si un jour nous étions séparées par des milliers de kilomètres – nous ne pensions pas à la mort à ce moment-là, mais bon, c'était l'idée ! –, nous devions malgré tout vivre nos rêves. Rien ne devrait nous arrêter. Rien ni personne !

– C'est une promesse digne des plus belles traditions, remarque Jenny. Si tu le permets, j'aimerais beaucoup prendre la suite d'Ever et la perpétuer avec toi.

J'essuie une larme sur sa joue.

– Ça fait une éternité que je ne me suis pas sentie aussi bien, rétorqué-je en riant. J'ai deux amies fantastiques : toi, dans ce monde, et Ever, dans l'autre.

Jenny s'agite, un peu nerveuse. Elle n'a apparemment pas terminé son récit.

– Il y a autre chose ? demandé-je en m'asseyant près d'elle sur la moquette.

– Et comment ! Pendant que tu mettais des plombes à réintégrer ta carcasse, Ever m'a expliqué qu'aucune de vous deux n'était responsable des trucs bizarres qui te sont arrivés.

– Et elle sait qui provoque tout ça ?

Elle se redresse et me fixe avec un sourire en coin, apparemment plutôt fière de la surprise qu'elle me prépare.

– Tu ne vas pas me croire, louvoie-t-elle en retenant un rire. Ever n'arrivait pas non plus à me convaincre, d'ailleurs. Il a fallu qu'elle avance de sacrées preuves… C'est vraiment un truc de dingue !

Je lui jette un coussin, qu'elle attrape et me relance à son tour en se tordant de rire.

– Jennyyyy ! Tu te décides, ou je dois employer la manière forte ?!

– D'accord, répond-elle en me fixant à nouveau plus sérieusement. C'est… Sebastian.

– Quoi ?! Impossible !

– Je t'avais bien dit que tu ne voudrais pas le croire. Mais Ever est formelle. C'est lui, le seul responsable de tout ça. Le hic, c'est que pour le moment, il n'en a absolument pas conscience. Tous les phénomènes que j'ai constatés, plus celui dont tu m'as parlé, se sont produits en sa présence, non ?! Tu en as rencontré d'autres alors qu'il n'était pas dans les parages ?!

– Non, tu as raison… Chaque fois, Sebastian était présent ! Mais pourquoi ?

– Ever suppose que c'est une conséquence de son coma, mais sans en être certaine. Et elle est incapable de nous dire si ce pouvoir va se développer ou disparaître. Mais une chose est sûre… dans le cas où ça prendrait de l'ampleur, il faudra absolument le mettre au courant, s'il ne s'en rend pas compte tout seul. Et ça… ça va être du sport !

– Je suis sciée, murmuré-je, alors qu'une question affleure mon esprit et me tourmente. Et pour ce qui est des rêves de Sebastian… ?

– Eh bien, au moment où tu l'embrassais à l'hôpital, Ever aussi était présente, mais *de son côté*. Vos énergies, additionnées l'une à l'autre, ont permis à Sebastian de réintégrer son corps. Juste avant de venir, il l'avait longuement rencontrée, et elle lui avait demandé de te rappeler ta promesse. En fait, elle était dans la chambre quand tu t'es penchée au-dessus de lui, uniquement pour vérifier qu'à son réveil il tiendrait bien ses engagements. Elle savait que sa sortie du coma était imminente. Ce qu'elle n'avait pas prévu, c'est qu'il ne se souviendrait de rien, en dehors de son prénom. Depuis elle le contacte chaque nuit, mais une force incompréhensible efface tout souvenir de leurs rencontres dès qu'il ouvre les yeux. Ça la rend dingue… mais elle n'a jamais perdu espoir ! Maintenant, ce ne sera plus nécessaire, et les rêves de Sebastian vont s'arrêter…

CHAPITRE 51

Désormais, et chaque jour un peu plus, je m'évertue à tenir la promesse faite à Ever.

Cela devient relativement aisé avec le soutien grandissant de mes amis. Mark prend de plus en plus de place dans mon cœur et dans ma vie. Nous sommes vraiment très proches, toutefois je ne parviens pas à effacer Sebastian de ma mémoire. Même si nos rapports restent distants et extrêmement tendus, je suis toujours inexorablement attirée par lui. Quelquefois, je surprends son regard chargé de désir posé sur moi, et bien que je repousse de toutes mes forces l'idée d'y succomber à nouveau, je ne peux m'empêcher d'aimer ça.

L'attitude inhabituelle de Brian perturbe beaucoup Jenny. J'ai vainement cherché à savoir ce qui le tracasse ainsi, mais il reste buté et sourd à toutes mes tentatives.

– C'est peut-être par rapport à Sebastian, dis-je à mon amie ce jour-là, alors que nous marchons côte à côte dans les couloirs du lycée. Ça ne doit pas être évident pour lui de naviguer ainsi entre vous deux.

– Oui, je m'en doute. Ce n'est sûrement pas le pied, répond pensivement Jenny.

– Il est temps de régler ça une bonne fois pour toutes, tu ne crois pas ?

Elle hésite encore, je le sens bien – sans doute gênée envers moi –, à se rapprocher de Sebastian.

– Jenny, c'est ton ami d'enfance ! Je ne t'en voudrais jamais de renouer avec lui, au contraire ! Une amitié comme la vôtre est précieuse et rare, tu sais… Allez, Jenny ! Laisse-lui une chance. On fait tous des erreurs… !

– Oui, tu as sûrement raison. J'irai le voir ce soir, après son entraînement. Brian et lui se retrouvent toujours au Cheers pour un débriefing. Le fait que Brian ne soit plus sur la glace lui permet d'analyser le jeu de Sebastian, et c'est devenu leur rituel, maintenant. Ça aide vraiment Brian à se sentir mieux aussi… Ce soir, ce sera donc débriefing à trois, mais je te promets de ne pas laisser cette décision entacher notre amitié. Je ne te laisserai pas tomber. Toi aussi, tu es rare et précieuse, Stella…

Sa belle déclaration me touche profondément, et nous regagnons la salle d'arts plastiques en essuyant pitoyablement nos larmes d'émotion. Je prends place à côté de Sebastian, tendue, et ma nervosité augmente encore quand je sens son regard insistant se poser sur moi.

Je me tortille sur ma chaise. Qu'est-ce qu'il a encore ?!

Aujourd'hui, mademoiselle Harper a décidé de nous faire expérimenter une nouvelle façon de dessiner : la méthode de l'aveugle. Personne ne semble connaître, et encore moins comprendre, où elle veut en venir.

– C'est une technique inhabituelle, nous explique-t-elle en souriant. Néanmoins, elle donne des résultats surprenants et a le mérite de décomplexer ceux qui ont des difficultés à dessiner. L'un d'entre vous connaît-il le principe ?

Un silence éloquent répond à sa question. Elle nous apprend alors que nous allons devoir travailler en binôme avec notre voisin de table. Pour moi, ce sera donc Sebastian.

MERDE !

Je me glace en appréhendant totalement la portée de ses explications. Il s'agit, les yeux clos, de reproduire au fusain le visage de notre partenaire, en s'appuyant sur la représentation que nous nous en ferons… par le toucher. Pour nous aider, nous n'avons à notre disposition que nos mains, nos doigts et leur capacité de perception. Elle tient à nous démontrer ainsi que le fait de ne pas voir un modèle n'empêche en rien de le représenter. Quand elle insiste sur l'importance du toucher, des rires moqueurs fusent du fond de la classe. Post-it doit être verte de rage, et moi, je le suis… de terreur. Chaque binôme sera, tour à tour, dessinateur et modèle.

Un à un, les couples se mettent au travail.

Je voudrais tant être avec Mark en cet instant – ou avec n'importe qui d'autre, en fait –, mais surtout pas avec Sebastian. Je ne bouge pas d'un millimètre, scrutant ma feuille à la recherche d'une hypothétique échappatoire.

– Stella, tu commences ? Ou tu préfères que ce soit moi ?

Sa voix ! Cette voix qui ne s'adresse plus à moi depuis des jours. Bon sang, mais c'est pas vrai… mon prénom entre ses lèvres me fait toujours autant d'effet !

– Alors ?! insiste-t-il en rapprochant dangereusement son siège du mien.

Si seulement j'avais le choix, pour ma tranquillité d'esprit, je prendrais mes jambes à mon cou et je fuirais ! Loin…

– Stella, vous avez un problème ? demande soudain Harper, surgissant de nulle part.

– Non non, aucun… soupiré-je, désespérée.

– Dans ce cas, au travail et vite ! impose-t-elle avant de se précipiter vers la table de Rebecca, afin de recadrer les mains de son partenaire qui s'égarent largement en dehors de la zone de son visage.

Devant mon absence de réaction, Sebastian prend l'initiative. Fermement, il tourne mon tabouret, puis l'attire vers lui d'un coup sec et ferme les yeux. Nous sommes si proches l'un de l'autre que son parfum vient me chatouiller les narines. Je me raidis. Sa main se tend vers moi. Dès qu'il me touche, un frisson parcourt mon visage et mon pouls s'accélère. Un muscle tressaute sur sa mâchoire, et ses traits se crispent encore un peu plus, signes que lui non plus n'est pas indifférent à la situation.

– Je regrette de t'imposer ça, dit-il dans un souffle. Je sais très bien que tu préférerais être avec Mark.

Je reste muette. J'ai trop peur que ma voix ou même mes mots ne me trahissent. J'inspire brièvement. Les battements de mon cœur se font anarchiques, réponse physique incontrôlable de mon corps à la trop grande proximité du sien. Je jette un regard affolé vers la porte.

– Il faudrait que tu guides mon autre main vers la feuille, maintenant, souffle-t-il, la voix rauque, ou je vais devoir rouvrir les yeux et Harper va piquer une crise.

– D'accord.

Je m'aperçois soudain que je triture nerveusement mes doigts et cesse aussitôt. Son souffle est en fait aussi rapide que le mien. Il inspire longuement, sa mâchoire se contracte plus encore lorsque je le touche. Il est brûlant, tout comme moi. Je le dirige vers son pupitre et relâche sa main un peu brusquement au-dessus de son cahier à croquis. Tout en laissant courir le fusain sur le papier, il effleure ma joue du bout des doigts… mon cœur se serre. *Nous étions tellement bien, tous les deux ensemble,* ne puis-je m'empêcher de songer. Je tressaille quand sa main se glisse dans mes cheveux, puis m'attire doucement plus près de lui. Ma respiration se bloque. *Mais qu'est-ce qu'il fabrique ?* Surtout ne pas respirer son parfum… son odeur… Surtout ne pas bouger… ne rien faire… rien…

– Ce baiser avec Alexandra ne voulait rien dire, murmure-t-il alors d'une voix tendue à mon oreille. Strictement rien.

J'ai une boule énorme dans la gorge. J'exhale un douloureux soupir lorsque m'assaillent les images de sa bouche embrassant celle d'Alexandra. Le voir dans les bras d'une autre m'a fait l'effet d'un coup de poignard en plein cœur, ce soir-là… Sa main est toujours dans mes cheveux, nos visages à quelques centimètres l'un de l'autre. Je me demande où peut bien être passée Harper. Je balaie la classe du regard pour découvrir qu'elle est au fond de la salle, et à mille lieues de se préoccuper de mon cas…

Je bouge la tête de droite à gauche pour me dégager, mais il ne lâche pas prise. Je tente alors de mettre un peu d'espace entre nous. Aussitôt, ses pieds rapprochent son tabouret… pendant que sa main – qui devrait pourtant tenir le fusain – se pose sur ma cuisse. J'hésite entre la retirer – mais pour cela, je devrais le toucher et je m'y refuse – ou la laisser ainsi… et faire comme si je ne ressentais rien, absolument rien… Ce qui est loin d'être le cas, bien évidemment.

Me sentant totalement piégée, je décide de passer à l'offensive.

– Que tu puisses embrasser une fille, et ensuite affirmer que ça ne veut rien dire, ne m'étonne pas de toi, finalement, riposté-je d'une voix basse empreinte de rage contenue.

– Très bien ! clame à cet instant Harper en tapant dans ses mains. Changement de partenaire, maintenant !

Je me redresse brusquement en la remerciant silencieusement. La tension est palpable entre nous – un mélange de fièvre, de colère et quelque chose d'indéfinissable… Je farfouille quelques secondes dans mes feuilles avant de me rasseoir. J'en profite pour reculer un peu mon siège.

Il ouvre les yeux. Surtout, ne pas le regarder… ne pas… Son regard est sombre et ardent. Et MERDE ! C'est ce regard, celui qui ne voit que moi, celui qui me donne envie de plonger, de vivre… Je lui en veux tout autant que je le désire, et si violemment que j'en ai le vertige.

– Tu m'obsèdes, Stella. Et je t'affirme une fois encore que ce baiser avec Alexandra ne signifiait rien… N'en doute surtout pas ! J'étais furieux, je me suis comporté comme le dernier des idiots. Toi et moi, ça n'a rien à voir… Je pensais que tu ressentais la même chose, toi aussi !

À mon tour, je ferme les yeux. Voilà, c'est beaucoup mieux ainsi.

Bien à l'abri derrière mes paupières, je murmure que je ne crois plus à ses mensonges, et qu'il a bafoué ma confiance à tout jamais en révélant mon secret. Je prends une inspiration, et avec hésitation, je tends ma main vers lui – en maudissant Harper de toutes mes forces – et la fais glisser sur ses cheveux. La cécité me perturbe. J'ai peur que malgré mes paroles très dures, mon visage ne révèle mon désir pour lui… un désir inassouvi, et contre lequel je n'en peux plus de lutter avec acharnement.

Il saisit ma main libre et la serre un instant avant de la guider vers la feuille. Puis il met un fusain entre mes doigts et suit chacun de mes coups de crayon en gardant sa main légèrement posée sur la mienne.

J'effleure son front, sa tempe, sa joue. Je frôle le galbe de ses lèvres et, sans doute à cause de mes yeux fermés, je ressens violemment le tremblement qui traverse son corps. Quand il embrasse mes doigts avec passion, je ne peux m'empêcher de soupirer. Post-it s'étouffe une fois de plus, deux rangs derrière nous.

– Je ne t'ai pas trahie, Stella, promet-il d'une voix douce, tandis que je dessine l'un de ses sourcils du bout de mes doigts.

Il incline la tête de côté pour presser fermement sa bouche contre ma paume offerte. Le contact de ses lèvres sur ma peau m'électrise. J'ai soudain besoin de plus. Beaucoup plus.

– Rends-moi ta confiance, implore-t-il tout bas.

J'inspire profondément, son parfum m'emplit les narines. L'envie puissante de nicher ma tête au creux de son cou me submerge.

– Alexandra a cuisiné Brian pendant des jours et a fini par lui tirer les vers du nez, puis elle a fait des recherches sur Internet… Je t'assure que je ne lui ai jamais rien dit. Rien du tout. Je la fuis comme la peste depuis sa soirée !

Mon souffle s'accélère, et un délicieux frisson me parcourt. J'ai une telle soif de croire en ses paroles que ma gorge se serre douloureusement.

– Ce n'est pas uniquement à cause d'Alexandra. Et peut-être que tu me dis la vérité…

– Je ne te mens pas, me coupe-t-il d'une voix ferme. Tu es la seule qui compte pour moi, Stella. La seule… c'est ça, la vérité !

Sa voix a pris une inflexion si rauque que je me liquéfie sur mon siège.

– C'est *ta* vérité, Sebastian. Mais la mienne… que fais-tu de *ma* vérité ? De celle de ce monde, mais aussi de celle de l'autre côté ?

La sonnerie de fin de cours me tire brutalement de ma transe. Les mains tremblantes et la respiration saccadée, je fourre mes affaires dans mon sac et sors de la salle à toute allure, sans lui jeter un nouveau regard.

Dans le couloir, je cours sans voir où je vais et bouscule un étudiant. Je poursuis sur ma lancée, ne prenant même pas le temps de m'excuser. Vite. Vite. Il me faut de l'air, de l'air…

Une fois dehors, j'inspire une énorme bouffée d'air froid. Je suis bouleversée… puis tout doucement, j'arrive enfin à me calmer. Je vérifie que, dans ma précipitation, je n'ai rien oublié en cours et file rejoindre Mark sur le parking du lycée.

Sebastian

Respire, Seb, respire...

Putain ! J'étais à deux doigts de lui sauter dessus... en plein cours ?! Y a vraiment un truc pas normal qui se passe dès que je la touche ! J'ai l'impression de prendre feu... Je vois des étincelles, des étoiles...

Non, mais tu t'entends, Crétin ! T'es vraiment barge de penser des conneries pareilles. Des étincelles ?! Des étoiles ?! Et puis quoi encore ?! Des petits cœurs roses, aussi ?!

T'as déjà été assez con pour lui demander de te faire confiance, et elle t'a dégommé aussi sec. Tu viens de te prendre un palet puissance Mach 1 en pleine face, mon vieux...

Oublie les étoiles et tout le reste... Oublie-la, bordel !

Facile à dire... Pourquoi j'y arrive pas... ? Pourquoi... pourquoi j'ai tellement envie de la croire... ?

CHAPITRE 52

Dès qu'il me voit, Mark me fait un petit signe de la main et démarre le moteur. Je grimpe dans la voiture en m'excusant pour le retard. S'il remarque mon trouble, il n'en laisse rien paraître.

– C'était plutôt intéressant le cours de Harper, aujourd'hui, non ? tente-t-il pendant qu'il nous conduit au studio de danse, les yeux fixés sur la route.

– On peut dire ça, oui… répliqué-je, laconique, perdue une fois de plus dans des pensées où seul Sebastian figure.

Dès que sa main m'a touchée, une digue s'est rompue en moi. Qu'aurais-je ressenti si Mark avait été à sa place ? Rien, sans le moindre doute. En tout cas, rien de comparable. Je suis prise au piège de ce regard bleu depuis l'instant où je l'ai vu pour la première fois, et notre dispute n'y a absolument rien changé. Aucun garçon avant lui ne m'a fait éprouver quelque chose d'aussi intense, d'aussi rare. Je l'aime tellement que ça me fait mal.

Le cours de street dance passe à toute vitesse. Je me surpasse une fois encore, bien que mon esprit soit totalement obsédé par Sebastian. À moins que ce ne soit grâce à lui, on dit bien que la passion inspire les artistes, non ?!

– Tu ne veux pas que j'attende un peu avec toi ? demande Mark avec inquiétude lorsque nous sortons et découvrons le parking vide.

Ma mère, pourtant d'une ponctualité maladive, n'est toujours pas arrivée, probablement coincée dans le trafic.

– Non, Mark, ne t'inquiète pas, elle ne va plus tarder, maintenant. Allez, rentre chez toi ! répliqué-je en déposant un baiser sur sa joue.

Je lui fais un signe de la main et regarde disparaître sa voiture. Je prends mon bouquin de chimie pour passer le temps… ce sera toujours ça de gagné. Je vois tous les élèves quitter le centre un à un. Freddy sort en dernier. Il ferme le local à clé puis me propose aussi de me raccompagner, mais je lui assure que ma mère n'est sûrement plus très loin.

Je commence malgré tout à me poser des questions, quand mon portable sonne enfin.

– Tu vois ! Tu peux y aller, le rassuré-je avant de décrocher. Mam, tout va bien ?

– Oui, chérie ! C'est cette stupide voiture qui ne veut pas démarrer. J'avais bien dit à ton père qu'elle faisait un bruit bizarre depuis une semaine… Je viens à peine de joindre enfin le dépanneur, malheureusement il ne sera pas là avant une bonne heure.

Je me tourne précipitamment vers le fond du parking, espérant intercepter Freddy avant son départ, et je jure intérieurement en apercevant l'arrière de sa Carrera S qui disparaît à l'angle de la rue.

Trop tard... Quelle idiote, j'aurais dû lui demander d'attendre !

– Je vais rentrer en bus. Le temps que ton dépanneur arrive et qu'il répare cette antiquité, je serai à la maison depuis longtemps.

– Je n'aime pas trop cette idée, s'inquiète ma mère. Je préfère te commander un taxi et…

– Tu rigoles ?! Ça va te coûter un prix fou. Tu sais bien que j'ai raison, et puis je ne suis plus une gamine. Je suis tout à fait capable de trouver un bus près d'ici et rentrer seule à la maison !

À contrecœur, elle finit par céder et raccroche.

Je cherche sur mon portable l'arrêt le plus proche, mais la connexion Internet échoue. Je décide d'avancer dans le quartier en quête de réseau, tout en commençant à regretter de ne pas avoir accepté la proposition de Mark ou celle de Freddy. La nuit est complètement tombée, maintenant, et je dois marcher au hasard une bonne quinzaine de minutes avant d'arriver enfin à me connecter.

Je tape en vitesse le nom de la rue où je me trouve et lance la recherche. Quand la réponse s'affiche sur l'écran, je constate avec colère que je suis partie dans la mauvaise direction. Je dois retourner sur mes pas sur plus de cent cinquante mètres, prendre à droite, continuer sur cinquante mètres puis tourner à gauche pour rejoindre enfin l'arrêt.

En tenant compte du trajet jusqu'à la maison – une heure trente –, et même si je n'attends pas trop longtemps un bus, je ne suis pas près d'arriver chez moi.

Je rebrousse chemin en pensant à Sebastian. Sa main sur mon visage. Ses paroles. Sa voix.

Tout est gravé en moi.

Je grimace en entendant des sifflets dans mon dos. Des sifflets insistants qui me sont forcément destinés – vu que je suis la seule inconsciente à me balader dans le coin –, et auxquels succèdent bientôt des interpellations directes. Un type traverse la rue en courant et m'emboîte le pas.

J'accélère en enfonçant la tête dans le col de mon blouson. Les pas derrière moi accélèrent eux aussi. La nuit est épaisse et sombre, quelques minables réverbères diffusent à peine une lumière blafarde. Je jette un coup d'œil rapide par-dessus mon épaule. Il n'y a personne en vue à part lui. Je suis totalement seule dans un quartier pourri que je ne connais de surcroît absolument pas.

– T'as de beaux cheveux, minaude-t-il quand il arrive à ma hauteur. Je peux les toucher ?

Je tente à nouveau de le distancer sans répondre ni le regarder, et je glisse la main dans mon sac en espérant y dénicher quelque chose pour me défendre. Livres… cahiers… pochette de maquillage… trousse et stylos… Avec ça, j'irai pas loin !

Merde ! Pourquoi n'ai-je jamais pensé à y mettre une bombe au poivre ?! Une lacrymo ?! Un paralyseur électrique ?! Un nunchaku ?! N'importe quoi…

– T'as l'air perdue… Tu veux que je te dépose quelque part ? Ma voiture est tout près. On pourrait faire un petit tour.

Il avance la main et caresse mes cheveux. Furieuse, je repousse son bras violemment, m'arrête net et tente de l'intimider en le regardant droit dans les yeux. Grave erreur ! Loin d'être effrayé – t'as vraiment cru pouvoir lui faire peur ? Non, mais regarde-toi, Stella… –, il me décoche le sourire le plus hideux qu'il m'ait été donné de contempler. En découvrant ses dents jaunes et cassées, et la cicatrice mal refermée qui suinte sur sa joue, je perds soudain tout sang-froid et déguerpis comme une folle. Je prie de tout mon cœur pour croiser enfin d'autres passants, mais la rue reste désespérément vide.

Il se lance à ma poursuite en riant comme un gamin qui joue au loup. J'entends sa foulée dans mon dos qui frappe le bitume à une cadence de plus en plus rapide.

– Comment tu t'appelles ?!

Mon cœur fait un bond dans ma poitrine. J'ai vraiment une peur bleue, maintenant, et toujours rien pour me défendre. Je m'imagine un instant armée d'un nunchaku et le lui envoyant en pleine figure. L'image décalée passe furtivement dans mon esprit paniqué, avant de s'évanouir aussitôt, avalée par la terreur qui me dévore les entrailles.

– OK… Je peux te trouver un petit nom, si tu veux pas me dire le tien. Voyons… que penses-tu de… « ma chatte » ?!

Il ricane, dorénavant, sûr de lui et menaçant. Ce type est une montagne de muscles, énorme. Il me dépasse de deux bonnes têtes, j'ai l'air ridiculement minuscule à courir ainsi près de lui. Mes jambes me portent à peine. Mon cœur va rendre l'âme, vu la cadence frénétique de ses battements. Je déglutis et sors lentement mon smartphone, espérant appeler la police avant qu'il le remarque.

Reste calme, Stella ! Il faut que tu restes calme !

CHAPITRE 53

– Allez, ma chatte, on ralentit, maintenant ! déclare le type avec un sourire pervers. Je suis sûr que je te plais.

J'essaie de faire le 911… mais les yeux braqués sur le trottoir qui défile pour ne pas tomber, les doigts tremblants et en courant dans le noir, c'est plutôt mal barré. Perdant soudain patience, il m'attrape par la taille et mes pieds quittent le sol. Il me tire en arrière en couvrant ma bouche de sa main. Je me débats comme une enragée, donnant au hasard coups de pied et coups de poing. Dans la panique, je lâche mon téléphone, qui se pulvérise sur le bitume… MERDE

J'arrive, je ne sais comment, à lui coller mon poing dans la figure. Sous l'effet de la surprise – je doute d'être parvenue à lui faire très mal –, il relâche légèrement son emprise. J'en profite pour me dégager et m'enfuir à nouveau à toutes jambes. Le souffle saccadé, je cours droit devant moi, jusqu'à ce que j'aperçoive enfin les phares d'une voiture. Soulagée, je fais de grands gestes en me plaçant au milieu de la chaussée et me précipite dans sa direction.

– À l'aide ! hurlé-je en protégeant mes yeux, aveuglée par les phares.

Mais la voiture fait un brusque écart en arrivant à ma hauteur et passe près de moi en klaxonnant… L'horreur me paralyse, et mon agresseur me rattrape en quelques secondes.

– Petite garce… Je veux t'entendre me supplier, murmure-t-il à mon oreille.

Il m'étrangle en murmurant des promesses plus abjectes les unes que les autres et tire si fort sur mon cou que j'ai l'impression que ma nuque va se briser. Puis il m'entraîne en m'obligeant à courir à reculons. Il pue la sueur et l'alcool.

Son rire de dément résonne dans la ruelle dans laquelle il m'a poussée. L'effroi décuple soudain mes forces, je me débats comme une furie jusqu'à n'en plus pouvoir tenir debout. Mais c'est peine perdue, je ne fais pas le poids. Mon estomac se soulève, de la bile remonte dans ma gorge quand il me pousse contre un mur et se colle à moi. Je lui assène un puissant coup de coude dans les côtes, le repoussant avec l'énergie du désespoir en hurlant comme une possédée. Tout ce que j'obtiens est qu'il plaque de nouveau sa main puante sur ma bouche.

– Bordel, mais tu m'excites à te débattre comme ça ! jure-t-il. Je sais que tu vas adorer tout ce que je vais te faire, espèce de salope.

Il m'immobilise en me tenant par le cou et tente de m'écarter les cuisses avec son genou. Je contracte les muscles de mes jambes de toutes mes forces. Dès qu'il retire sa main de ma bouche, je hurle à nouveau de toute la puissance de mes poumons. Il me gifle alors avec une telle force que ma lèvre se fend, et ma tête cogne durement le mur derrière moi. Le sang gicle, tout devient noir quelques secondes, puis une douleur abominable me submerge.

– Si tu cries encore, je te coupe la langue, menace-t-il en sortant un couteau de la poche arrière de son jean.

Sans le savoir, il vient de gagner… J'ai une peur panique des armes blanches. C'est terminé, je suis tétanisée. Pétrifiée. Lui a les yeux pleins de rage et de désir sadique. Il défait la boucle de ma ceinture et tire d'un coup sec pour la faire glisser hors des passants de mon jean. Puis il l'utilise pour me ligoter les mains derrière le dos.

– Si tu bouges ou si tu gueules encore… j'te plante, compris ?

De toute façon, je suis tellement paniquée que je ne peux émettre le moindre son. J'acquiesce faiblement de la tête. J'aperçois les phares d'une voiture qui passe et lève vers elle des yeux suppliants. Elle ralentit… et repart. N'existe-t-il donc aucun autre Sebastian dans cette ville pour s'interposer et me sauver ?!

– C'est pas assez peinard, ici, décide-t-il en suivant des yeux le véhicule qui disparaît.

Il fouille dans sa poche et en tire un bandana crasseux. Il me bâillonne avec, puis me jette sur ses épaules. Une vague de douleur déclenche des tremblements dans tout mon corps. Mes pleurs se changent en sanglots incontrôlables qui s'étouffent dans le bandana trop serré. Une peur atroce s'insinue dans chaque recoin de mon âme.

– J'ai un petit coin tranquille, pas loin d'ici, m'explique-t-il d'une voix chargée de désir immonde. Je vais pouvoir m'occuper de toi en prenant tout mon temps, sans être dérangé.

Je n'ai aucun mal à imaginer ce qui m'attend, et je suis terrorisée. Mon cerveau est aux abonnés absents. Je tente désespérément de me dégager, mais plus je me débats et plus il resserre son emprise en ricanant. Il avance rapidement dans la pénombre puis s'immobilise devant un bâtiment délabré. Le trajet n'a pris que quelques minutes, mais nous sommes maintenant dans une zone plus lugubre et désolée encore que celle dans laquelle il m'a piégée. Il vérifie que l'endroit est bien désert et s'avance jusqu'à une porte en ferraille.

Une sonnerie de portable retentit. Il me laisse tomber à terre sans le moindre ménagement pour répondre à l'appel en râlant. J'atterris violemment sur le sol dur sans pouvoir retenir un gémissement. Je me force à respirer lentement et jette un regard aux alentours.

Je dois tenter quelque chose d'urgence ! Mais quoi ?!

Calme-toi ! Calme toi ! Garde ton sang-froid ! pensé-je.

Le type est en train de parlementer. Je comprends qu'il est en retard pour un quelconque « boulot » et donne des explications embrouillées pour se justifier. Je l'entends promettre avec mauvaise humeur à son interlocuteur d'être sur place dans un quart d'heure, et il raccroche.

– Va falloir que tu patientes un peu, ma chatte ! annonce-t-il en me soulevant par l'arrière de mon jean et en me remettant debout. Je t'abandonne un petit moment, mais t'inquiète, je vais revenir.

Il ouvre la porte d'un coup de pied rageur et me guide de force dans un escalier à peine éclairé par une ampoule nue qui se balance au bout de son fil. J'ai instinctivement un mouvement de recul, mais il me menace à nouveau de son couteau. Je m'enfonce dans la pénombre et dans la peur, un trou se creuse dans mon estomac. Encore quelques pas dans un couloir qui empeste l'urine et la moisissure, puis il sort une clé de sa poche et l'insère dans la serrure d'une porte à la peinture aussi écaillée que son effroyable sourire. Il me pousse dans une petite pièce où flotte la même odeur de pourriture et d'excréments.

Je viens de débarquer en enfer.

Il ligote mes pieds avec du fil électrique qu'il ramasse sur le sol. Il retire ensuite la ceinture qui liait mes mains pour la remplacer par l'autre extrémité du morceau de fil, qu'il serre à tel point que je le sens pénétrer profondément la chair tendre de mes poignets. Je laisse échapper un gémissement de douleur à travers mon bâillon. Il ôte le bandana de ma bouche en m'expliquant que je peux brailler autant que je le souhaite, maintenant, ce que je fais aussitôt. Il me regarde avec un sourire sadique. Apparemment, ma panique l'excite terriblement. Au bout de quelques minutes, j'arrête de m'époumoner. Mes hurlements sont peu à peu remplacés par des sanglots. Son téléphone sonne à nouveau. Il se relève, visiblement à regret, et marmonne qu'il a vraiment hâte de me retrouver.

Puis il s'éloigne d'un pas rapide, non sans avoir verrouillé la porte derrière lui. J'entends ses foulées décroître, le lourd battant extérieur claque et le silence retombe. Il ne me violera pas… il ne me tuera pas… Du moins, pas tout de suite.

Un fin rayon de lumière filtre depuis le couloir qu'il n'a pas éteint. Je me tourne sur le côté pour détailler les lieux. Dans un coin, je distingue un lavabo couvert de crasse. Une odeur immonde s'échappe d'un seau qui fait sûrement usage de WC. La peinture des murs s'écaille sous la moisissure. L'affolement me submerge à nouveau. Je crie de toutes mes forces, même si je sais que personne ne m'entendra. Je ne peux m'empêcher d'espérer encore un miracle. Un hoquet de détresse et de rage met subitement fin à mes appels. Les fils électriques s'enfoncent dans mes poignets et je suis prise de spasmes incontrôlables. Le stress et la terreur m'empêchent de me concentrer. Il faut que je me calme…

Des larmes troublent ma vue… l'épouvante m'écrase la poitrine, puis un sifflement résonne dans mes oreilles. Je manque d'air, tout à coup, alors que plus rien n'entrave ma respiration. Des points lumineux se mettent à clignoter devant mes yeux, et les murs de la pièce attaquent une danse folle autour de moi.

Non non... NON ! Je ne dois pas m'évanouir, pas ici, pas maintenant ! Stella, t'es pas une mauviette ! Alors, résiste, bordel !

Je lutte avec frénésie contre la nausée, puis contre l'inconscience, mais je finis par sombrer dans les ténèbres…

CHAPITRE 54

Combien de minutes, d'heures… suis-je restée ainsi dans les vapes ? J'ouvre les yeux et émerge dans un sursaut de panique froide. J'ai les membres complètement engourdis.

Il va revenir ! Ressaisis-toi, ma vieille ! Réfléchis, putain ! Fais quelque chose !

Quelle abrutie ! En perdant ainsi connaissance, j'ai peut-être perdu tout le temps qui m'était imparti pour trouver une solution ! Les mains et les pieds toujours ligotés, je me laisse tomber sur le sol humide et je me traîne péniblement jusqu'à la porte. Je me mets sur le dos, et, de toutes mes forces, j'envoie mes pieds percuter le battant pour le défoncer. Plusieurs fois. Encore. Et encore ! Cette saleté ne bouge pas d'un millimètre. Je contracte mes muscles, et avec rage, j'essaie à nouveau. Après une bonne demi-heure d'efforts désespérés, je suis obligée d'abandonner, à bout de forces.

Les paroles d'Ever – *Vivre nos rêves* – traversent alors mon cerveau paniqué, sans que je sache vraiment si c'est elle qui me les souffle…

Mais oui ! EVER !

Si je parviens à la contacter – et nul doute qu'elle en sera capable, grâce au chemin que Jenny a créé entre nous –, Ever pourra ensuite l'avertir, et ensemble, elles arriveront à me sortir de cet enfer. Je ne sais pas encore comment, mais elles trouveront un moyen, c'est certain ! De toute façon, je n'ai pas vraiment d'autre option. Un soupçon d'espoir naît en moi…

Mais d'abord, je dois me calmer, me détendre…

Le défi de toute une vie, ne puis-je m'empêcher d'ironiser.

Je me focalise sur ma respiration. Juste ma respiration. Ne penser qu'à ce doux souffle aérien. Devenir aussi légère qu'une plume… et imperceptiblement quitter ce corps martyrisé. Fuir cet endroit sinistre, cet enfer. Subitement je me vois, recroquevillée sur le sol et ligotée. Mon souffle est si ténu qu'on pourrait me croire déjà morte.

La caresse d'une plume sur mon épaule… et brusquement, Ever apparaît devant moi. Des larmes de désespoir et de soulagement inondent son merveilleux visage. Ainsi, c'était bien elle… Nous traversons Boston à une vitesse fulgurante pour rejoindre le Cheers. Il ne me faut que quelques secondes pour repérer Jenny, assise entre Brian et Sebastian. Ever descend à ses côtés en un éclair. Ses lèvres remuent à un rythme endiablé, tandis que Jenny pâlit en criant aux garçons médusés de la fermer.

– MERDE ! s'écrie finalement Jenny, complètement terrorisée. Stella est en danger !

Sebastian saisit immédiatement la gravité de la situation. Le visage concentré, il reste suspendu aux lèvres de notre amie qui lui transmet mot à mot le discours d'Ever. Ne comprenant que trop bien la situation, il serre les poings avec une telle force que ses jointures blanchissent. Le voir ainsi me bouleverse, et j'effleure sa joue de ma main.

– Stella… ? murmure-t-il comme s'il percevait mon geste.

– Elle est là, souffle Jenny.

Brian les regarde tour à tour avec incrédulité.

– Vous êtes sûrs que…

Son intervention est le détonateur qui permet à mes amis de sortir de leur léthargie et de passer à l'action.

– Stella, tiens bon ! hurle Sebastian en se levant précipitamment, suivi de près par Jenny.

– Mais putain, qu'est-ce que vous avez tous les deux à parler dans le vide ?! beugle Brian, persuadé d'être l'objet de quelque mauvaise blague.

– On t'expliquera en route, rétorque Jenny en jetant un billet sur la table et en interpellant le barman d'un sifflement strident, pour lui montrer qu'ils ne partaient pas sans régler la note.

Ils quittent le club et se précipitent vers la voiture de Sebastian, stationnée quelques rues plus loin. Une fois installée à l'arrière, Jenny met rapidement Brian au courant… de son don… et du reste.

– Laissez-moi résumer… Toi, ma chérie, tu discutes avec une nana décédée. Stella voyage *vraiment* hors de son corps, c'est pas des conneries. Et toi, Seb, tu l'as donc *vraiment* rencontrée quand t'étais dans le coma, mais tu t'en souviens plus… J'ai bon ? conclut-il en se passant la main dans les cheveux.

– T'es trop fort ! reconnaît Jenny en déposant un baiser sur ses lèvres.

– Putain ! C'est tordu, quand même. Vous vous en rendez compte, j'espère ? finit-il par lâcher en enlaçant Jenny. C'est complètement tordu… mais je vous crois ! On va la sortir de là, Seb, t'inquiète ! On va le mettre minable, ce connard !

– Jenny, appelle les flics ! lance Sebastian, les mâchoires contractées. J'ai promis à Stella que si je devais à nouveau me lancer dans un plan foireux, j'appellerais les flics avant…

– C'est beau de tenir ses promesses, mon pote ! souffle Brian en lui tapant affectueusement sur l'épaule, tandis que Jenny sort son portable et compose le 911.

Sebastian est maintenant plongé dans un profond silence, absorbé par la conduite sportive qu'il s'impose. Il grille un nombre incalculable de feux et diverses autres priorités, protégé par la vigilance de mon ange, et se dirige vers le studio de danse à une allure vertigineuse.

Je ressens soudain un picotement dans la nuque, et avant de pouvoir réagir, je me sens aspirée. Je disparais en ordonnant à Ever de les guider vers ma prison.

Sebastian

Si jamais… si jamais… NON ! Je veux même pas y penser…

Putain, j'ai le cœur qui va exploser… JE vais exploser… Si jamais il lui a fait du mal… peu importe que les flics soient là ou pas, je vais le TUER

Bordel ! Mais pourquoi elle rame autant, cette caisse… Allez, plus vite !

Non NON NON ! Ça recommence, les picotements… Merde, c'est pas le moment… pas maintenant… À moins que… si… si… Et si c'était moi qui…

Si j'arrive à faire bouger des trucs… Je veux dire, si j'arrive VRAIMENT à faire bouger des trucs, ouvrir des fenêtres et toutes ces conneries…

Et si je ne suis pas en train de devenir dingue…

Mais oui, si c'est vraiment moi qui fais ça, je peux peut-être la sauver ! Allez garçon, tu te concentres, tu l'as déjà fait, bordel !

Putain, j'y suis, là ! Prends ça, espèce d'ordure… Éloigne-toi d'elle ! Bordel, non ! Pourquoi tout disparaît… ?

STELLA… J'arrive, Stella ! Tiens bon, mon étoile, accroche-toi ! Je sais où te trouver, maintenant…

– Eh ben, il était temps, Ducon ! Je me suis peut-être trompée sur ton compte, finalement ! OU j'ai été trop gentille… T'avais juste besoin d'un truc plus musclé, en fait ! Une grande claque dans

ta gueule de con... Fallait juste qu'un PUTAIN de pervers massacre ta précieuse Stella... C'est con, quand même, d'être aussi CON !

Bordel de merde ! J'entends des voix, maintenant...

– Pas DES voix, Empaffé de première ! Juste la mienne...

– Ev... Ever ?! Ever, comme... ma connasse adorée ?!

– Eh oui, mon Ducon préféré...

– Putain, j'y crois pas !

– Si, justement, tu y crois ! Tu y crois, maintenant... ALLEZ, bouge ton cul, l'autre malade est de retour et ça chauffe pour Stella ! On doit sauver ma copine... ta copine... Et puis merde ! Sors de cette caisse et FONCE

CHAPITRE 55

Un vent léger ébouriffe mes cheveux. Brusquement, un mur se forme autour de moi. Je ne sens plus rien mis à part un froid intense, et le vent tourbillonne en soufflant plus fort encore. Puis une gigantesque vague de puissance emplit l'air et me frappe de plein fouet, me laissant K.O. debout.

Lorsque le vent se remet à souffler, il est plus chaud que la fois précédente. J'ai l'impression de flotter, l'esprit comme engourdi. J'entends à nouveau les murmures, mais aujourd'hui ils ne m'effrayent pas. Ils fredonnent commc dans une douce mélodie, et ma souffrance laisse place à un indescriptible soulagement. J'ai la sensation d'entendre une voix qui m'ordonne d'ouvrir les yeux, d'oublier les ténèbres et de regarder vers le ciel.

J'obéis et lève la tête. Une multitude de lucioles volettent tout autour de moi. Une à une, des fleurs sauvages – mauves, roses, blanches, jaunes… – ondoient dans leur direction puis se rassemblent en un immense nuage délicatement parfumé qui m'approche et forme bientôt un cercle quelques mètres au-dessus de mon corps. Peu à peu il s'agrandit et s'étend jusqu'à mes pieds, m'entourant d'un rideau de pétales. J'avance une main hésitante pour les caresser, en m'abandonnant au sentiment de bien-être qui me submerge.

– Si tu le souhaites, tu peux demeurer dans cette dimension, murmure une voix en moi.

Alors que je suis plongée dans une douce torpeur et sur le point de succomber à la solution de facilité qui m'est proposée, je sens quelque chose tirailler mon subconscient, juste quelques mots :

Stella, tiens bon ! hurle une intonation familière dans la nuit, alors que le visage de Sebastian se dessine avec une précision étonnante devant mes yeux.

Mes paupières s'ouvrent brusquement, et je réintègre mon corps douloureux et grelottant. Une peur incontrôlable me gagne quand j'entends le cliquetis de la clé dans la serrure et vois la porte s'ouvrir en grinçant.

Il est de retour...

La lumière inonde la cave. Son ombre immense se dessine dans l'embrasure. Je frissonne de terreur pure et ne peux m'empêcher de me demander si j'ai fait le bon choix, finalement. Peut-être aurais-je dû rester de l'autre côté ? Un instant désarçonné de ne pas me voir à la place où il m'a laissée en partant, mon agresseur éclate de rire en me découvrant sur le sol.

– Alors comme ça, tu voulais me fausser compagnie, ma chatte ? susurre-t-il en me soulevant sans ménagement et en me projetant sur le lit. Allez, j'ai promis que j'allais m'occuper de toi, et le moment est venu. On va bien s'amuser, tous les deux. Ensuite, j'ai un ou deux potes qui aimeraient faire ta connaissance… Je pense que je vais te garder ici quelque temps, histoire de tous te les présenter. T'en penses quoi, ma chatte ?

Mon regard affolé parcourt la pièce dans l'espoir absurde de trouver une issue. Je le vois retirer sa chemise, et je gémis. Les larmes inondent mon visage.

Mais où sont-ils… ? Sebastian, où êtes-vous ? hurlé-je en silence, désespérée.

– Pleure pas, voyons… tu vas aimer, promet-il en ricanant.

Cette fois, je hurle de toute la puissance de mes cordes vocales, ce qui le met en joie. Il s'avance vers moi à moitié nu, les muscles de son torse velu, couvert de cicatrices, jouant sous sa peau grise de crasse. Je prie de toutes mes forces pour que Sebastian surgisse enfin. Je ne vais pas pouvoir lui tenir tête bien longtemps. Quand son corps s'allonge sur moi, je pousse un nouveau cri strident. Son odeur immonde emplit mes narines et me soulève le cœur.

Je suis à deux doigts de m'évanouir, quand un courant d'air glacial s'engouffre dans la pièce. La lumière s'éteint et se rallume plusieurs fois. Les détritus tournoient dans tous les sens. Sebastian !

Je suis là, Sebastian... Vite !

Mon tortionnaire se soulève légèrement et lance un regard incrédule vers la porte – pourtant toujours bien fermée – ce qui me permet de reprendre ma respiration.

Calme-toi ! Réfléchis ! Ils arrivent, tu dois gagner du temps... encore un tout petit peu de temps, Stella !

Je me contrains à ne plus bouger. Puis d'une voix faible, je lui fais remarquer que nous serions mieux s'il me détachait. Il hésite un instant, toujours perturbé par le vent de folie qui a balayé la pièce pendant quelques minutes. Puis il reprend ses esprits, scrute mon regard avec méfiance, et finalement, sourit avec la plus grande perversité. Pendant que mon cerveau carbure à toute allure, il tranche mes liens. Le sang afflue à nouveau dans mes doigts, je frictionne mes poignets avec soulagement durant quelques secondes. Je le regarde ensuite dans les yeux en esquissant un pauvre sourire et en articulant un pénible remerciement. Je dois le mettre en confiance pour qu'il relâche sa vigilance. De mon côté, je ne dois surtout pas oublier son couteau.

Il se tient debout au milieu de la pièce, maintenant, et m'observe avec convoitise.

– Approche ! m'ordonne-t-il en dégrafant la boucle de sa ceinture.

Je me lève et avance vers lui. Il fait descendre sa braguette d'un coup sec tout en me provoquant d'un air sadique et, d'un regard, m'intime de venir m'occuper de lui… Je reste immobile un court instant, tétanisée par la répulsion qu'il m'inspire, ne pouvant imaginer ce qu'il me demande de faire. Impatient, il me saisit alors violemment par les cheveux. Toutefois, quand il constate que j'obéis docilement, il se calme.

– C'est bien, apprécie-t-il, le regard fou. On va passer du bon temps tous les deux.

– Oui, répliqué-je dans un souffle.

Les muscles crispés, je descends lentement ma main vers sa braguette tandis qu'un sourire satisfait éclaire son visage. Mes doigts progressent avec hésitation mais sans fléchir. Je serre un peu plus les dents et ferme mon esprit sur mon profond dégoût.

Le calme se fait soudain en moi. Je n'ai plus peur, maintenant. Je crains juste que ma détermination ne se lise dans mon regard, alors je ferme les yeux. Je suis emplie de tant de fureur et de haine qu'elles me consument tout entière. Dès que mes doigts sont correctement positionnés autour de son sexe désormais érigé, d'un coup d'un seul, j'y plante profondément mes ongles et, en les refermant telle une tenaille, je le lui tords avec une violence inouïe. Un hurlement d'agonie résonne dans la petite cave.

– Sale pute ! beugle-t-il en se pliant de douleur.

J'en profite pour m'éloigner de lui et me rue vers la porte. Mais cette ordure a vite fait de retrouver ses esprits, et à peine ai-je le temps de poser ma main sur la poignée qu'il me saisit par les cheveux et me projette avec fureur contre le mur opposé. Il se précipite ensuite sur moi, les yeux injectés de sang et les mâchoires serrées par la souffrance et la haine. Il me balance son poing dans la figure. Je m'écroule, momentanément sonnée. Ma tête heurte le lavabo, puis le sol… et la douleur intense me fait revenir à moi. Du sang s'écoule à flots de mon cuir chevelu et me brouille la vue. J'essaie maladroitement de me relever mais il m'attrape par un pied et me tire vers le lit. Je résiste en lui donnant des coups avec ma jambe libre. J'aperçois alors sa main qui fouille dans sa poche pour en extraire le couteau.

C'est terminé, il va me tuer…

CHAPITRE 56

Avec l'énergie du désespoir, en hurlant comme une damnée, je pivote sur le dos et lui balance mes jambes, soudées l'une contre l'autre, dans les genoux. Il me semble entendre un craquement, et il s'égosille en s'écroulant…

Des éclats de voix jaillissent enfin dans le couloir. Sebastian, talonné par Brian et Jenny, déboule dans la pièce, armé d'une crosse de hockey et se jette sur lui.

– Il a un couteau ! crié-je en me retournant, alors que mon amie m'entraîne déjà vers l'escalier.

L'air froid de la nuit caresse mon visage meurtri. Je tombe à genoux, les yeux levés vers le ciel étoilé. Un long gémissement s'échappe de ma poitrine. Je n'ai jamais autant apprécié de sentir le vent dans mes cheveux. Une brise douce et chaude m'enveloppe quelques instants, me lavant du cauchemar que je viens de traverser.

Un petit cadeau d'Ever, je suppose…

– La police arrive ! me rassure Jenny en m'entourant de ses bras. Tes parents vont nous rejoindre aussi. C'est fini… Ne t'inquiète plus.

Je tremble de tous mes membres, le regard fixé sur la porte d'où j'espère à chaque instant voir émerger Sebastian et Brian, sains et saufs. Des sirènes retentissent, et en quelques secondes, une multitude de voitures investissent les lieux. Sur les indications de Jenny, les premiers agents descendent en courant, arme au poing, alors que d'autres me prennent en charge et nous posent toutes sortes de questions. Mon amie les prévient que nous ne répondrons que lorsque mes parents seront arrivés. De toute façon, je suis incapable de prononcer le moindre mot, ne pensant qu'à Sebastian.

Il sort enfin de cette bouche des enfers, accompagné de Brian et d'un des agents. Je pousse un nouveau gémissement en m'écroulant tout à fait, secouée de lourds sanglots libérateurs, laissant le soulagement m'envahir. Toute la peur, toute la douleur, toute la haine… toutes les tensions accumulées durant ces dernières semaines s'échappent bruyamment de ma gorge trop longtemps serrée. Sebastian se précipite vers moi et m'enlace tendrement.

– Je l'aurais tué de mes mains, tu sais… Tu n'as pas… ? s'inquiète-t-il. Il ne t'a pas…

– Non… Non, ça va… vous êtes arrivés juste à temps… Merci…

J'aurais voulu rester indéfiniment ainsi, dans la chaleur réconfortante de ses bras, mais l'ambulancier insiste pour m'éloigner de lui le temps de s'occuper de mes blessures. Devant ma réticence, il menace de me conduire à l'hôpital si je refuse de le laisser me soigner sur place.

– Vous avez beaucoup saigné, vous allez vous sentir faible quelque temps, mais ça ira, la plaie est haute et peu profonde, dit-il en terminant le bandage qui entoure ma tête. La cicatrice sera cachée par vos jolis cheveux, ajoute-t-il avec un clin d'œil, indifférent aux regards furieux que lui balance Sebastian.

Je ne peux m'empêcher de glousser, malgré la douleur qui me broie les côtes à chaque inspiration. Mes parents arrivent alors que je quitte péniblement l'ambulance. Sebastian ne lâche plus ma main, pas même lorsque ma mère se jette sur moi en larmes, m'étouffant de ses effusions débordantes. Mon père, à son habitude, est plus discret. Mais il me serre quand même si fort contre lui que je ne peux retenir un cri de douleur.

– Pardon… Désolé, ma chérie… mais j'ai eu si peur, articule-t-il d'une voix hachée.

Afin de masquer sa gêne et sa détresse, il endosse son rôle d'avocat avec autorité et déclare à l'agent chargé de l'intervention – et qui souhaite tous nous embarquer – que mes amis et moi-même ferons notre déposition au poste dès le lendemain matin, en compagnie de nos responsables légaux respectifs. Comprenant qu'il a affaire à un professionnel, le policier n'insiste pas plus longtemps.

Mon souffle s'accélère et mon sang se glace, lorsque mon agresseur sort de son bouge, menotté et encadré de deux solides agents. Sebastian me serre immédiatement dans ses bras, en me soufflant que tout va bien, maintenant. En passant près de moi, l'autre me hurle sa haine et me promet mille vengeances. Il est poussé sans ménagement dans la voiture la plus proche, qui s'éloigne sirènes hurlantes. Ma respiration reprend un rythme normal, et ma terreur se dissipe dans la nuit en même temps que les gyrophares. La main de Sebastian enlace toujours la mienne et se serre encore un peu plus quand il m'entend soupirer.

Tout en escortant mes amis vers nos véhicules, mon père met au point le discours que nous devrons tous tenir demain. Il est évident qu'il nous sera impossible d'être tout à fait honnêtes quant aux moyens qui ont permis de me localiser... Heureusement, à l'heure des GPS et de la technologie, tout un éventail de solutions s'offre à nous. L'important est maintenant de sélectionner la plus probable et de s'y tenir.

Mes parents ne peuvent qu'accepter quand Sebastian leur demande de passer quelques minutes tête à tête avec moi et s'éloignent discrètement, main dans la main. Sebastian m'entraîne alors encore un peu à l'écart. Sur le parking, devant l'immeuble décrépit, ne restent plus que trois voitures de police et celle de mes parents. La lueur des gyrophares et la douce clarté de la lune nous éclairent faiblement. En levant la tête, j'admire à nouveau le ciel constellé d'étoiles. Son front doucement posé contre le mien, Sebastian me serre avec force dans ses bras. Il prend une lente inspiration, se redresse et un vent léger fait voler mes cheveux.

– Ma famille possède une maison à Cap Cod, commence-t-il, la voix rauque, en plongeant l'océan de ses yeux dans les miens. C'est un endroit merveilleux et unique… comme toi, Stella. J'aimerais beaucoup t'emmener là-bas. Juste toi et moi.

Pendant quelques secondes, j'ai la vision de nos deux corps sur le toit du Skywalk, et je me souviens de ses paroles – les mêmes, à peu de chose près, que celles qu'il vient de prononcer.

– Tu es partante ?

– Je compte bien te faire tenir ta promesse, répliqué-je.

Mais dans ce monde... seulement dans ce monde, terminé-je sans laisser les mots dépasser mes lèvres.

Il baisse alors la tête vers moi, et je sens la chaleur de son regard qui se déverse sur chaque parcelle de ma peau. Il gémit de désir contenu quand j'entrelace mes doigts dans ses cheveux. Sa plainte est pour moi comme un signal. Je me dresse sur la pointe des pieds et nos lèvres se rencontrent enfin.

Un bref coup de sirène retentit et des toussotements embarrassés parviennent jusqu'à nous. Le rire de Brian. La voix feutrée de ma mère. Nous nous séparons à regret. Alors que Sebastian pousse un soupir excédé, le vent léger se transforme durant quelques secondes en rafales tourbillonnantes. Je souris.

Ainsi, Ever avait raison, c'était bien toi.

Main dans la main, nous rejoignons mes parents qui m'attendent, enlacés, près de la voiture.

Brian, Jenny et Sebastian nous saluent avant de retourner chercher la voiture de ce dernier, abandonnée devant le studio de dance.

– On dirait bien que son pouvoir augmente, me glisse Jenny juste avant que je ne monte à bord de la berline de fonction de mon père. Va vraiment falloir penser à lui en parler.

Elle a raison. Sebastian doit être mis au courant. Je retiens sa main un instant avant qu'elle ne s'éloigne, et je murmure :

– Elle est toujours avec nous ?

– Oui, elle n'est pas encore repartie. Apparemment, elle doit parler à Sebastian.

– Alors remercie-la pour moi, d'accord ?! C'est elle qui est venue me chercher, tu sais ? Quand je pensais que tout était perdu, elle m'a appelée. Elle m'a sauvé la vie…

Durant le trajet jusqu'à la maison, je baisse la vitre pour savourer la sensation de l'air frais sur mon visage. Boston étincelle de mille feux dans la nuit.

Dans le rétroviseur, j'aperçois le regard de mon père posé sur moi. Un regard éperdu… brillant d'amour.

– Je vais bien, Papa ! dis-je en lui souriant. Je suis un petit peu amochée, mais je vais bien ! Je te le promets.

– WAOUH... T'étais chaud bouillant, là-bas en bas ! Heureusement que les flics vous ont rappelés à l'ordre, mon Ducon préféré, sinon... Quoique, ça m'aurait pas déplu que tu l'envoies faire un tour chez nous, cette charogne... Ça manque un peu de distractions chez les macchabées.

– Ever... Merci ! Merci... je sais pas ce que j'aurais fait sans toi... Tu lui as sauvé la vie, tu sais ?! Sans toi, on l'aurait jamais retrouvée à temps, je m'étais complètement paumé dans ce quartier pourri...

– Quand je disais que si j'étais pas là, il faudrait m'inventer, hein ?! Allez, laisse courir, Ducon ! J'ai fait ça pour ma Stella, c'est tout !

– OK... ma connasse est de retour ! Tu ne peux pas t'en empêcher, hein !? Dis-moi, j'aimerais savoir un truc... je vais continuer à t'entendre comme ça dans ma tête, maintenant ? Je veux dire, même quand je suis réveillé... ?!

– Ça t'ennuie ?

Bah... c'est quand même SA voix dans MA tête ! Je risque de finir par croire que je suis dingue... C'est ce qu'on dit quand un type entend des voix, non ?

À la différence près que tu sais très bien que tu n'es pas dingue ! Et que tu sais aussi qu'elle est là... là où t'étais y a pas si longtemps, tu sais !? Quelque part dans ce néant glacial. Elle est là-bas, seule... désespérément seule. Alors bordel, après le putain de coup de main qu'elle vient de te filer, tu crois pas que... ?

– Si ça m'ennuie ?! Non, mais tu rigoles ?! Je te garde, ma connasse adorée. Tu restes avec moi... avec nous tous ! À condition que tu ne me prennes pas trop le chou...

– Quelle drôle d'idée ! Comme si j'étais ce genre de nana... On croit rêver ! Oh... T'inquiète, je fermerai la porte quand... enfin, tu sais, quoi... avec Stella... Bref, faudra juste me dire de dégager et pfiouttttt... Moi, je ne veux rien voir de dégueu et tout, OK !?

CHAPITRE 57

Les deux dernières semaines ont été très mouvementées, entre les nombreuses auditions au poste de police, les journalistes qui souhaitaient nous interviewer, le retour au lycée, les cours à potasser, la danse pour moi, les entraînements de hockey pour Sebastian, et tout le reste… nous n'avons pas eu beaucoup de moments rien qu'à nous.

– Je te trouve bien coquette pour retrouver Jenny, lance ma mère en détaillant ma tenue.

– C'est juste un jean, un petit haut et un blouson.

Je n'ai pas osé lui dire que je passais le week-end chez Sebastian alors que sa famille se trouve dans leur résidence de Cap Cod. Pourtant, après son sauvetage héroïque, je ne pense pas que mes parents auraient refusé.

– Fais bien attention à toi, me dit-elle en m'embrassant. Pas de précipitation…

– De quoi tu parles, la coupé-je en m'éloignant et en attrapant mon sac. C'est juste un week-end entre copines. Rien de plus.

Un sourire ironique passe sur son visage.

– Je te fais confiance, ma chérie. Je veux juste que…

L'arrivée de mon père dans l'entrée l'empêche de poursuivre, mais je comprends que le radar interne maternel a parfaitement deviné ma petite mascarade. Je la remercie d'un sourire éclatant pour son silence. Mam ne m'aurait pas refusé ce week-end avec Sebastian. Pour mon père, rien n'est moins sûr.

– Je serai de retour dimanche dans la soirée, précisé-je en prenant mes clés. À plus tard…

J'arpente les pavés de Beacon Hill, avec un sourire. Je me rappelle ma première et si mauvaise impression du quartier lors de notre installation à Boston. Aujourd'hui, j'apprécie ses petites rues calmes bordées de vieilles demeures. Alors que je passe devant le Cheers, la porte s'ouvre et déverse sur le trottoir un flot de musique et de jeunes. Le week-end ne fait que commencer, et l'ambiance festive bat déjà son plein.

Sebastian habite un quartier très prisé et voisin du mien, où des buildings à l'architecture moderne et avant-gardiste dominent la ville de toute leur hauteur. J'entre dans le hall étincelant. Le crissement de mes baskets sur le marbre blanc rompt le silence. Avec un sourire crispé, je donne mon nom au concierge qui vérifie si je fais bien partie des personnes autorisées, et sur un signe de tête discret et d'une voix feutrée m'indique le chemin de l'ascenseur. Alors que les étages défilent, une étrange appréhension me gagne. J'ai la gorge nouée quand je m'immobilise devant sa porte. Ma main hésite avant d'appuyer sur la sonnette. L'envie de rebrousser chemin traverse mon esprit. Cette nuit que j'ai maintes fois imaginée, rêvée, m'apparaît brusquement… trop… très…

– Stella, murmure Sebastian en ouvrant soudain le battant, comme s'il avait deviné ma présence et mon indécision.

Je me glisse dans l'appartement et capte son odeur au passage. Le salon est tel que dans mon souvenir. Avec cette vue magnifique sur Boston.

– Je te fais faire le tour du proprio ?

– Ce n'est pas vraiment nécessaire, répliqué-je, un peu gênée. J'y suis venue un nombre incalculable de fois avec toi, et seule… mais c'est vrai que c'est la première fois que je m'y trouve réellement en chair et en os. C'est… étrange…

Un lent et irrésistible sourire se dessine sur son visage.

– S'il n'y avait que ça d'étrange, lâche-t-il d'une voix sourde tout en s'approchant brusquement et en m'enlaçant. J'avais peur que tu ne changes d'avis.

Ses lèvres qui se posent sur les miennes m'empêchent de lui avouer que j'ai failli le faire. Mon pouls s'emballe lorsque je me retrouve plaquée contre lui. Chaque centimètre carré de mon corps est douloureusement conscient de ce contact. Et une multitude d'images toutes plus torrides les unes que les autres m'envahissent.

Pauvre imbécile ! Et c'est toi qui hésitais à franchir le pas de cette porte ?!

Un gémissement s'échappe de ses lèvres. Lorsque sa langue s'immisce dans ma bouche pour me savourer langoureusement, le rythme frénétique des battements de mon cœur s'envole. Je frissonne des pieds à la tête tout en lui rendant son baiser comme si j'avais l'intention de le dévorer. À travers une sorte de brouillard, sans trop savoir comment, nous nous retrouvons sur le canapé, enlacés, emmêlés. Mon petit haut de coton gît déjà sur le sol. Le tee-shirt noir de Sebastian, lui aussi, a rendu les armes. Ses mains glissent sur mon corps, se chamaillent avec les boutons de mon jean, pendant que je me trémousse. Les miennes, non moins avides, tentent de libérer le sien du carcan de l'étoffe rugueuse. Mon sang bouillonne. Comme si j'allais exploser en mille morceaux… ou être emportée par une avalanche de sensations. Toutes plus délicieuses les unes que les autres. Brusquement, la baie du salon glisse sur ses rails et laisse entrer une rafale d'air frais dans la pièce et sur ma peau quasi dénudée. Je frissonne.

– Je ne peux pas, souffle-t-il alors en se passant une main dans les cheveux. Non… On ne doit pas… je ne peux pas, Stella…

Pardon ?!

Les muscles crispés et les traits tirés, il se glisse hors de mes bras, puis se met à faire les cent pas sur la moquette. Torse nu et en caleçon. Je ne peux m'empêcher d'admirer les caresses de l'astre lunaire sur sa peau dévoilée. Je me lève à mon tour, attrape vivement mon tee-shirt et l'enfile.

– Dis-moi que je te suis totalement indifférente, lancé-je d'une voix vibrante en plongeant mon regard dans le sien. Dis-le-moi… dis-moi que tu n'as pas envie de moi…

D'un bond, il est à mes côtés et sa bouche s'écrase sur la mienne, m'empêchant de poursuivre. Ses bras m'enserrent avec force. Trop de force. Le souffle court, le cœur battant à tout rompre, j'essaie de trouver de l'air. Haletante, je m'agrippe à lui. Les oreilles bourdonnantes. La peau frissonnante. Les jambes flageolantes.

– Et toi, Stella… dis-moi que jamais rien ne t'éloignera de moi. Que rien de ce que je pourrai faire ou dire ne risque de t'emporter loin de moi…

CHAPITRE 58

À peine a-t-il terminé sa tirade que les lumières du salon s'éteignent, puis se rallument. Une rafale s'engouffre dans la pièce et projette les coussins du canapé au sol. Une porte claque. Un vase s'écrase en douceur sur la moquette, de concert avec quelques-uns des tableaux abstraits fixés au mur. J'écarquille les yeux et, alors que je m'apprête à parler, je suis brusquement éloignée de Sebastian par une force invisible. Je me retrouve par terre. Les quatre fers en l'air.

Aïe !

– Heureusement pour moi que ta moquette est épaisse, marmonné-je tandis qu'il se précipite vers moi pour m'aider à me relever.

– Ça va ? Tu n'as pas mal ?

– Non, tout va bien, lui assuré-je avec un sourire. J'ai juste l'air ridicule…

– Je n'ai aucun contrôle sur… tout ça ! Parfois, je crois que je deviens dingue, et d'autres fois, je me dis que j'ai une chance de fou… parce que si j'arrivais à maîtriser ce truc, ça pourrait être carrément incroyable et génial sur la glace, mais aussi terriblement déloyal ! De toute façon, c'est loin d'être le cas… Bordel ! J'ai bien failli te blesser.

Son air désemparé me bouleverse.

– Non, je t'assure que je n'ai rien.

– T'inviter à passer la nuit ici était une très mauvaise idée, me coupe-t-il à nouveau en se passant une main nerveuse dans les cheveux et en enfilant son jean. Je suis incapable de contrôler ce truc. Je deviens dangereux lorsque je ressens des émotions violentes et je ne veux pas te faire dc mal…

– Tu ne m'as pas fait de mal ! m'exclamé-je, agacée, en enfilant mon jean à mon tour.

– Cette fois ! Mais qui peut prédire ce qui se passera la prochaine fois ? Je ne peux rien garantir, et toi encore moins ! Je ne veux prendre aucun risque tant que je ne maîtrise pas ce truc…

Je m'approche de lui, mais il s'éloigne aussitôt d'un pas sur le côté.

– Je n'ai pas peur, Sebastian. Je sais que tu ne me feras jamais de mal.

– Tu es bien la seule à en être certaine, réplique-t-il un peu sèchement. Parce que je suis loin d'être de ton avis…

Je lis de la colère sur son visagc, mais surtout, de l'incompréhension face à ce qui lui arrive et qu'il ne peut surmonter. Il me fait signe de le suivre dans la cuisine. Il sort deux sodas du réfrigérateur et nous regagnons le salon en silence. La nuit est tombée et la ville étincelle de mille feux. Sebastian me tourne le dos, sa silhouette se découpe sur la baie vitrée. Ses épaules bougent imperceptiblement au rythme de sa respiration. Il pivote vers moi puis me fixe, droit dans les yeux, le visage plus grave.

– Ce qui m'arrive est totalement différent de ta capacité à voyager hors de ton corps. Ton don ne fait courir de risque à personne, alors que les personnes que j'aime, et toutes les autres qui se trouvent à proximité, courent un danger à me côtoyer. La finalité n'est pas la même…

Il se met à arpenter le salon de long en large. Puis il s'arrête brusquement. Debout, au milieu de la pièce, la tignasse en désordre, dans son jean et torse nu, il est d'une beauté à couper le souffle et je n'ai qu'une envie : me blottir dans ses bras. Toutefois son visage habituellement si doux s'est retranché derrière un masque froid. Je veux m'approcher de lui, mais il me stoppe d'un geste de la main. Un frisson désagréable me transperce.

– Tu te souviens pourquoi je me suis retrouvé dans le coma ?

Il ne me laisse pas le temps de confirmer qu'il continue en me scrutant :

– Pense à ce qui se passerait si je me retrouvais dans la même situation maintenant. Avec ce que je suis capable de faire. Imagine un peu le désastre qui pourrait arriver…

Je ne peux m'empêcher de retenir un frémissement.

– Oui, tu as parfaitement compris ce que je veux dire. Je vois ce qui se passe dans ton esprit. Ton corps a réagi à la peur. Une peur que je t'inspire parce que tu ne peux pas être certaine d'être en sécurité avec moi…

– C'est une réaction stupide… commencé-je.

Mais il m'interrompt aussitôt, un sourire narquois et désabusé déforme ses traits.

– Non ! Pas stupide, juste normale ! Maintenant, laisse-moi t'expliquer sans m'interrompre, d'accord ?

Je hoche la tête. Je déglutis péniblement en essayant d'oublier la boule coincée au fond de ma gorge. Soudain, j'ai très peur de ce qu'il s'apprête à me dire. J'aimerais lui assurer que son don n'est pas une calamité. Qu'il apprendra à le maîtriser et à l'utiliser de mieux en mieux avec le temps.

Mais voudra-t-il seulement le croire ?

CHAPITRE 59

– Je peux tout entendre...

– Vraiment ? Tu en es certaine ?

– Absolument. Fais-moi confiance.

Il se détend un peu et réduit la distance entre nous, néanmoins il reste hors de ma portée. Sur ses gardes. Inquiet.

– Je ne te jugerai pas, ajouté-je en chuchotant.

– On porte toujours un jugement sur les autres, Stella, ce serait se mentir que de croire le contraire.

Il n'a pas vraiment tort. Quoi qu'on dise, quoi qu'on fasse, on subit toujours le jugement des autres.

– D'accord, tu as peut-être raison, mais cela ne m'empêchera pas de te comprendre et de te porter les mêmes sentiments.

En suis-je si sûre ou est-ce simplement une tentative pour l'en persuader ? En vérité, je n'en ai pas la moindre idée. On a tous un seuil de tolérance, et j'ignore encore où se place mon baromètre avec Sebastian. Que pourrait-il dire qui changerait mes sentiments pour lui ?

Ou me faire ?

– Pour le moment, c'est toi seul qui *me* juges, dis-je en soutenant son regard. Quand je suis venue te voir à l'hôpital à la sortie de ton coma, je me suis confiée à toi. Je t'ai tout raconté de notre rencontre, je t'ai fait confiance. Sans réserve. Et au risque de passer pour une dingue. En es-tu capable, toi aussi ?

Son regard s'attarde sur moi avant de se perdre à nouveau dans la contemplation de Boston. Il referme la baie vitrée et le ronronnement nocturne de la ville s'évapore. Sebastian s'allonge sur la moquette, à mes pieds, mais pas trop proche tout de même. Le coude sous la tête, il fixe le plafond un moment en silence. Puis il abaisse les paupières et sa voix remplit le silence feutré qui nous enveloppe. Le regard fixé sur lui, je discerne chaque tressaillement de sa bouche, chaque infime battement de cils.

Il ouvre les yeux et me cherche du regard.

– Je suis… je… hésite-t-il, embarrassé. Ça a l'air tellement…

– Dingue ! lâché-je à sa place, et il fronce les sourcils. Mais tu peux y aller, je suis habituée aux trucs dingues…

Je suis surprise de le voir aussi indécis. Depuis notre première rencontre, il m'a habituée à le voir toujours foncer. Peu importe le problème qui se dresse sur sa route, il ne se dérobe pas. Jamais. Il fonce droit dedans.

– Allez ! Lance-toi !

– Stella !

Je hausse les épaules en affichant un petit air contrit puis, une main sur les lèvres, je fais un mouvement signifiant : bouche cousue ! Ce petit geste déclenche chez lui un sourire ému qui me chamboule complètement.

– Télékinésie ! assène-t-il d'une voix plus ferme en me scrutant attentivement. Mon truc s'appelle de la télékinésie. Je sais, tu avais raison ! Vous aviez raison toutes les trois…

J'éclate de rire, ce qui a le mérite de détendre instantanément l'atmosphère entre nous.

– En fait, j'ai cru pendant un long moment que tout venait de moi, commencé-je, une fois mon calme retrouvé. J'aurais dû remarquer qu'à chaque manifestation étrange, tu étais – toi aussi – dans les parages. Mais ça ne m'a pas frappée ! Du coup, en plus de la capacité de faire des VA, j'ai pensé que j'avais aussi le don de télékinésie. Comme si un seul ne me suffisait pas !

Il se met à genoux devant moi et plonge son regard dans le mien. Assise sur le canapé, mes mains crispées sur mes cuisses, je ne suis désormais plus qu'à quelques centimètres de lui. À moitié nu. Je suis certaine que lui aussi perçoit l'électricité qui vibre autour de nous. Entre nous. Ce lien indescriptible qui nous unit depuis notre première rencontre, de l'autre côté. Ses yeux ne quittent pas les miens. Comme si le temps était suspendu autour de nous… que nous étions ailleurs… de l'autre côté… ici…

– Bientôt, tu arriveras à maîtriser ton don, Seb. Tout comme je l'ai fait avec le mien.

– Tu crois ?

– Oui. Je le sais dans ma tête, murmuré-je en attrapant sa main que je dépose sur mon cœur. Mais surtout, je le sens, là…

Je me laisse glisser du canapé jusqu'au sol. Sa main suit le mouvement et reste à la place que je lui ai donnée. Sa chaleur transperce le tissu de mon débardeur. Son souffle s'accélère brusquement quand ma paume se pose sur son torse, et il se fige.

– J'aime sentir ta peau, chuchoté-je. Et toutes ces petites vibrations infimes sous mes doigts… les battements de ton cœur… qui résonne de plus en plus fort et de plus en plus vite…

Mais que dire de mon rythme cardiaque à moi qui s'affole alors que j'écarte une mèche de ses cheveux ? Ou de mon pouls qui bouillonne parce que je sens son souffle dans mon cou ?

– Tu n'as pas peur ?

Sa voix plus rauque que jamais reflète l'intensité de son désir. Il serre les lèvres et m'observe avec inquiétude. Comme s'il pesait le pour et le contre. Je pose délicatement mes lèvres sur son épaule, puis je glisse sur sa nuque, sa joue, sa bouche. Je ne fais que l'effleurer.

– Non, Sebastian. Je n'ai pas peur, dis-je tout bas en plongeant mon regard dans le sien. Pas du tout…

Il se tient aussi immobile que possible. Fasciné et effrayé tout à la fois. Néanmoins, la sincérité de ma voix semble le soulager.

– Tu arriveras à te contrôler. Peut-être pas aujourd'hui ni demain, mais ça viendra… *puis j'ajoute avec un petit sourire en espérant qu'il se souvienne* : ça ne me dérange pas d'attendre. De t'attendre toi…

L'éclat rieur que je capte dans ses yeux me confirme aussitôt qu'il se le rappelle.

– J'ai une solution pour m'éviter les ecchymoses aux fesses. Une technique qui te permettra de maîtriser tes émotions et de ne pas te laisser submerger…

Sa respiration se bloque. J'ignore s'il acceptera, cependant, si cela a fonctionné pour moi, alors pourquoi pas pour lui aussi ?

– Le yoga !

J'étouffe un rire devant son air hébété, et d'une voix taquine, j'ajoute :

– C'est vrai que ton image de star du hockey et de héros risque d'en prendre un coup… *puis je continue, plus sérieuse* : ce n'était pas mon truc non plus, crois-moi. Pendant mon séjour à la clinique, j'ai eu droit à des cours de yoga. Et pas question de me défiler… Je reconnais qu'au début, j'y assistais parce que j'y étais obligée… seulement, quand j'ai fini par accepter de profiter de l'enseignement de la prof au lieu de me braquer, j'y ai trouvé une aide… un appui infaillible pour m'aider à contrôler ma colère, ma culpabilité, ma détresse… et mes VA…

Quand j'ai terminé, je me rends compte que nous sommes toujours dans la même position tous les deux. Sa main sur mon cœur, la mienne sur son torse. Nos visages à quelques centimètres l'un de l'autre.

– Quelquefois, j'ai l'impression que le brouillard qui a envahi ma mémoire à ma sortie du coma se dissipe… et je te vois, murmure-t-il, sa bouche à un souffle de la mienne. Tu es mon étoile dans l'obscurité.

Et quand ses lèvres se posent sur les miennes, j'oublie tout.

L'univers entier disparaît… la réalité, l'irréel…

Stella

Je vais bien…

Et c'est tellement vrai…

En moins d'un an, j'ai frôlé la mort à deux reprises. Et pourtant, je respire toujours.

J'ai appris que certaines choses peuvent survivre au décès des gens qu'on aime. L'amitié d'Ever en fait partie. Même si la Faucheuse nous a éloignées l'une de l'autre, elle ne pourra jamais nous désunir. Rien ne le pourra.

Mon premier flirt avec l'au-delà m'a fait craindre la vie plus que tout, mais l'épreuve de mon agression m'a montré à quel point elle est précieuse, ainsi que tous les gens qui m'entourent. Je saurai tirer toutes les leçons qu'il faudra de cette nouvelle chance qui m'est offerte…

Aujourd'hui, envers et contre tout, je suis heureuse et amoureuse.

Alors, oui, je vais divinement bien...

FIN

NOTE DE L'AUTEUR

Quand j'écris, j'aime situer géographiquement mes histoires dans des lieux que je connais. Que ce soit parce que j'y suis allée en vacances ou parce que j'y ai vécu. *Voyage interdit* se déroule aux États-Unis pour des raisons évidentes de cohérence en rapport avec l'âge des protagonistes, et le choix spécifique de la ville s'est imposé naturellement quand j'ai imaginé l'intrigue. Quelques jours seulement m'ont suffi pour succomber au charme de Boston, et à travers l'écriture de ce roman, j'ai eu envie de partager avec vous certains de mes endroits favoris. Voici donc ma petite playlist de Boston…

***

Rendez-vous devant l'office du tourisme au métro Park Street pour commencer la visite. Une façon agréable d'avoir un aperçu des quartiers historiques de Boston est de suivre la ligne rouge tracée sur le sol au milieu du trottoir : le Freedom

Trail. Une promenade d'environ quatre kilomètres qui vous fera découvrir les monuments et les bâtiments de la ville : le Massachusetts State House, les cimetières, la Old State House – l'un des plus vieux bâtiments publics du pays, reconnaissable avec le lion et la licorne sur le toit…

BEACON HILL, le quartier où vit Stella.

C'est un quartier essentiellement résidentiel, l'un des plus vieux de Boston, et c'est aussi l'un des plus beaux, autrement dit, un incontournable. Quand on s'y promène, c'est charmant, paisible et chic. On se croirait dans un décor de vieux film anglais. En haut de Beacon Hill, à la limite du Downtown, on trouve le 21 st Amendement, un pub qui date de 1899 (à l'origine c'était un hôtel). Le président Kennedy aurait aimé y écrire ses discours au coin du feu. Le nom du pub correspond à l'amendement qui a aboli la Prohibition. Par ailleurs, Beacon Hill a été le haut lieu de la lutte des Noirs pour leurs droits. Un musée et un Black Historical Tour permettent de découvrir cette part de l'histoire. À deux pas de là, le Boston Athenæum : une bibliothèque fondée en 1807, avec six cent mille volumes d'histoire et de littérature américaines. Louisa May Alcott, l'auteur des *Quatre Filles du Dr March*, a vécu lorsqu'elle était petite fille au 20 Pinckney Street. Si vous êtes fans de vieilleries, Charles Street, la grande rue principale, est remplie de magasins vintage où vous pourrez acheter des posters, des cartes postales…

HARVARD, l'université la plus prestigieuse des États-Unis.

Fondée en 1636, Harvard est la plus ancienne université américaine. Le campus est en accès libre. Si cela vous tente, des étudiants proposent des visites guidées gratuites. Si vous avez du temps, le campus du MIT est plus contemporain.

FROG POND… où Sebastian donne une leçon de glisse à Stella.

Très beau parc au milieu de la ville, le Boston Common Frog Pond divertit les Bostoniens à toutes les saisons. En hiver, le parc abrite une patinoire extérieure où des spectacles sur glace sont régulièrement organisés.

BACK BAY est un quartier où se déroulent beaucoup d'animations, marchés et festivals. Pendant le mois de décembre, on peut voir des gens faire la queue pour écouter des chants de Noël dans les églises. Promenez-vous autour de Trinity Church, une église du XIXe siècle, à côté de l'immense Hancock Tower, la plus haute tour de la ville, qui culmine à deux cent quarante et un mètres de haut, et avec des miroirs réfléchissants où tous les bâtiments se reflètent. Dans le quartier de Back Bay, la grande avenue Commonwealth est agréable, à presque toutes les saisons : elle est bordée de magnolias qui fleurissent fin avril, et même en hiver, quand les arbres sont nus, les guirlandes autour des arbres réchauffent l'atmosphère.

WATERFRONT, on a tendance à l'oublier, mais Boston est une ville de bord de mer. Sauf en cas de vent glacial, promenez-vous sur le Waterfront. C'est de là que partent les croisières dans les îles de Boston, et celles pour voir les baleines au large – sauf pendant l'hiver. C'est une attraction géniale quand on est à Boston, car le Massachusetts est l'un des meilleurs spots au monde pour observer les cétacés. À ne pas rater sur le bord de mer à Boston : le musée du Boston Tea Party. La meilleure saison pour y aller, c'est l'été. Au long de la promenade, vous trouverez le musée d'art contemporain : l'ICA.

L'ESPLANADE, sur les bords de la Charles River, est une promenade très agréable face à la rivière. C'est un endroit parfait pour lire sur un banc, faire du vélo, courir, regarder les voiliers ou les avirons sur la rivière. Le soir, c'est là qu'on a les plus belles vues sur Boston. Pendant l'été, des concerts et des spectacles ont lieu dans le Hatch Shell, une salle de concert en extérieur. Et surtout, le feu d'artifice du 4 juillet.

Si vous aimez le sport et que vous avez l'occasion d'assister à un match de baseball, n'hésitez pas ! Les rues autour du stade Fenway Park sont très animées les soirs de matchs, et c'est aussi un endroit sympa pour sortir, avec des bowlings et des bars.

Et si vous avez l'occasion de pousser un peu plus loin, faites un saut jusqu'à la ville de Jenny… la ville des sorcières : Salem ! Les attractions principales à Salem sont… tout ce qui a à voir avec les sorcières, évidemment. Il y a beaucoup de musées et de maisons remarquables : le musée Peabody Essex, la maison aux sept pignons, la maison des sorcières, le cimetière de Broad Street…

Certains diront que l'automne est sans doute la meilleure période de l'année pour explorer le Massachusetts, car c'est à ce moment-là que l'État se pare de ses plus beaux atours…

REMERCIEMENTS

Il était une fois, sur la plateforme Fyctia…

Parce que c'est comme ça que tout a commencé. Quelques mots, une histoire, et des petites fées comme Céline, ou Cincinati pour les intimes, Katia ma sœur de cœur, Fafa Dela Vega, Momo de Madinina, Cathy qui pique comme le scorpion, Sabrina mon petit œil de lynx, Anthéa, Mélanie, Carole, Brigitte, Marj, Douniabook, Une souris et des livres… trop nombreuses pour que je puisse toutes vous citer.

C'est grâce à vous que ce rêve de petite fille est devenu une de mes plus belles réalités. J'ai une chance inestimable d'avoir des lectrices, lecteurs et blogueuses aussi formidables que vous ! Je n'ai pas les moyens pour vous exprimer toute ma gratitude mais je ne pourrais pas faire ce que je fais sans vous.

Il était une fois, sur la plateforme Fyctia…

Parce que c'est comme ça que tout a commencé pour moi. Merci à Arthur de Saint Vincent pour nos déjeuners où j'expose toutes mes idées que tu soutiens toujours, à Sylvie Gand, mon éditrice en plaqué or ;) private joke, et à toute la team Hugo New Romance.

Merci à tous

Tara

Composition et mise en pages
Nord Compo à Villeneuve-d'Ascq